Media and Audiences
New Perspectives
Karen Ross　Virginia Nightingale

メディアオーディエンスとは何か

カレン・ロス／バージニア・ナイチンゲール

児島和人・高橋利枝・阿部　潔　訳

新曜社

MEDIA AND AUDIENCES
1st edition by Karen Ross and Virginia Nightingale
Original edition Copyright © 2003 Open University Press UK Limited
All rights reserved
Japanese language of Media and Audiences by Ross and Nightingale
1st edition © 2007 by Shinyosha Ltd. All rights reserved

This editions is published by arrangement with Open University Press
through The English Agency (Japan) Ltd.

謝　辞

　私たちがこの本の企画を立てはじめた時——今からみればそれはずいぶん前のことのように思われるのですが——、私たちは二人とも、オーディエンスの教育と研究に大学人生活のほとんどすべてを費やしてきたことを実感しました。しかも私たちは、これまでとは異なった見解を受け容れなければならないこの領域について、依然として述べなくてはならないことがあるという点も実感しました。ですから私たちは、〔英国とオーストラリアという〕大陸も、文化も、大学での学年度も異なり、時差もあるにもかかわらず、この本を共同で執筆することにしたのです。私たち二人にとってこの本は、地球の反対側にいる同僚とのはじめての共同著作です。そして私たちが丹念に執筆をしている時に、先見的なメディア思想家だったマーシャル・マクルーハン（Marshall McLuhan）が、サイバースペース上を今日へとタイムスリップしてきて、その片隅で静かに含み笑いをしているに違いないと、折にふれ感じたことでした。

　この本はまず何よりも、私たちが日々関わっている情報技術の産物です。この本を書くことは、Eメールがなかったらまず想像もできなかったことでしょう。なぜならEメールが私たちの間の地理的距離を無関係なものにし、締め切りまでに仕事を終えることを可能にしてくれたからです。しかしそれと同様に重要なのは、インターナショナルな人的ネットワークでした。そのネットワークとは、国際メディアコミュニケーション学会（IAMCR）とその関連の会議などで、それらの場を通じて参加者は諸見解を共有し、国際的プロジェクトを展開することが可能となりました。IAMCRは私たちを相互に引き合わせ、大学間の関係を築くことを可能にし、最終的にはその関係がこの本を生み出しました。私たちが共有しているその他のネットワークは、フェミニストでメディア研究をしている学者たちのゆるやかなネットワークと、より正式な組織構成をもったジャーナル、「フェミニストメディア研究」とでした。これによって私たちは自分たちのしていることは何なのか、それはなぜ重要なのかという点に注意を集中し続けることができています。

　この本のような共同所産の常として、カレン・ロスとバージニア・ナイチンゲールはそれぞれ何人かの方々にお世話になりました。私、カレン・ロスは、同僚と学生たちに感謝したいと思います。同僚や学生たちは、オーディエンス

についての私の考え、とりわけ個々の視聴者、聴取者、読者としてのオーディエンスの生き生きとしたリアリティについての考えを、多かれ少なかれ固めてくれました。また何年にもわたってずっと私のオーディエンス調査研究プロジェクトに参加してきてくれた様々な人たちにも感謝したいと思います。みなさんの洞察力はこの本の著述のなかに入り込んでいます。友人でもある次の同僚にはとりわけ感謝します。キャロライン・バイアリー、サラ・ヒル、キャサリン・サルカキスそしてジェニファ・タンは友情と支援で私を励ましてくれました。そしてアナベール・スレバニーは私がメディア研究者としてキャリアを築きはじめるよう背中を押してくれました。また、所属するコベントリー大学の学科（Communication, Media and Culture subject group）と学部（Art and Design）が、私にこの共同著作の時間を与えてくれ、いくつかの国での著述のための会合費用を提供してくれたことに感謝します。最後になりましたが、私のパートナーのバリーに感謝したいと思います。バリーの大きなそして細やかな親切のおかげで、私は同時に配慮すべき諸々の事柄があっても、この著作の仕事を優先させることができました。

　私、バージニア・ナイチンゲールは、この本の分担部分〔本書p.218参照〕を書くにあたって、何人かの同僚の著作から、おそらくご本人が知らないうちに、インスピレーションと励ましを受けたことを感謝しています。オーディエンス研究が新たな方向へと進展してきたし、これからも進展するであろうということを明確に示してくれたのは、アメリカのリチャード・バチュとヘンリー・ジェンキンスの著作、それにオーストラリアのトム・オレガンの著作でした。リチャードの新機軸を導入した歴史研究、ヘンリーのサイバーコミュニティ中心の著作、そしてトムのオーストラリアにおけるアート制作とアートオーディエンスの基盤を揺るがす分析は、この分野の諸特性の変容を立証しました。カレンと同様に、私も所属の学科（Communication, Design and Media）とウェスタンシドニー大学には、とりわけお世話になりました。学科と大学が旅費と時間を与えてくださったおかげで、私たちは会合し計画を立てることができました。最後になりましたが決して少なからぬ特別の感謝を、パートナーのガリーと娘のアンナに表します。二人は執筆の苦楽を私とともにしてくれました。また同僚であるアンナ・ギブス、ハート・コーエンそしてティム・ドゥワイヤーの友情と協力にも、同様に特別の感謝を表します。

　これまでになかった一つのことをなし終えて、私たち二人が感謝したい人々がいます。まずジャスティン・ボーガンはこの著作の最初の頃、私たちとやりとりを重ねてくれ、またこの本が含まれている一連のシリーズの編者であるス

謝　辞

チュアート・アランは、私たちに真摯な要求をいくつか出してくれました。その要求は、出された当時に私たちがそれを理解したとはいえなくとも、豊かな洞察に満ちた間違いなく正しいことであり、この本をずっとよいものにしてくれました。マグロウヒル社のオープンユニバーシティー出版局の編集・制作スタッフの方々は、この本の出版までに大きな紆余曲折を経ながらも、今日の形に仕上げてくださいました。

　　　　　　　　　　　カレン・ロス
　　　　　　　　　　　　（英国・コベントリー大学）
　　　　　　　　　　バージニア・ナイチンゲール
　　　　　　　　　　　　（オーストラリア・ウェスタンシドニー大学）

凡　例

1、原文中のイタリック体の箇所は傍点をふり、ゴシック体の箇所はゴシック体で示した。
2、原文中の""''は、いずれも「　」で示した。
3、機関、組織名、その他の固有名詞は、原則として訳出し、初出時に原語を添えた。
4、専門用語・術語あるいはそれに近い語は、原則として訳出し、初出時に原語を添えた。またそれ以外の場合でも原文の意味をより正確に表現するため、適宜原語を付した。
5、〔　〕で囲まれた文章は、分かり易い訳文にするために訳者が挿入した補足である。
6、訳者による注釈は「訳注」として巻末にまとめ、本文中では右肩に⑴⑵などのように示した。
7、著者による［用語解説］の他に、日本での理解・利用の便宜を考慮し、訳者による［用語解説補足］を付した。両者とも巻末にまとめ、本文中では該当する用語をゴシック体にし、右肩にそれぞれ[用語1][補足1]などのように番号付きで示した。
8、出典の記載において、邦訳があるものについては、(原書出版年＝邦訳出版年)の形で示した。

目次

メディアオーディエンスとは何か

謝　辞　iii
凡　例　vi

1章　今日のオーディエンス　*1*

1　情報が支配する時　*1*
2　オーディエンスとリアリティＴＶ　*2*
3　オーディエンスを人々や人々のいくつかの集まりとすること　*5*
4　オーディエンス研究における、メディアイベントの視座　*7*

2章　歴史的視座からみたオーディエンス　*16*

1　イントロダクション　*16*
2　人間の身体とメディア化　*18*
3　写真術と認識のあり方　*19*
4　関わり合う身体──視覚と観察　*20*
5　関わり合う身体──オーディエンス活動のより身体的な次元　*23*
6　出版資本主義と想像の共同体　*25*

- 7 放送とオーディエンス研究　*27*
- 8 放送とプロパガンダの問い　*28*
- 9 パーソナル・インフルエンスとコミュニケーションの流れ　*33*
- 10 機能主義のプラグマティズム　対　文化的行為の共同性　*36*
- 11 オーディエンス、専門家の実践、政治的プロセス　*41*
- 12 メディア化と文化的世界　*43*
- 13 エンコーディングとディコーディング　*46*
- 14 グローバル化、メディア化、産業化　*50*

❸章　商品としてのオーディエンスとその積極的活動　*53*

- 1 視聴率と放送　*54*
- 2 視聴率分析における鍵となる概念　*56*
- 3 視聴率分析に使われる鍵となる指標　*58*
- 4 視聴率への批判　*63*
- 5 放送のコンテクスト　*64*
- 6 放送のコンテクストにおけるオーディエンスの力　*64*
- 7 オーディエンスの関与としての接触　*68*
- 8 統計的思考に含まれている意味　*72*
- 9 商品としてのオーディエンス　*75*
- 10 能動的なオーディエンス　*81*
- 11 結論　*85*

❹章 原因と結果　*87*
——変転する諸理論

1　イントロダクション　*87*
2　流転する諸研究　*88*
3　効果理論小史　*90*
4　暴力的影響　*95*
5　子どもの遊びとしての暴力　*103*
6　暴力は本当にそんなに悪なのか？　*106*
7　効果／影響という難問　*111*
8　結　論　*115*

❺章 市民としてのオーディエンス　*117*
——メディア、政治、デモクラシー

1　イントロダクション　*117*
2　冷笑する市民　*117*
3　メディアと民主的責任　*120*
4　メディアと社会統制　*122*
5　政治広告と説得の力　*124*
6　政治広告とその効果　*127*
7　ジャーナリストの内省　*128*
8　政治、メディア、一般の人々そして影響　*130*
9　世論調査と効果　*137*
10　次世代の世論調査　*141*
11　積極的投票者　*143*
12　能動的オーディエンスとパブリックアクセス放送　*144*
13　結　論　*147*

6章 ファンとしてのオーディエンス　*149*
──アイデンティティ、消費、相互作用性

1　イントロダクション　*149*
2　想像上のファン　*149*
3　熱狂するファン　*151*
4　10代のポップファン　*152*
5　文化的な低能者としてのファン　*154*
6　ジェンダーとソープオペラ　*157*
7　女性と映画　*164*
8　女性、映画、消費　*165*
9　ファン、ファンタジー、サイエンスフィクション　*167*
10　ファンと文化生産　*170*
11　集　会　*175*
12　ファンの将来像　*177*
13　結　論　*179*

7章 新しいメディア、*182*
　　　新しいオーディエンス、新しい調査研究？

1　オーディエンスの反撃　*182*
2　ワィアード・ワールド　*183*
3　新たなメディア、新たな研究アプローチ？　*193*
4　インターネット・オーディエンスを研究する　*197*

訳者解説
──新たなオーディエンス像の構築をめざして　207
　　1．本書の構成──私見
　　2．本書の特質──訳者なりの考察
　　3．訳書刊行に込めた意図と願い
　　4．著者紹介
　　5．訳出経緯と謝辞

訳　注　223
用語解説　235
用語解説補足　241

各章の学習を深める参考文献　247
文献一覧　249
人名索引　273
事項索引　276

　　　　　　　　　　　　　　　　　　　装幀──虎尾　隆

1章 今日のオーディエンス〔1〕

オーディエンスは何事につけ最良の判定を下す。オーディエンスは惑わされない。オーディエンスは真実によってより親密になる。〔劇場などで〕一瞬、間が空くと、咳をしだすものだ〔それと同様に、メディアについて納得いかない点があると、オーディエンスはざわざわとしだすものだ〕。(Barbara Streisand, *Newsweek*, 1970.1.5.)

1 情報が支配する時

これまでにない情報の時代が台頭し、日常生活を再編成しはじめるにつれて、メディアオーディエンス研究 (the study of media audience) は新たな重要性を帯びてきている。これは単にメディア情報の量が増大しているからではない。人々がより複雑な仕方で、生活のなかへ新旧両方のメディアを統合してきているからでもある。編成されたテレビ諸番組の流れに関する初期の論考のなかでレイモンド・ウィリアムズ[2]は、多様でときに耳障りなテレビ番組の断片が絶え間なく流れ続けているが、その流れのもつペースとリズムが人々に一定の要求を出していることに言及している (Williams 1974)。今日オーディエンスであることは、さらに複雑な性格を帯びる。メディア「環境」はいっそうとり乱れた様相を呈している。かつて平均的な家庭では、テレビ受信機もラジオも一台であったが、現在はどちらも何台かある。かつては聴くことも見る（視る）ことも家庭のなかの集団的活動だったが、今やどちらも個人的であるのがふつうだ。しかも人々は時にいくつかの異なるメディアを同時に利用している。ラジオや最新のＭＰ３を聴きながら新聞、書籍、雑誌を読んでいたり、友人からのケータイ着信を受けながら最新の双方向テレビゲーム機を手にしたりしている人々を見かけることも、稀ではなくなっている。娯楽メディアミックスのなかに、ケータイ電話とケータイ・インターネット利用が参入しているし、将来、ストリーミング技術[3]を用いたウェブラジオやウェブテレビは、このメディアの多層性をいっそう強化するだろう。今日人々は、利用するメディア自体も、情報源としてのメディアも、またメディアを利用する活動も

多様に結合させて、自分が関わる情報の範囲を積極的に複雑化している。このメディア環境を劇場や音楽会の公演に出席している観客、聴衆としてのオーディエンスという伝統的な観念と比較すれば、今日オーディエンスであることの意味は急速にまた劇的に拡大してきていることは明白である。

　情報社会の血液である情報の流れは、一定の頻度、範囲、そして即時性をもった**メディア・エンゲージメント（メディアとの関与）**[補足8]を通じて人々と結合している。この関与の諸特性は、新たな技術の増殖、「新」「旧」両メディア技術の融合そしてコミュニケーション環境のグローバル化によって、明らかに突如として生じたものである。これらの新たな情報技術、グローバル化、そして融合は、それぞれが個々に、また一緒になって人々が情報にアクセスする新たな機会を創り出している――そしてこれらはメディアオーディエンスとその活動の意義とを現代において理解するという重要な難問を提起している。この〔新たな機会創出という〕変化がオーディエンス活動と見なされている事象に与えたインパクトはどんなタイプのものであったかは、1990年代のリアリティＴＶの台頭によって如実に立証されたのである。

2　オーディエンスとリアリティＴＶ[4]

　リアリティＴＶは、1990年代に発達したもので、直接自分がテレビ番組に働きかけるという新たな感覚をテレビ視聴体験に与えたが、そのことはテレビにうんざりしていた視聴者の世界を再活性化した。この**エスノグラフィー**[5][補足3]まがいの番組ジャンルは、現実の生活のなかで生じたストーリーに対する視聴者の関心を番組制作に利用しようとするものだった。この新たに台頭した番組ジャンルの視聴率は潜在的に大きいと期待された。その根拠は、一つにはマイケル・アプテッド（Michael Apted）の『セブンアップ（Seven Up）』シリーズのような「エスノグラフィック」なドキュメンタリーのストーリーと登場人物に対する視聴者の関心が深いことにあり、もう一つには初期に成功を収めた英国とオーストラリアの共同制作番組、『シルバニア・ウォーターズ（Sylvania Waters）』がその例であるが、番組に登場し放送される人々からは放送する側が、「壁にとまったハエ」[6]のように気がつかれずにじっと対象を観察し続ける性格をもっていることにある。このシルバニア・ウォーターズという番組は、オーストラリアのシドニーにおける「平凡な」家族のなかで日々生じているドラマの記録である。この番組を通じて、視聴者は普通の人々の日常的な悩み、考えている過程、日常生活上の出来事に対処する

際の推測と反応を目撃する機会を得た。視聴者は自分以外の人々における生活上のこのような過程を目撃し、この番組参加者を有名人の地位に引き上げたのである。そして番組に登場し放送される人々は、「テレビという壁にとまったハエ」のように自分が気づかないうちに番組に登場しているわけであり、いわば「テレビという壁にとまったハエ」が「リアリティＴＶ」へと形を変えていったのである。それと同時に番組に登場する場所はますます異国情緒たっぷりとなり、番組参加者はますます魅力的で、セクシーで、冒険心に富み、参加に積極的になり、「テレビ的リアリティ（ＴＶ reality）」を組み立て上げることへのプロデューサーの操作と介入のレベルも上がった。このような変化とともに、リアリティＴＶの初期の体験の「価値は増した」のである。

　『サバイバー』や『ビッグ・ブラザー』[7]のような番組の出現につれ、リアリティTVの人気は絶頂をきわめた。これらの番組は各国で放映権が獲得され、世界中の国々でいわばグローバルなテレビ「生産物」として国によって異なるバージョンも制作された。これらの番組が獲得した視聴率とその番組視聴の熱心さは空前絶後だった。『ビッグ・ブラザー』が番組の映像スクリーン上の世界に視聴者たちの介入する余地を与えたことは、重要だった。最初のうちこの介入は、番組に最後まで登場できることを競い合っている参加者の内から、誰を『ビッグ・ブラザー』の家から退去させ、スクリーンから姿を消させるかという投票に限られていた。そしてこの投票は電話でなされ、制作会社はそれで追加収入の途を得ていた。しかし視聴者の番組関与は電話にとどまらなかった。英国では、視聴者たちは『ビッグ・ブラザー』の家の周りに集まって、その週の投票で家から追い出され、番組から姿を消した負け組の番組参加者を歓迎していた――ファンのなかには警護の網をかいくぐって家にまで侵入しようとした者もいた。番組に登場しようと競い合っている参加者に似た服装をしたり、番組参加者の個人的資質や性格をふざけてまねしたりしはじめる者も多かった。そしてこの番組のオーストラリア版が2001年に放送された時には、このような活動は番組制作プランのなかに取り込まれた。加えて、『ビッグ・ブラザー』の家のなかの番組参加者と家の外のサポーターたちとは、策を練って投票を操作しはじめた。つまりケータイ電話の自動リダイアルを利用して、自分たちが支持する家のなかの「候補」を勝者に浮かび上がらせ、勝利を確実なものにしようと努力したのである。

　リアリティＴＶの視聴者の番組に対する強い熱中度を見て、番組担当幹部は視聴者の関心を監視し、番組制作に取り込み、そして利用した。通常の新聞、ラジオ、テレビの番組宣伝、番組をもとにしたニュースだけでなく、先導的な

ウェブサイトやEメールにも番組宣伝が拡大された。それだけでなくWWW上の発達したテレビ、ラジオ用ストリーミング技術も用いられて、視聴者の番組への反応が積極的に毎日測定され新たな資料に加えられた。オーディエンスを番組に関与させる新たな戦術によって、番組制作会社と一般の人々との間の相互のやりとりは、かつてない水準に達した。視聴者はウェブサイトを見るよう勧められ、少額の申込金でもっと親しみのこもった番組参加活動や関心の場面にアクセスできた。視聴者は、好悪などの意見や反応をEメールで直接番組ウェブサイトへ送った。インターネット技術によって番組制作スタッフが得ることのできる視聴者からのフィードバックは、提携している各メディアに発表される視聴率サービスより早く、詳しく、しかも明確だった（3章参照）。そしてその技術は、いっそう楽しめる番組を作ることができるように視聴者と制作者が共同する途を拓いたのである。

　『ビッグ・ブラザー』がメディアオーディエンスを理解するうえでの一つの転換点となったことは、いくつかの角度からみて明らかである。本書の中心的主張の一つは、マスメディア現象はオーディエンス、あるいは人々だけを研究していたのでは説明できないということであるが、『ビッグ・ブラザー』はこの主張を強力に立証した。見ること、聴くこと、そしてまたそれらと一緒に、あるいは別個に読むことも、参加を招き寄せるイベントであり、人々のメディアイベントへの参加は数多くの多様な形態をとることができる。特定のストーリーや一連の登場人物のオーディエンスになる際には、いくつかのメディアに関わったり、複数のメディアを横断してストーリーの意味を追求したり、全体を見抜いたりする方法をとるのであるが、その方法はますます多様になってきている。今や何らかのオーディエンスであるということは、詳細に調べるという活動の次元を含んでおり、そしてオーディエンスの好奇心は商業的利益追求にさらされている。「ポケモン」現象は、好奇心を持ったオーディエンスのメディア関与が、商業的利益追求の対象として制限なく自由に開放されたもう一つの事例である。追加情報を探索すれば、いっそううわてのポケモンプレイヤーになることが可能だった。つまりテレビシリーズを見たり、コレクターカードを買ったり、いかさまポケモンをインターネット上で探したりすればである。ポケモン現象に一役買うことは、ライセンスを得た物品取得によっても証明された。したがって何らかのオーディエンスであることは、今や視聴（viewing）、聴取（listening）、閲読（reading）を遙かに超えて広い範囲に及んだものであり、その結果、たとえオーディエンス研究者の依拠する研究方法が基本的には変わらないままであったとしても、オーディエンス研究に対する新

たなアプローチが必要となっているのである。

3　オーディエンスを人々や人々のいくつかの集まりとすること[8]

　オ・ー・デ・ィ・エ・ン・ス（audience）〔冠詞のつかない単数形〕という語は、私たちの日常会話で非常によく用いられるので、その複雑さが時に当たり前になっているほどである。この語の歴史は、文字以前にまで遡るものであり、放送がなかった頃における〔声の文化の〕情報へのアクセスの様式を反映している。メディア・スタディーズでは、オ・ー・デ・ィ・エ・ン・ス（audience）は、人々のいくつかの集まり（groups）または諸個人（individuals）である人々（people）を語るものとして、もっともよく用いられている。それは、テレビニュースの〔視聴者のような〕マスパブリック（mass public）、新聞閲読者、一般の人々（the general public）といった大勢の人々の集まりを指したり、大きなスポーツイベントやロックコンサートに出席している人々をも指している。このような集まりをなす人々は、出席したり目撃したりしているイベントへの関心の他には、お互いの結びつきは弱いとみられている。

　他方でこのオ・ー・デ・ィ・エ・ン・ス（audience）という語は、より持続的な社会・文化的意味を帯びた絆で結びついている人々のいくつかの集まり（groups of people）を指すことにも用いられている。この場合「オーディエンス（audiences）」は、次のような集まりを表現している。つまりいくつかの下位文化、いくつかの趣味の文化、いくつかのファンの文化、いくつかのエスニックな**ディアスポラ**[用語33]、いくつかの土着的あるいは宗教的なコミュニティ、そして家庭でもあるいくつかの世帯（domestic households）さえも表現している。この「集まり」のメンバーたちは、メディアに関与する際ある種の解釈視点を共有しているから、単に大・衆（masses）というより構成（formations）としたほうがより適切な表現である。このような構成を形づくるのは、既存の社会的、文化的歴史と諸条件であり、ときには特定のメディアという〔記号の〕ノリモノ（新聞、ラジオ番組など）の反復利用の気を起こさせる共有関心である。しかしながら、これらの社会的構成は、メディアから独立して存在する。したがってメディアイベントに加わったからといって構成の一定範囲の共同活動をなくしてしまうことは通常ない。オーディエンスでもあるこの構成は、メディア関与を一緒になってすることもできるし、バラバラでもできる、同時に一緒にもできるし同時に別々にもできる——それは大きなスポーツスタジアムで明白である。オーディエンスはフィールドのスポーツゲームと巨大スクリーン上のテレ

5

ビ中継されているゲームを同時に観戦するし、ゲーム中にスクリーンで観戦している自分たち自身をも見ている。

さらに「オーディエンス（audience）」という語は、比較的小規模の、ローカルな集まりや集合を指すのに用いられることがある。たとえば礼拝、学校の賞品授与式、劇場の公演、詩の朗読会などに出席している人々である。これらの集まりはその目的から教会、学校、劇場などの一定の空間を必要としていることを私たちに気づかせる。時間と空間がどう結びついているかはオーディエンスの意味を明らかにするうえで重要である。インターネットへのアクセスが拡大して、より小規模の集まりのバーチャルな空間が作り出されてきた。インターネットのチャットサイト、ゲームのコミュニティ、そしてその他のウェブ上の活動など、時間を同じくして空間はバラバラのごく小規模の集まりは、オーディエンス・ファミリーの新たなメンバーである。

集まりの規模と空間の質が何であれ、一人のオーディエンスであるということ（being an audience）は、単に人々の集まりのなかに存在するということ以上の何かを含まねばならない。大勢の人々が、鉄道の駅、空港ターミナル、休日の盛り場、商店街にどっと押し寄せるが、つまるところこれらの人々は「オーディエンス（audiences）」という存在ではない。人々が小さな集まりをなして夕食をし、議論をしていても、ただそれだけならやはりオーディエンスとはいわれない。人々がオーディエンスといわれるには、他の何かが必要である。ある集合（a gathering）があるオーディエンス（an audience）となるにはさらに別のことが必要である。それは特定事象（the event）の情報の次元にアクセスしたりそれを利用したりすることを左右する権力関係によって、その集合に加わることが構造化されていることである。ディナーパーティーで誰かが話しはじめると、客たちはオーディエンスになる。そして集まった人々はその語りに熱心な注意を向ける。メディアオーディエンスに話を移せば、情報のメディア化はメディア・イベントの次元における権力とコントロールを含んでいることが当然視される場合が、しばしばである。さらにメディア環境は複雑性を増し、メディアへのオーディエンスの関与も多様性を増している。この複雑性と多様性の増大は、このような当然視を再検討し、「メディアオーディエンス」とは何かという意味内容の規定を拡大するのに、今はまさに好機であることを意味している。

4 オーディエンス研究における、メディアイベントの視座

　現代都市生活における迅速で効率的な情報の共有は、メディアに依存している。人々の日常生活の基盤となる基礎的知識の共通入手は、メディア以外に途はない。オーディエンスになることによって、人々は複雑な現代生活をしっかりと進み、複雑多様な社会、文化体験を能動的にそして満足のいくように楽しんでいる。メディア風景の変容は、コミュニケーションを通じた関与が実践されるメディア空間の範囲と性質を劇的に拡大してきた。メディアで媒介される情報の関与に要求される能力を用いて、集合体としてのオーディエンスの一員になることは、今や家族と対人〔対面〕相互作用と同等の重要性をもっている。これらのメディア依存、オーディエンスの一員になること、メディア風景の変容などは、人々が最新の事情、現代の趨勢に立ち後れないこと、楽しく過ごし、くつろぎ、休憩をとること、コミュニティの文化生活に関わって人に興味を抱かせる一員になることすべてに関わる手段である。自分を取り巻く世界について論評したり、思いめぐらしたりする気を起こさせるような映画、書籍、あるいは見終わったテレビ番組を論じることができることに、だれもが依存している。

　一般的にいって、集合体であるオーディエンスの一員になることは、メディアイベント[9]の一部になることである。そのメディアイベントにおいて、人々はメディアに媒介された情報に関与するのである。人々は、集合体であるオーディエンスがいくつも集まった総体であり、同時にそれらの人々は個々の集合体であるオーディエンスをも構成しており、また一人一人の個々人がオーディエンスでもある[10]。メディアイベントはすべてオーディエンスイベントである。なぜなら、身体的に、精神的にまた情緒的にメディアの**マテーリアル**[補足7]、テクノロジー、そして権力構造に関与する場となっているメディアの時間・空間に入り込むことが、メディアイベントの側から人々に要求されるからである。メディアイベントは、権力関係を引き起こす。その権力関係は、社会制度としてのメディア構造を形づくり、文化の生産手段に関わる人々が利用可能なオプションの範囲を限定する。人間集団は、太古の昔から物語を述べる際にこのような〔権力関係を示す〕取り決めを設けてきた。たとえば、人類学者、ブロニスロー・マリノフスキー（Bronislaw Malinowski 1954 ［初版1948］）は、1920年代にニューギニアのトロブリアンド諸島の住民のなかでフィールドワークを行なっている。フィールドワークの間に彼が注目したのは、島民たち

7

は、異なるタイプの物語を話すのに特別の取り決めをしているということだった。たとえば神話は、世界の起源に関する真実で聖なる説明と見なされており、そして伝説は、なぜあるクラン[11]が権力をもち他のクランはもたないかの理由を説明するものであり、他方おとぎ話は聴き手の娯楽と楽しみ、親睦の促進のために語られるものであった。彼はおとぎ話が他の形態の話と違うことを、次のように述べている。

　コミュニティの成員はどの話も〔知っておりいわば〕「所有している」。どの話も多くの人が知っているが、朗唱を許されるのは特定の「所有者」のみである——その特定の所有者は、他の人々に朗唱することを通じて、彼がどんな人であるかということと、形を変えて語る権限をもっていることを示すのである。このような話の主要な結末の一つは、聴き手をわくわくさせ腹の底から笑わせることであるが、すべての「所有者」がそのすべを知っているわけではない。巧みな話し手は、会話の最中に声色を変え、その場に合った声の調子で短い歌を歌い、身振りで話を伝え、そして一般的には俗受けをねらわなくてはならない。(Malinowski 1954［初版1948］, p. 102)

おとぎ話を語ることさえいくつかの慣習に取り巻かれる傾向がある。その慣習は、物語を語ることが容認されている人と、聴くことを認められている人とを分化している。そのうえ少なくともこの事例の場合、巧みに語られた物語をオーディエンスが聴く可能性を保証する取り決めが、共同体から承認されており、分化はその承認に基づいてなされている。私たちがマスメディアとオーディエンスの関係のなかに、より高度に調整・管理され制度となった形態として見出しているものこそ、この類型の取り決めに他ならない。オーディエンスを喜ばせ楽しませる物語を生産し物語る権利は、メディア産業に法的に認められてきた。権力構造は、メディアによる生産に対するメディアの支配に明白に認められるが、それはさらに翻って造り出す人とメディアに関与する人とを支配している。そしてこの権力構造は、メディアが造り出す時間・空間のなかに、人々の身体と物理的存在とが巻き込まれることを前提としている。複雑なコミュニケーション環境と知的空間とは、情報の時代を特徴づけている。その環境と空間のなかでオーディエンスイベントは、知識を社会的、文化的、経済的そして政治的活動へと変容させる手段として、中枢的役割をますます増大している。それゆえメディアイベントも、オーディエンスの個人的な関心と活動や複雑な一連の諸条件をいっせいに巻き込んでいく。そして巻き込まれた関

心、活動、諸条件を通じて一連の文化の持続的生産確保がもたらされる。

　概していえば、メディアイベントの次の5側面が、メディア研究関心の源として再浮上する。

　　1．諸個人としてのオーディエンスという参加者
　　2．オーディエンスのメディアイベントへの参加活動
　　3．イベントに関わるメディアの時間／空間
　　4．イベントの構造をもたらすメディアの権力関係
　　5．人々が関与するメディア化した情報

　すべてのオーディエンス研究はある種の前提に基づいてなされる。その前提には、メディアイベントのどの側面がオーディエンスに作用しているのかに関するものと、このような「**影響**」[補足1]がオーディエンスに恩恵をもたらしそうなものかどうかに関するものとがある。たとえば、下位文化とそのファンに関する研究で見てみよう。下位文化の独自性は、メディアとその表現パターンによって維持されたり脅かされたりしている。その維持や脅かしは一定の様式にしたがっており、その様式は人々と、人々のもつ今日的イベントに関する見方とで保持されている。研究の目的はその様式の追跡である。〔前記のメディアイベントの一般的5側面を、下位文化研究に即してより具体化すると〕下位文化研究で検討するのは次のとおりである。

　　1．歴史の視点と今日の社会・文化状況の視点とからみて、下位文化〔の形成、表現、保持などに関与するの〕は何者なのか
　　2．下位文化を担うメンバーが関与したりあるいは自分で構成しているのは、どんなタイプのメディア活動か
　　3．メディアマテーリアルは、下位文化集団のメンバーが自分たちの過去、現在、未来の方向性を理解するうえで力を貸してやることによって、一定の時間／空間内でどんな方向にその集団を向かわせるのか
　　4．メディアイベントの構造を形づくる権力関係は、どのようにして下位文化を力あるものにしたり、逆にその力を奪ったりするのか
　　5．メディアメッセージのテクスト構造は〔意味を決定するうえで〕独自の大きな力を持っているが、下位文化のメンバーは、その意味を受容したり、それと折衝したり、あるいはそれに抵抗したりする[12]ことによって、結局はどのような意味解釈を下すのか

下位文化の場合、メディアイベントと大衆文化への参加とを理解するには、メディアイベント全体をかなり徹底的に見渡す必要があると考えられる。
　これと対照的に視聴率分析の場合には、マスオーディエンスとその行動とに関する抽象的な地図を描き出すことが、この研究の目的である。統計的分析を用いることが可能なこの種のオーディエンス測定を遂行するためには、メディアイベントとオーディエンス行動とは、そのもっとも基礎的な要素へと変換されねばならない。私たちのメディアイベントという型板を視点にしてみれば前記のメディアイベントの一般的5側面は、視聴率分析の検討諸側面として次のように具体化される。

　1．容易に確証可能なオーディエンスの諸属性（年齢、性別など）のみが、オーディエンス「構成」を決定する際に考慮される
　2．〔閲読、視聴などの〕接触やラジオやテレビをつけるというオーディエンスの一つの行動のみが、オーディエンス測定の目的のために算定される
　3．メディアの時間／空間の分析は一日のうちのいつかを明らかにすることに限られている（視聴された時刻や視聴内容によって定義づけられる──Webster, Phalen and Lichty 2000, p.240参照）
　4．メディア構造の働きは、視聴者／聴取者が位置しているところに放送サービスが提供される能力という観点から考えられる
　5．メディア内容はオーディエンスに関わる重要な問題というより、むしろ番組制作、編成の問題として検討される

　視聴率分析は、オーディエンス測定というきわめて限定された目的をもっている。この目的がかなえられるのは、考慮に入れる特定種類の情報を簡素化することによってである（視聴率分析は3章で詳しく検討される）。それゆえ視聴率分析が明らかにするメディアイベントの意味は、きわめて抽象的である。
　以上三つの例示は、私たちがオーディエンスについて知る内容は、メディアイベントがどのように明らかにされるか、オーディエンスのメディア関与のどの側面が研究されているかによって左右されることを明白にしている。社会・文化現象の複合体であるメディアイベントを探索・調査することによって、メディアオーディエンスについてのずっと詳細で興味に満ちた識見が展開させられる──つまりオーディエンスとは何者なのか、彼らは何をなしているのか、そして彼らの諸活動の長期的、文化的意義は何かについてである。
　2章で紹介されるのは、メディアイベントがもつ長期的含意を検討したいく

つかの歴史的研究である。これらの研究は、新たなメディアをオーディエンスが導入することが社会と文化の劇的変動の媒介要因となりうることを示している。そのうえでこの章は、いくつかの主要なオーディエンス研究へのアプローチを提示している。それらは、内容と反応分析、パーソナル・インフルエンス、**利用と満足**[用語54]、**エンコーディング／ディコーディング**[用語7]などである。その提示の際には、研究が取り組んだ課題と引き出したメディアイベントの定義とが検討されている。

　放送産業の視点からみてオーディエンスに関する最も重要な事柄は、オーディエンスがラジオ、テレビをつけているのか、いないのかということである。このつけるという行為は、「接触（exposure）」と呼ばれ、オーディエンスに関する知見の基礎としてこの行動はどんな意義をもつのかが3章で問題にされる。すでに述べたとおり接触とは、視聴率分析を生み出している営利的な調査企業によって記録され統計的に分析されたオーディエンスの行為にすぎない。世界の大半の地域で、オーディエンスの接触は売りに出され、スポンサーから放送サービスへの資金提供に利用されている。オーディエンスの接触は放送が生産するただ一つの商品であるから、視聴率システムは、〔放送の送り手とスポンサーの間を取り持つ役と同時に〕放送の送り手とオーディエンスの間のコミュニケーション形態の役も果たすという二役を務めている。だが、この視聴率というコミュニケーション・システムの権力を比較考量すれば、それは放送の送り手をより大切にしている。そして放送の送り手が注目する接触に関する〔視聴率という〕知見は、抽象的なものであるから、このシステムがオーディエンスの長期的利益にかなう働きをするとは必ずしも限らない。この理由から次の二つのことが重要である。一つは最低限、視聴率分析のもつ基本的見地を理解することであり、もう一つは放送の送り手と広告主とがオーディエンスをどう考えているかについての理解を向上させることである。

　大衆向け放送の初期には、視聴率調査の基本原則と技術が発達した。1930年代半ば以降、企業連合傘下の視聴率サービスは放送産業で利用可能となった（Beville 1988, p.258）。オーディエンス測定の記録の仕方とそれの処理の仕方は何年間にもわたって変容を遂げてきたが、基本的手続きと手法は変わらないままであった。しかし近年、視聴率データの記録と分析の新たな技術が〔登場し〕、ピープルメーターと日記方式[13]の存在意義を問題化させてきている。新たな情報技術は、かつてないほど迅速かつ徹底的にオーディエンスを監視・記録し、消費者意志決定の分析を可能にしている。インターネットは、販売向けのチャンスのために人々のネットサーフィンを追跡し、分析することを可能に

している。情報時代のコンピュータの力は、オーディエンス測定研究者が放送とインターネットサービス・プロバイダーとクライアントであるオーディエンスとの三者関係に対し、新発見の関心を抱くことを可能にしている。サイバー上では、**データマイニング**[用語34]、ソフトウエアの共同開発、ニュース生産とファイリング共有など、産業とオーディエンスとで同一のあるいは並行した関与活動が展開している。それゆえ3章は、このサイバー上の活動の考察で締めくくっている。インターネットは、産業とオーディエンスの諸権利とが幅広くかつ激烈に議論されているメディア空間である。他方そのメディア空間であるインターネットは、意味が明確にされ発展されていく途上にある。この文脈のなかで、これまでの視聴率分析との関連はもっとも薄いと考えられる、メディアイベントの一つの側面がある。それは、オーディエンスはインターネットで収集した情報をどう処理しているかについての分析である。この側面はメディアの将来成長をめぐる論議の現場として、新たに浮上しているのである。

　オーディエンス研究の歴史には、諸研究の亡きがらが散在している。その諸研究とは、メディアメッセージと受け手行動(receiver behaviour)の間の因果関係を実証しようと試み、失敗してきたことを明確に示している諸研究である。それゆえ、4章は「効果」研究のたどった道のりを示す。初期の宣伝への関心にはじまり、果たしてマスメディアは何らかの効果をもたらすのかどうかを問う、より現代的な論争へと至る道のりである。メディアは私たちが生活している社会的、経済的、そして文化的環境の一助となるうえで大切な役割を果たしているということに対する疑いは、諸文献にも思索にふける哲学者にもほとんどない。それなのに他方では、このメッセージがあの行動の原因であるということを精密に証明する試みに正当な根拠はほとんどない。そこで4章では、因果関係に基づく理論的枠組み(cause-effect paradigm)の展開を年代順に描き出す。そして初期のオーディエンス理論では、メディアからオーディエンスへの一方向の単純な影響の流れが主張され、ついでオーディエンスの受動性が否定され、再びメディアの影響、とりわけメディアの暴力的内容の犯罪、暴力活動に及ぼす影響をめぐる真剣な懸念へと立ち戻るという、研究者たちがたどった一巡の様相が説明される。この流れに沿って私たちは、依然論争点となっている見解を検討する。その見解は次のような内容である。暴力的内容の映画やテレビ番組を見ることは社会にとって好ましい結果をもたらす行為である。なぜなら、視聴者があからさまな攻撃行動をとくに危害を与えることなく演じてみたり攻撃性があると見分けたりすることができ、しかも危険を直接体験するのではないのに直接体験しているかのようなスリルを味わうことがで

きる場合には、その行為は心のなかのわだかまりを解消、浄化する**カタルシス機能**[用語9]を果たすからである。

　第2次世界大戦前や直後に、メディアとオーディエンスの関係への関心は喚起されたが、それはニュース放送とその宣伝的傾向に対する疑念からであった。そして研究者たちは、印刷と放送双方のニュースメディアに強く心を引きつけられ続けた。ニュースの領域に焦点を絞った研究の関心の大半は、バイアスを明らかにすること、巧みに織り込まれた政治的バイアスの編み目を掘り下げ続ける伝統的研究をすることに向けられた。他方このほかの研究活動、とりわけフェミニストであったりポストモダンなアプローチを用いる研究者たちは、アイデンティティと表現の側面を考察する傾向があった。5章はこれらすべてのアプローチを検討し、そのうえで選挙キャンペーンにおけるメディアの役割の検討に移る。そのなかに含まれるのは、否定的・「攻撃的な」選挙広告、候補者が男性か女性かによって異なる報道、選挙民が啓発されたり（されなかったり）するメディアの選挙報道の仕方である。大変むずかしいことであるが、私たちは選挙キャンペーンの結果にメディアがどの程度の範囲で影響を及ぼしているかを調べている。そしてメディアは意見を著しく変えるのではなくて、有権者の既存の政治的信念を確信させる傾向が強いことを、最終的には議論している。言い換えればメディアは間違いなく選挙にインパクトを与えているが、それは根本的な変化をもたらすのではなく、（既存の見解を）いっそう確かなものにするインパクトである。

　すべてのオーディエンス類型のなかで、ファンという類型はいくつかの番組と映画物語のなかの特定番組や映画や特定キャラクターに、もっとも深い愛着を注いでおり、そして6章の主要な焦点は、ファンに絞られる。6章で私たちが検討するのは、研究者たちがファンをどのように概念化してきたかということである。その概念化のレベルは二つある。一つは（低級文化での）ファンと（高級文化での）玄人の間にある違いを理論化するレベルであり、もう一つはファンたちがどのようにして自分を「ファン層」として表明するのかということを探索するレベルである。〔この後者のレベルの探索のため、〕確立したファン・コミュニティ、とりわけ『スター・トレック』（6章の訳注〔2〕参照）や『コロネーション・ストリート（*Coronation Street*）』のような番組についてのファン・コミュニティに関する文献を再検討することによって、私たちはさらに二つの点について考察する。一つはインターネットによって存在可能となったより新たな集合的形態（groupings）であり、もう一つは現代のファンたちやいくつかのファンの集まりが、バーチャルな手段を通じて自分たち自身の間で

取り交わすコミュニケーションの仕方である。とりわけ私たちが注目するのは、**ファンがつくる何種類かのモノ**[用語39]である。そのモノとは手書きのファン雑誌から話の筋を進行させる台本上の会話までを含むが、それらは番組制作のプロデューサーに取り上げられて、各回の連続番組に組み込まれている。私たちは、ファンたちが魅力を感じている対象にどのように積極的に関与し、受動性でなく**行為体**[補足2]としての作用性を示しているかを、このモノへの注目によって解明するのである。

　最終章で考察するのは、メディアとオーディエンスの相互作用の性質が、新しいジャンルと新しいメディアとによってどのように変容しているかということである。これはことの順序として、オーディエンス研究が新たにたどる推移転変を熟慮するにいたることを意味する。私たちは、インターネットが興味深い新たな研究領域をすでに拓いており、その開拓は、私たちに〔次の諸側面の〕再考を求めていることを通じてなされていることを提示する。

1．オーディエンスに加わることが可能な人は誰で、不可能な人は誰か
2．オーディエンスが今や関与するにいたる活動は、（おそらく予期できないであろうが）どんな類型か
3．インターネットの時間／空間は、人々の日常的相互作用と彼らを取り巻く世界に関する人々の考え方を、どのように変化させるか
4．メディアの所有と統制と規制をめぐって伝統的に調査研究すべきであると考えられてきた諸問題は、インターネットにも当てはまるか、それとも情報共有のための共同性と**コンテクスト**[補足5]が新たになって、この諸問題は余計なものなのか
5．インターネットで媒介されるにふさわしいのはどんな類型の情報か、そしてこの情報のメディア化は世界が構成される仕方にどんな影響を及ぼすのか

　情報時代は新たなメディアと新たな形態とを導入し、これまでにない仕方で人々が自分自身を、オーディエンスとして構成することを可能にしてきた。他方では、メディア研究者が利用可能な手法は、たとえば調査票、面接、観察、フォーカスグループなどいくつかあり、それらをいろいろ異なる仕方で組み合わせて分析することができるのに、変わらないままである。さらに、新たなメディアは、古いメディアを必ずしも累々としたガラクタの山へと追いやってはいない。そしてインターネットがオーディエンス研究への新たな挑戦を求めて

いる反面で、テレビとラジオのような中年のテクノロジーが依然最も広く利用されているメディアである。だが実際に私たちは、次のように主張できる。新たなテクノロジーは、自由に放送できるテレビ、返答可能なラジオに向けた革新的発展のプログラムを促してきているが、それはマスメディアのコンテクストに対する双方向性（interactivity）の意義を明らかにすることを通じてである。

　読者の皆さんからのご要望があるかもしれないので、この本には姉妹編のリーディングス *Critical Readings: Media and Audiences*（edited by Virginia Nightingale and Karen Ross 2003）があることを補足させていただく。この本に転載された著作のうち本書の章と関連の深いものは、本訳書では「各章の学習を深める参考文献」として末尾に一括して掲載している。
　本書の末尾に「用語解説」もつけてある。解説されている用語には、本文中で右肩に小さく[用語]と表示した〔なお、訳者による日本読者向けの「用語解説補足」も、著者の了解を得たうえで本書末尾に付し、本文中では同様の形で[補足]と表示している〕。

2章 歴史的視座からみたオーディエンス

Audiences in historical perspective

　私たちがこれまで受け容れてきた文化的・社会的諸様式はいくつかあるが、テレビという技術はそれと複雑な関係がある。テレビとは本質的にそれ以前の様式、つまり新聞、公開されている会合、学校の教室、劇場、映画館、スポーツスタジアム、広告欄や広告看板などの組み合わせと発展である、と多くの人々が言い続けてきた。そうした発展は、先行様式であるラジオによって複雑なものになっていることがいくつかの事例で見られるが、より初期の先行様式事例をじっくりと考える必要があるのだ。(Williams 1974, p.44)

1　イントロダクション

　ある時点においては、すべてのメディアは「新しい」ものであった。すべての新しいメディアは、人間の共同体が設定してきたコミュニケーションの目標を達成するうえで、より興味深く、より独自で、より熟達した方法を提供してきた。本章では、新しいメディアの導入と結びついた二つのプロセスに的を絞って考えていく。そうした二つのプロセスを記述するうえで便宜的に、メディア化[用語50]と産業化という用語を使うことにする。これらのプロセスは互いに影響を与えあっており、結果的にオーディエンス関与の時間／空間を構造づけている。たとえば、テレビ——それはいまだに最も多くの人々が最も頻繁に使っているものだが——の場合ならば、メディア化とは、テレビが私たちの身の周りの環境を超えて今生じている出来事や過去の出来事を見たり聴いたりすることを可能にすることにより、人間の視覚と聴覚を拡張する方法にまで及んでいる。他方、テレビの産業化とは、低コストでのテレビサービスを配信することを可能にする産業的な構造とプロセスを言い表している。テレビ受像機は家庭での使用を想定してデザインされており、相対的に廉価で売られ（ほとんどの家庭は今では何台かの受像機を保有している）、テレビ利用のコストは受信許可料[1]、有料テレビ・チャンネルの定期加入料金、広告視聴という迷惑によって賄われている。メディア化と産業化は、新しいオーディエンス研究にとって論じられるべき諸問題を予告し

ている。それら二つのプロセスがそうした問題を引き起こしているのは、もっともなことだ。メディアを調査したりコントロールしたりすることを要請する一般の人々が抱く懸念の核心には、しばしばそうした問題が横たわっている。一般の人々が抱く懸念が、オーディエンス研究の伝統を形づくってきた。そうした諸研究によって、私たちはオーディエンスについての知識を得るようになったのだ。

　より明確に言えば、メディア化という用語で私たちは、人間の感覚やコミュニケーション力を複製したりまた通常は増幅するような技術を、人間文化がどのように発展させていくのかを示している。たとえばカメラは、私たちが、過去や接近不可能な場所の人々や出来事を眺めるのを可能にした。送受信兼用型のラジオは、二人の人間の間の討論を多数のリスナーたちが聴けるように増幅した。こうしたメディアのあり方を、メディア化という言葉は指している。メディア技術は、私たちが今ここにあること、距離、時間の制約を超え出ていくことを可能にしてくれる。しかしメディア技術はまた、オーディエンスの相互作用に枠をはめ、私たちがそうした技術に関与している際に、どのようなことができるのかを物理的に制約している。たとえば、映画上映はオーディエンスが席に腰掛け、お喋りを中断し、暗くした映画館にいることを前提としている。さらに個人のアイデンティティを築くもととなる心の力動的過程を扱うドラマに関与しているオーディエンスを、映画が持つ諸特性と不可分の関係のなかに位置づけることも当然の前提となっている。

　産業化ということで、私たちは資本主義システムにおけるメディアの営利追求が持つインパクトと、メディア産業の生産と流通とがもたらす社会的・文化的な変化とを言い表している。産業化はメディアオーディエンスに対する関心や調査の主たる動因であり続けてきた。以下に概要を示すオーディエンス研究の伝統のほとんどのものは、次のいずれかを目的として開発されてきたものである。すなわち、広告主に対する商品としてであれ、情報サービスの顧客としてであれ、メディアオーディエンスをより良く操作し管理する目的か、あるいはオーディエンスに対するメディアの文化的・政治的インパクトの意味を明らかにし、評価する目的のいずれかである。こうした事態が生じたのは、オーディエンス研究が人間感覚のメディア化と、メディアの生産力の産業化の双方のインパクトを観察するための手段であったからこそである。このことを私たちは本章を通じて証拠立てて論じていく。

　ナイチンゲール（Nightingale 1999）が指摘したように、人々がメディアに依存している一方で、メディアはまさにそれ自体が存在するうえで、より人々に

――人間身体の取り込みに――依存している。それゆえ新しいメディアが出現した当初には、人間の生産力を増大させる（私たちがより迅速、精確、効率的に仕事ができるようにする）という点において社会的な有用性や文化的な利便性がある、と公然とほめ讃えることがよくある。つまり、人間存在としての人々にとって最も魅力的であるメディアとの関わりや生産物の諸特性（楽しんだり面白がったりすること）を述べ立てたり、身体の物理的力を高めることを約束したりすることによって、そうした有用性や利便性を主張するのである。メディア化はある意味において、次の働きをする。つまり、正体は掴めないが神話の形をとった文化がサイボーグのイメージ（たとえば、『フランケンシュタイン』、『ロボコップ』、『ターミネーター』[2]）として告げ知らせているものを、カプセルに包むように大切に内包している。ヘッグスは、「テクノロジーとの融合による身体の拡張や高度化を指し示すもの」としてサイボーグを定義づけた（Heggs 1999, p.187）。そうした神話やイメージは、どうやったらメディアによって人間の身体に力が与えられるかに没頭する事態を表している。しかしこうした没頭により、産業化されたメディアが継続的に（産業として）事業を進めていくうえで、人間身体の取り込みに深く依存していることが覆い隠されてもいる。この交換関係――オーディエンスの身体部位とコミュニケーション力との交換〔そのことによって一方で人間はその能力を増すが、他方でメディアによって身体を奪われる〕――を解明することは、以下の問いを理解するのに役立つ。すなわち、どうしてオーディエンス研究という主題がかくも長きにわたり、「〔メディアに対する〕オーディエンスの能動性」と「メディアによる隷属化」との間を行き来し続けてきたのか、というものである。サイボーグのイメージは曖昧なものである。人間はメディアによって得られた力によって解放されるのか、それともそうした技術のために身動きを妨げられてしまうのか。オーディエンス研究とは、これら二つの極の間を揺れ動くバランス状態が生み出す懸念に対する応答なのである。

2　人間の身体とメディア化

今日オーディエンスであることと結びついた変わりつつある諸状況が、歴史家や芸術理論家たち（たとえばCarry 1994、Manguel 1997、Butsch 2000）によるメディアとメディアオーディエンスへの関心の復活をもたらしている。彼らの著作は、メディア利用において身体が包含されることに焦点を絞り込んでいる。彼らの説明は、新しいメディアが、オーディエンスがメディア文化と関わ

り合うやり方をどのように変えているのかという点にふれており、そうした変化を理解するために、歴史的文脈を提供している。そして、古いメディア様式に対する新しいメディアのインパクトのように、オーディエンスになる新しい道は古いメディア関与のパターンを活性化したり、または、オーディエンス相互作用の過去と現在の様式を新たに適応させるように促したりする、という認識に至っている（Butsch 2000）。

最近にいたるまで、メディア化は主として、据え置き型のインターフェイス（プリントされたページ、映画のスクリーン、テレビ受像機、コンピュータのスクリーン）によって人々を固定したり、その活動を制限することを帰結としてもたらしてきた。メディアに関与して一人一人がオーディエンスであるということは、人々の身体的な活動に対して制限を加えてきたのである。たとえば、本を読んだり、映画館に出かけるといった事例における身体の活動性の相対的な低さは、思考や批判的な反省を促すものとして評価された。とりわけ、作品の創り手が著作者や個性的映画監督という地位によって正当化されているときには、なおさらにそうであった。しかしながら、〔ハイカルチャーでなくて〕ポピュラーカルチャーの場合には、オーディエンスが身体的に不活動であることや、費やされた時間に対して直接に目に見える形での見返りとなる意義が低いことは、身体的にも精神的にも有害なことであるとしばしば見なされる。しかし1970年代になると、大衆文化があまねく存在するようになり、かつてポピュラーカルチャーの様式とされていたものがアートや文学と称されるようになった。そのことによって、ポピュラーカルチャーはそれ自体として意義のある文化現象であり、探究する価値があるという認識が広がっていった。こうした認識に対する当初の応答は、文学理論や芸術論から援用された方法を用いてポピュラーテクストを分析することであった（Berger1976、Eco 1979、Fish 1980）。しかしこれから見ていくように、オーディエンスという役割がコミュニケーション過程における必要不可欠な要素として理解され受け止められるまでには、永い時間が必要とされた。

3　写真術と認識のあり方

ポピュラーカルチャーにおいて何が魅力的で優れたものであるのかを判断する際に、観察するという行為がどのように影響を与えているのかという問題がある。それは、見られるものを、何が規定しているか、誰が観察しているかを、どのように理解するべきかという問題である。このことは、ジョン・バー

ガーの「見る仕方」としてイメージを分析する試みのなかに浮かび上がっている（Berger 1976）。広告と芸術作品双方のイメージを分析するという方法を選ぶことによってバーガーは、作品の批判的評価の次元において微妙な推移が生じたことを示した。そうした推移によって、イメージを意味あるものとするうえでオーディエンスが一定の役割を果たしていることを、芸術家や芸術批評家が思いいたるようになったのである。著者や作者の意図や作品の様式的な質を根拠として批評家が文化作品を評価することに対して、オーディエンスが文化作品の質を判断することによって異議が申し立てられた。別の言葉でいえば、オーディエンスが作品を見に出かけたり、購入したり、鑑賞するためにお金を払おうとするかどうかということによって、異議が申し立てられたのである。バーガーは同一の分析枠組みのなかで、古典的な油絵と現代の広告を同様に多様なイメージとして位置づけ、もっとも商業化されたポピュラーな文化様式である広告にも芸術理論が適応可能であることを示した。彼の仕事は、おそらく偶然ではあるが、芸術家が意図することと、作り上げられたイメージがオーディエンスによってどのように「解読」されるのかの違いを明らかにしたのである。

4　関わり合う身体
──視覚と観察

　私たちが見ているもののどのくらいが身体の産物であり、どのくらいが外部世界に規定されたものなのか。こうした問いは、オーディエンス研究において生じる中心的な哲学的論争点の一つであり続けている。どのようにして私たちは、人々のテクストとの関わり合いを説明できるのか。どのような意味において、オーディエンスはメディアによって特定の反応パターンと結びついているのか。また、どのような意味において、オーディエンスは活動的であると言えるのだろうか。そもそもどのようにして、オーディエンスの活動は観察可能な現象やパターン解釈に影響を与えているのだろうか。これらの問いはオーディエンスについての文化的研究の核心にあり続けている。そのことが、社会科学やその他の伝統的な学問における研究とオーディエンス研究との中心的な違いの一つである。
　クレイリー（Crary 1994）は、こうした論争における混乱のいくつかを説明しようと試みた。彼は、視覚やものごとの見られ方についての観念に対して、カメラ・オブスキュラがもたらしたインパクトを問い直すことによって、そう

した論争にアプローチした。カメラ・オブスキュア（もしくはピンホールカメラ）とは、微細な穴を通して光が入ってくるように暗くした箱である。この装置は、箱の外の景色の逆さまになったイメージを箱の内部の面に映し出す。その像は、手描きよりもより精確なスケッチや描写をするための型版として用いられたり、ただ単にそれ自体として楽しまれたりした。クレイリーは、見ることと視覚についての論点を、観察と観察されるものとの関係についての問いとして捉えた。そして、カメラ・オブスキュアがなくなった後に視覚についての論じ方が変化したが、その重要性を理解するためには、観察者のもつ人間らしい物質や身体性が十分に考慮されねばならないと主張した。クレイリーは、メディア技術は、観察者の一部分であるような特定の身体過程の位置に取って代わるべく取り入れられると論じた。カメラは、観察者が裸眼で見たのでは捉えられない事象を明らかにしてくれる。そうすることで、観察者の視覚能力を増していくように思われる。しかしそのことは、カメラの視覚能力は観察者の偏見や特異性によって歪められることがない、ということを示唆してもいる。この考え方は、カメラは嘘をつくことはなく、メディアに媒介された視覚は世界についてのより優れた説明をもたらしてくれる、と人々が誤って考えてしまうように誘うのである。オーディエンス研究においては、こうした視座はしばしば、メディアと関わり合う時に人々が目にすることは、なんとはなしにテクストに「合致している」との前提へといたるのである。

　写真技術が開発される以前の何百年にわたり、カメラ・オブスキュアは表象とイメージ生産のもっとも精確なテクノロジーであり続けた。クレイリーは、こうしたカメラ・オブスキュアは、「いかにして外部世界についての嘘偽りのない推論」が作り上げられるのかをめぐるモデルを提供していると主張する（前掲, p.25）。視覚のモデルとしてカメラ・オブスキュアは、装置は人間による観察以上に「偽りのない」表象を生み出すと提唱している。クレイリーは以下のように述べる。

　　こうした機械的で単眼的な装置による表象が好まれることによって、いかなるものであれ人間身体の感覚に頼ったような証拠は拒否されてしまう。装置による表象の真正性は疑いの余地なきものとして位置づけられるのである。（前掲, p.26）

　クレイリーは、カメラ・オブスキュアは機械的なプロセスとしての視覚を意味すると主張した。カメラ・オブスキュアによって作り出された誰もが用いる

ことができる「証拠」——そのことが必要な限りにおいて——に照らして、自分たち自身の視覚を個々人が判断するように押し付けられている。このことが、カメ̇ラ̇・オ̇ブ̇ス̇キ̇ュ̇ア̇によって生み出される単眼的な（monocular）像についての根源的な誤解を永続化させることになった。なぜならば、見る側は自分たちの複̇眼̇的̇な̇（binocular）視覚が平面的なイメージに与える解釈の次元の真価を認め損ねてしまうからである。カメラ・オブスキュアの単眼的なレトリックは、オーディエンスはメディアからの情報の受動的な受け手であり、彼らの頭のなかは現代の写真的メディアによる単眼的なイメージが刷り込まれる空っぽのブラックボックスにすぎないと見なす一般的な理解のなかに、いまだ消えることなく残っている。19世紀の視覚に関する科学的な探究は、知覚作用が現実を観察することに「干渉する」と捉えるのは無意味であると唱えた。しかしながらそうした主張とは反対に、視覚に関する研究が発展するにつれて、人間身体の知覚装置を通すことなく現実を観察することなど不可能であることが明らかになってきた。同様にして、オーディエンスについてのカルチュラル・スタディーズは、人々の経験や生活はメディア情報を解釈するうえで付属的なものなどではなく、むしろダイナミックな仕方で解釈と結びつけられていることを証明してきた。

　クレイリーの著作は次の働きをしている。つまり、本章と続く各章において長々と続く「能動的なオーディエンス」の議論が、メディアとは正確に理解されることも不正確に理解されることもある対象であるという「単眼的な」前提によって、一体どの程度の知を増進させているかということについて再考を促すのである。その再考によって世界とのメディアを介した関わり合いが透明な過程ではないことに、私たちは気づかされる。オーディエンスというものは、彼らが出会う出来事や経験によって心理学的に、生理学的に、そして文化的にパターン化された「内的な」生活を持った個人として存在している。そうした「内部世界」のパターン化は、オーディエンスたちが自分たちを取り巻く世界をどのように理解するかに影響を与える。現実世界と認知された世界との精確な一致という理想は、そもそも不可能なことである。そうした理想は、観察される世界を作り上げる過程で観察者が果たしている役割を、十分に理解していない。しかし、観察者の役割が精神、身体、経験によって影響される様には、様々に異なるものがある。

　メディアイメージを眺める過程に人間身体が埋め込まれていることへのこれまでにないアプローチは、主要な映画における感情誘発イメージの展開を探求しようとする現代の映画理論の著作において現れた（Caroll 1996, Plantinga and

Smith 1999を参照)。テクスト解釈は映画研究に重要な寄与をしてきたが、他方で不注意なことに、オーディエンスの反応の身体性を曖昧にしてしまうことが、そうした映画理論では指摘されている。1980年代のカルチュラル・スタディーズにおけるテクスト・イデオロギーの強調は、オーディエンスの解釈作業を重視したのとは対照的に身体的なものの重要性を最小限にしてしまった。それに対して、映画理論の研究者たちは、感情反応が発展していく基盤を探求することによって、解釈を特権化することを是正しはじめたのである。たとえば、C・プランティンガは、映画というものは、とりわけオーディエンスの感情を喚起するために顔の表情を用いるときなどにおいて、精神だけでなく身体と感覚に関わるものであると論じた。感情とは生理的なものである。感情は、他人の顔を見たり、人間や動物の泣き声を聴くことによって引き起こされる。感情についての理論家たちは、スクリーン上の表情を模倣するよう、描写された顔がどのように感情を誘発するのか、つまり、オーディエンスの感情反応をどのように生み出しているのかを探求する。それゆえプランティンガは、オーディエンスによる映画との関わりは、知的であると同時に身体的なものとして理解されねばならないと主張するのだ。

5 関わり合う身体
──オーディエンス活動のより身体的な次元

人間の身体とメディアとの境界であるインターフェイスの身体性についてもプランティンガと同じような考え方が、音楽体験の本質に関するレパート (Leppert 1995) の研究に明らかに見てとれる。音楽製作における階級的／ジェンダー的な分業に関するレパートの歴史的分析は、17世紀から19世紀にかけての絵画とデッサンからのデータを広範に利用している。レパートは音楽を聴いたり演奏している人々を描いたイメージを根拠として、自分の議論を展開した。レパートは、芸術における視覚的な表象を通して、音楽の「聴こえ」──身体に対する音という物質的なものの持つインパクト──を跡づけた。聴取するオーディエンスを研究することがレパートの主たる目的ではなかったけれど、彼の分析は、聴取経験が身体全体に関わるものであることを肯定するオーディエンス理解へのアプローチを強化した。レパートにとっては、この場合絵画やデッサン、スケッチのように、音の軌跡がたどれ、視覚的媒体によって記録されたキャンバスとして、身体自らがどのように関わっているのかを分析することで、過去において音楽を聴くことが何を意味したのかを推定できるので

ある。

　レパートによる聴こえることと身体への音声のインパクトの強調は、人々がオーディエンスとして演劇や音声視覚的な上演と関わり合う仕方の変化を探求したブーシュ（Butsch 2000）の研究と、興味深いことに対照的である。ブーシュは1750年〜1990年までのアメリカ合衆国におけるオーディエンスの変化する本質を研究した。ブーシュの分析によって私たちは、過去の舞台でのオーディエンスの身体的制約の欠如と、今日の現代的な演劇におけるオーディエンスの制約や放送メディアとの徹底的に個人化された関わりとを対照比較できるようになる。たとえばブーシュは、エリザベス女王時代から続いてきたオーディエンス活動の伝統と一致するように「19世紀のオーディエンスはとても活動的であると予測され、実際にそうであった」と主張し、以下のように述べている。

　　エリザベス女王時代の劇場では、宮廷人や粋な男たちは、演劇場を自分たちが受ける注目によって自らの重要性を測る法廷として捉えていた。めかし屋たちは舞台の上に座り込み、劇の進行を邪魔したり、ときには女優に抱きついたりした。こうしたことはすべて、土間席の平民たちを苛つかせるもので、彼らは「彼女たちから離れろ」と叫んでいた。しかし、土間席の観客たちも、おとなしくはなかった。彼らは食事をし、タバコを吸い、社交をし、機智溢れるやり方で俳優たちと関わり合ったのである。王政復古期の劇場はもっと高価で排他的であった。だがいまだに、商売人、専門職を持った男たち、官吏とその妻たち、批評家（詩人、物書き、ライバルの劇作家たち）は平土間に座り込んで、口論したり、オレンジを売りに来た女たちにちょっかいを出したり、舞台の上のめかし屋をからかったり、土間席からさじき席までを行ったり来たりしていた。貴族たちは舞台の上やボックス席に座り続けていて、お喋りしたり、カードを楽しんだり、議論したり、ときには決闘したりする場所として劇場を捉えていたのである。（前掲，p.4）

　ブーシュは、以下の観点においてオーディエンスがいかに劇的に変化したかについて、注意を払っている。つまり、どこにおいて人々はオーディエンスであり得るのか。どのようにして人々は演者、演じられる作品、そして他のオーディエンスたちと関わり合うのか。人々が出会うメディア化されたマテーリアルについての考えは、どの程度まで公開的な討論や論争に開かれているのか。ブーシュの研究は、現代のオーディエンスの活動を探究していくことに対して

重要で補足的な視点を提示している。それは、オーディエンスが見たり、聴いたり、読んだり、その他の活動をするときに、彼らの身体がメディアによってどのように前提視されているのかを例証しているのだ。同じように歴史における長期的な視点に立つことによって、アンダーソン（Anderson 1991）は、出版資本主義の導入がどのようにして国民国家の誕生を促進させる条件を作り出したかについて説明し、今日ではマスオーディエンスを管理することは国民主権の維持に向けた防御であることを明らかにしている。

6　出版資本主義と想像の共同体

　アンダーソンは、コミュニケーション・メディアの産業化が、人々とメディアとの間における、予期せぬような変化を促進させるあり方を調べた。アンダーソンの議論は、以下のようなものである。19世紀において新聞を読むことは、経済的・政治的・法的、そして科学的な目標を達成しようとする利害関心の認識に基づき、人々が自分自身を他者との想像の共同体のなかに位置づけることを可能にした。一人の人間の個人的な利害関心を、個々人からなる所与の共同体全体によって特定の領域内において広く分かち持たれたものとして想像する能力は、国民国家を形成するうえで必要とされる社会的な変化に影響を与えるほどの水準へと、政治的活動を高めることに貢献したのである。ある意味でアンダーソンの立場は、大衆はメディアによって抑圧されていると捉える人々に挑戦を仕掛けている。なぜならば、アンダーソンの議論は、社会の首尾よく位置づけられた部分がメディアによって動員され、活性化され、焦点化されるような時期を描き出しているからである。コミュニケーション・メディアは、読者たちが自分たちの経済的、政治的、法的な利害関心を一つにまとめるために、メディアによる動員を利用するよう力づけたのである。

　ヨーロッパの国民国家の発展に関してアンダーソンは、印刷物を読む公衆たちは、読み書き能力を持った人々、商業に従事する階級、貴族階級のいくつかの部分から作り上げられたことを指摘した。そのようにして読書する公衆は、社会において影響力を持つ部門の人々（すべてではないが）の知識、富、政治力を一つにまとめあげたのである。「読書する公衆」は、資本主義の生産物と印刷技術との組み合わせによって生み出されたのであり、この組み合わせが、それまで存在していた知識と言語の上下関係を変えたとアンダーソンは述べた。アンダーソンは、「言語の宿命（language fatality）」という言葉を、こうした変化のサインとして、国民国家生成における重要な要素として引用した。な

ぜならば、「言語の宿命」こそが、権力関係の再編成に寄与したからである。手書きの知識が「稀少で秘密めいた伝承」であり続けたのに対して、印刷された知識は「再生産され普及することによって生命を与えられる」とアンダーソンは論じた（前掲，p.37）。印刷されたものは、新たな参加者たちが権力と権威をめぐる言説の場に参加することを許すような知識革命を、そのように促進したのである。ラテン語のような聖職者たちや行政官たちの言語ではなく、土着的な言語での印刷がなされることによって、政治的・行政的な権力から排除されていた集団が、以前には想像もできなかったような政治的野心を追い求めることが可能になった。

　プロテスタンティズムと出版資本主義との連合は、廉価普及版の開拓により、ふつうラテン語をほとんど知らなかった商人、女性をふくめ、大規模な新しい読書公衆を急速に創出し、かれらを政治宗教目的に動員した。（前掲，p.40 = 1997, pp.79 - 80）

　アンダーソンは、印刷された言語が「国民的」意識の発達に向けて基盤を作り上げる三つのあり方を区別した。第一に、印刷言語はエリートの言語よりも下に、共有された習俗よりも上に、支持基盤を作り上げた。このことは、古くからのエリート層と新興階級が対等な「知識」の地位にいることを意味した。第二に、印刷された言語は、綴りや文法を安定化させることによって、言語に永続性と固定性を与えた。印刷された様式が持つ物質性によって、人々は観念をより注意深く分析し、こっそりと時間をかけて熟慮することができるようになった。第三に、印刷された言語は、印刷される地位を獲得できる言語を持つ集団を特権化することによって、政治的現状に変化をもたらした。印刷されない、あるいは印刷できないものである話される言語は、徐々に「低俗な」、「下位標準の」ものと見なされるようになっていった。印刷業は資本主義の企業の最初期の様式の一つであったので、印刷された言語は資本主義の拡張や、資本主義が経済活動への参画に向けて提供する機会と結びついていた。

　もっとも重要なことであるが、印刷言語はそれを話せない人々を周縁化し、それを読む公衆の間に新たな連合を築き上げる言語の独占状態を作り上げた。出版資本主義のもとでは、君主制を特徴づけていた言語集団のなかの言語的多様性と政治的に位置づけられた階層性が、「想像された共同体」の構成員であるという意識へと道を譲ることを、アンダーソンは指摘している。想像の共同体は、言語集団と読書する公衆とが以前には想像できなかったようなやり方で

合同し、彼／彼女たちが新たに認識した共通の政治的・経済的利害関心を確かなものにすべく集合的な行動を組織化することを可能にしたのである。

　出版資本主義はそのようにして、変化に向けた触媒となった。印刷された商品がより多くの人々にとって利用可能になっただけでなく、読書する公衆という地位を新たに認められた人々が、自分たちの考えを出版し（たとえペンネームや雅号においてであれ）、他人によって読まれることを確かなものにする方法を見つけ出したのである。印刷経済への比較的に容易な参入が、現代的な知識経済と政治意識における劇的な変化を生み出した。

　アンダーソンの歴史的な研究は、より広範にオーディエンスとメディアの状況を眺めることの重要性を、私たちに教えてくれる。急速で劇的なコミュニケーションの変化が生じる時期は、スクリーン上の暴力への欲望やいわゆるコンピュータゲームへの嗜癖が示唆する以上のメディア効果を生み出すのかもしれない。そのうえ、オーディエンスの集合的編成（大衆、ファン、クラブ、熱狂者たち）は、オーディエンス個々人と同様にオーディエンス研究の基盤として重要である。このことを認識してはじめて、オーディエンスのよりマクロな像を理解することができるのである。アンダーソンの分析は、文化生産のメディア化と産業化の双方の重要性に注目させてくれる。彼の分析は、しばしば気づかれることなくメディア商品と一緒にパッケージ化されている社会・文化的な変化をひき起こす潜在力について詳細に引証をつけて分析している。ストーリーが語られることや情報が順序立てて並べられることを通して、私たちの時間認識を劇的に変える能力をメディアが持っている、とアンダーソンは認識していた。そしておそらくもっとも重要なことに、アンダーソンは、出版資本主義の浸透が以前に支配力を発揮していた権力と言語の構造をどのように再編成したかを一覧できるように示したのである。出版資本主義の衝撃と現代のサイバーカルチャーにおけるオーディエンスの経験とが類似しているのは間違いない。このテーマについては 7 章でもう一度取り上げる。なぜならば、オーディエンスは再び「同朋愛、権力、時間を、新しく意味あるかたちでつなげ」ること（前掲, p.36 = p.63）を模索しているからである。しかし、今回は情報革命という文脈においてのことであるが。

7　放送とオーディエンス研究

　ブーシュ（Butsch 2000）によれば、放送の導入は「集合的な次元にある一般のオーディエンスを個々の家庭へと拡散させる」という変化をもたらすうえ

で、決定的な役割を演じた。こうした変化はとても素早く起こった。ラジオは1920年代に導入され、10年以内のうちにアメリカ合衆国の半分以上の世帯が所有するようになった（前掲, p.173）。しかしながら、急速なラジオの普及は、プロパガンダや説得を目的として諸外国がマスメディアを利用する可能性についての危惧を増大させた。少なくともアメリカ合衆国においては、ラジオを導入することに伴う膨大な費用は予算上の課題を生み出したが、それはラジオ部門を商業化することによって解決が図られた。多くの聴取者たちは、番組が中断されることをとても煩わしく感じたので、放送局に抗議の手紙を書いたのだが、最終的にアメリカ合衆国ではラジオは広告収入によって賄われるべきであるとの決定がなされるにいたった。そうした決定にいたる政治的な闘争について、スマリヤン（Smulyan 1994）は詳細な記録を残している。

　アメリカ合衆国でのラジオの商業化は、より広範囲に及ぶ影響をもたらした。ラジオの商業化はすぐさま、オーディエンス測定の必要を生み出した。なぜなら、広告業者と番組スポンサーは、自分たちの予算を正当化するために、どれだけの人々が聴取しているかを知る必要があったからである。そうしたわけで、最初のオーディエンス研究の伝統は、聴取率調査として発展することになった（Beville 1988、本書3章参照）。初期のオーディエンス測定調査は、放送産業界が聴取者を操ることを可能にしたが、それは最大限の聴取者を引きつけるように番組タイプへの予算配分を調整するという方法によっていた。ラジオ番組の聴取率は、どの番組に予算をつけ、番組製作にいくら配分されるべきであり、個々の関係者（経営者から出演者や清掃担当者にいたるまで）にいくら支払われるべきかを決定するうえでの論理的な根拠となった。研究という観点からいえば、聴取率分析は、量的調査法のオーディエンス研究への最初の応用であった。出資の観点からいえば、聴取率調査はラジオを財政的により確実な仕事にした。次章で示すように、ひとたび聴取率の体制が確立されると、それは結果的に、オーディエンスを商品へと作り変えていった。広告業者は、オーディエンスたちの番組選好に忠実なことに眼をつけ、どのようなオーディエンスに向けて自分たちの広告の的を絞るのがよいかを決定することができる。そうでなくてもオーディエンスの番組選好への忠誠性もまた、戦略の進行を後押しして生産の標準化を確保してくれるのである（Neuman 1991）。

8　放送とプロパガンダの問い

　出版資本主義の「読書する公衆」は放送のマスオーディエンスに取って代わ

られてしまうことになるが、産業化はその一因であったことに最近の歴史的研究は注目している。たとえばマテラート（Mattelart 2000）は、いくつかの点を重視して近代におけるコミュニケーションの産業化を特徴づけた。つまり、ネットワーク化と普及、標準の開発（放送の標準、生産の標準、時間の標準、エンジニアリングの標準）、国際的な意識がそもそも発達していくことに対して国際的なコミュニケーションの増加が持つインパクトなどである。コミュニケーションのネットワークは、初期には植民地的な繋がりに伴って生じたのであるが、そうしたネットワークは第一次世界大戦の間に、地政学上戦略的な意義を持つ情報フローへと変貌した。その時期には、敵側に宣伝したり、自国での世論を操作するために新聞が使われていたのである。マテラートは、以下のように論じている。

　　戦争の結果からみて、プロパガンダの役割は全能であるとの評判が双方の交戦陣営において獲得されるにいたった。広告業者やアメリカのメディア社会学の礎を築いた政治科学者たちの弁解がましい言説は、そうした戦時の経験を平時へと移し替えたのである。デモクラシーというものは、国民国家の領域内であれその外においてであれ、「社会全体の目に見えないコントロール」という近代的なテクニックなしにはやっていけない、との考えが広がっていった。（前掲, p.37）

　マテラートは、情報とオーディエンス操作に関するこうした戦略モデルを、ウォルター・リップマン（Lippmann 1922）とハロルド・ラスウェル（Lasswell 1927）[3]の影響とはっきり結びつけている。この二人の著作は、いささか違ったやり方ではあるが、軍事戦略における調査研究主題を、商業的・教育的な位相へと移し替えていく例を提示している。リップマンは、自分自身の戦争体験を、国際平和との関係における世論についての理論を発展させていく基礎として用いた。他方でラスウェルは、アメリカ社会学の設立において将来性のある役割を果たし、戦時のプロパガンダの利用について論述した。
　こうしたわけで、メディアオーディエンスについての最も初期の社会調査研究の起源は戦時の不安定さと異常な恐怖にあり、国家安全への強い懸念によって強烈な影響を受けていた。それらの研究は、社会的な管理を促進することを追求したのであり、それを問いただしたわけではなかった。当初、戦争直後に仕事をしながらマートン（Merton 1968）[4]は、当時の研究テーマへの産業界や政府の影響が強いときに、メディアオーディエンスの調査研究をはじめた。

市場と政府からの要求が、アメリカの社会科学者たちが選択するメディアオーディエンス分析のためのカテゴリーや概念をどのように形づくっているのかを、マートンは次のように描き出した。

　一つの調査の目的はその範疇と概念を決定する一助となる。したがって受け手の測定に関する範疇としては、第一に収入階層（結局のところ商品の販売や取引に関心をもっている人々にとって、これは明らかに重要なデータの一種である）、性、年齢および教育（しかるべき集団に対しては、どんな広告販路が最も適切なのかを知ろうとする人々にとって、この教育という範疇は明らかに重要である）のようなものがある。（前掲，p.505＝1961，p.411）

マートンは自身のメディア研究を、例えてみれば「社会構造とコミュニケーションとの相互関係を取り扱う研究」（前掲，p.493＝p.400）として、そして「キャンペーン」（もしくはプロパガンダ）研究へと向かわせる継続的な圧力に対抗することを試みる研究として表現している。それゆえマートンの研究のなかには、政府や産業界の利害関心から生じてきた調査要求の影響と、そうした要求を国際的で学術的な社会理論という理論的洗練さをもって合理化しようとする企ての双方が見てとれるのである。

　クローサー（Crothers 1987, p.86）は、マートンの社会学は以下の点を事実として前提においていると解説した。それは、制度的なパターンが個人に利用可能な社会的行為の選択肢を形づくり、個々人の行為は、社会的制度についての信念という形で他者からの反応を引き出している、という事実である。こうしたことが個々人による制度の経験のあり方に影響を与え、そして制度の理解のされ方にフィードバックしていく。たとえば結婚とは、どのように個人が既婚のあるいは未婚のカップルもしくは個人として行為するべきか、また行為しうるのかに対して、ある一定の社会的パターンを作り出す社会的制度である。結婚という制度との関係において特定の個人が行為するやり方（たとえば、結婚すること／結婚しないことを決意する、不義をする／しない、離婚する／一緒に居続ける）は、他者からの一連の反応を引き起こす（それらはなされた行動によって異なってくるのだが、おそらくは非難、是認、物理的攻撃など）のである。結婚制度との関係における人々の経験の本質が、そのようにして結婚制度とそれが提供する社会的行為のパターンの作動へとフィードバックしていくのである。

　マートンによるメディアの探究は、このパターンを踏襲している。メディアは、内容との関与の機会を提供する社会的な制度と見なされる。個々人はメ

ディア活動に関与するのだが、関与の本質は、社会的制度としてのメディアの状態に重要なフィードバックを提供することにもなる。広告業者と政府にとって同様に主たる関心事であるオーディエンスの規模と構成についての研究が、素早く主導権を握り、オーディエンスを測定し構成を明らかにすることに、オーディエンス研究の焦点を絞りこむようになった。それに対して、マートンや彼の同僚たちのような研究者は、メディアオーディエンスについての経験的な調査研究は、放送の時代において社会的関係がメディアによってどのように活性化されるかについて洞察を提供するものである、ということを明らかにした最初の人々であった。マートンのメディア研究は、人々がメディアと関与することを通じて、集団への加入と統合が維持されるプロセスを浮かび上がらせたのである。

1940年代にポール・ラザーズフェルド[5]、ヘルタ・ヘルツォーク（Herta Herzog）、その他コロンビア大学の研究者たちとの共同研究のなかで、マートンはオーディエンス研究における強調点をプロパガンダから、それと似てはいるが戦略的に異なった主題である「内容と反応」分析へと移行させていくことに貢献した。**アノミー**[用語3]（社会的な疎外から生じる方向性の欠落の経験）——それはマートンがアメリカの社会的コンテクストにおいて利用するためにエミール・デュルケム[6]から借用してきた概念である——へのマートンの関心は、彼のオーディエンス研究において、機能的に意味があり応酬的な活動として孤独から逃れ他者との親和的な関係を取り結ぶためのメディア利用の次元を説明しようとすることのなかに見てとれる。マートンは、高度に競争的で成果志向的な大衆社会に生きていくことを、どのようにしてメディアが堪えうるものにしているかに関心を持っていた。マートンの著作は、現代社会における**ゲゼルシャフト**[用語15]の探究に一貫して心を傾け続けたことも反映していた。マートンは、弁明の余地なきまでにプラグマティックで、利用者を中心に据えた決然とした機能主義論者であり、調査データと発見を数量化することによって社会科学を発展させることに与していた。だが、マートンの研究は、持って生まれた権利としてではなく、一貫した自己選択による社会編成として受け継がれていく階級形成に向けた、ある種の「新世界」的な探究でもある。集団的加入についてのこうしたモデルは、今日ではファンやインターネット・コミュニティの研究に明確に見てとれる（本書6、7章参照）。

オーディエンスとプロパガンダ・イベント[用語41]

1949年にマートンは、プロパガンダと説得を目的としてマスメディアを使う

ことの有効性について調査を実施した (1968, p.570)。その調査の目標は、どのようなときにプロパガンダと説得は機能し、どのようなときに機能しないのかを説明することであった。この目的のために、最初にマートンはプロパガンダを分析し、その次に調査参加者にそのプロパガンダについて議論するよう依頼した。活字化された、あるいは放送されたメッセージの「内容分析」と「反応分析」が、体系的に比較された。マートンと同僚たちは、内容と反応分析を、メディアメッセージに固有のコミュニケーションの問題点を明確にするために用いた。そうした分析には、〔調査参加者によって〕情報がうまく理解された程度と比較することによって、送り手の意図がどの程度うまく表現されたのかという問題に判断を下すことが含まれていた。「反応分析」のためにマートンは、焦点面接法[7] (Morrison 1998、Nightingale and Ross 2003に再録) を利用することを提唱した。内容と反応分析に基づいてマートンは、彼が「ブーメラン効果」[8]と呼ぶところのコミュニケーション効果を明らかにした。「ブーメラン効果」は、プロパガンダに対する人々の反応が「まったく予期せぬもの」であるときに生じる。ブーメラン効果は、送り手がメディア・メッセージを作り出すときに下す判断の過ちを指摘するために用いられた。その考え方は、メディア内容に対して人々が示す予期せぬ反応に特別な注意を払おうとする「逸脱事例の分析」と呼ばれる過程のなかから、生まれてきたのである。

　マートンは四種類のブーメラン効果を記述している。第一のタイプは、人々がプロパガンダのマテーリアルで用いられている専門的な言語や、そこで言及されていることを理解するために必要な背景的な知識を持っていないときに生じる。この状況では、聴取者たちは最初苛立ちながらプロパガンダに応答し、その後は疑いをもって応答し、そして遂には不信感をもってプロパガンダに反応する傾向が強い、とマートンは主張した。第二のタイプのブーメラン効果は、オーディエンスが「心理的に多種多様である」とき、つまり「特定の与えられた話題についての精神状態」になんらの一貫性もないときに生じる。この状況は、メッセージのなかで多様な利害や特定の言及を統合することをきわめて困難にしてしまう。第三番目のタイプのブーメラン効果は、「プロパガンダの同じ部分のなかにいくつかの異なるテーマがあり、それらが互いに違った働きをしている」という具合に、プロパガンダが構造的に欠陥を有しているときに生じる。より容易に修正することはできるが、こうした効果は意図せぬ結論へといたるよう人々を傾向づける。なぜならば、人々はメッセージの諸要素を意味ある全体へと一つにまとめることができないからである。最後の四番目のタイプのブーメラン効果は、オーディエンスのいくつかの部分が、問題とされ

ている話題に慣れ親しんでいるか、あるいは直接にそれを体験したことがあるときに生じる。これらの人々は、メッセージに対してどう反応するかを決めるときに、「自らの経験を考慮する」のである。反応者たちは、もしメッセージが自分たちの経験を信用していないような場合には、それを即座に拒否するとマートンは主張した（前掲，pp. 571-577）。

　ブーメラン効果の記述におけるマートンの「効果」という用語の使い方は、メディア研究における今日的なその用語の使い方とは大変に異なっている。コロンビア大学でのマートンのチームによって解明された「効果」は、メディアマテーリアルと参加者の解釈との相互作用によって作り出されたものであり、興味深いことに「効果」は「行動」というよりも誤解である。過った理解の原因はメッセージ制作の失敗に起因するとされ、調査参加者たちの間の文化的差異のためとは見なされない。マートンはメディアメッセージに対するオーディエンスの反応を、より広範な社会的過程への所属や連帯を言い表すための手段として理解した。産業化は人々を互いに引き離し、競争、個人主義、成果への没頭などをより強固なものにした。こうした文脈において人々は、個人的な利害関心や意味ある主題という観点に照らして道理がかなう方法で、他者との連携を模索している。そうであれば、マートンとの共同研究に引き続いてカッツ[9]とラザーズフェルド（Katz and Lazarsfeld 1964）が、他人を自分に引きつけるような専門分化された個人的知識を作るべく人々がメディアを用いるやり方に焦点を当てたことは、それほど驚くべきことではないのである。

9　パーソナル・インフルエンスとコミュニケーションの流れ

　『パーソナル・インフルエンス』の導入部において、カッツとラザーズフェルド（1964）は、マスメディアについての両極にある（当時の）現代的な見方に注意を喚起した。当時の多くの人々は、一方でデモクラシーの新たな時代の幕開けの証拠として、他方で人々から自立した思考と行動の能力を剥奪してしまう道具としてマスメディアを考えている、と彼らは主張した。どちらの見方が取られていようと、マスコミュニケーションの過程に関して同様の理解がなされていることを、カッツとラザーズフェルドは説明したのである。

　第一に、彼らのイメージのなかには、読者にせよ聴取者にせよ映画観客にせよ、マスメディアから流れ出るメッセージを受け取る人々は、何百万というバラバラな原子としてのマスだという考え方がひそんでいる。そして第二

に、あらゆるメッセージが直接的かつ強力な刺激となって、個々の人間に無媒介的な反応を起こさせる、という想定の上に立っている。いわばコミュニケーションのメディアは、無定形な社会組織と人間相互間の結びつきの欠如とを特徴とする社会にあって、あらゆる人々の眼と耳に直接つながっている、単純な神経組織にも似た、新しい種類の統合力と考えられているのである。(前掲, p.16 = p.4)

このことが、当時にいたるまでその領域を特徴づけていたメディア研究の伝統的な分業(専門分化)、つまりオーディエンス研究、内容分析、効果分析を生み出した**社会的コンテクスト**[補足5]である、と彼らは論じた。用語の使い方は時代とともに変わるけれど、彼らによる効果分析とオーディエンス研究の区分は注目に値すると思われる。1950年代、「オーディエンス研究」という用語は、現在ではオーディエンス測定サービスによってなされる仕事、つまり特定の受容領域におけるオーディエンスの規模と構成を明らかにすることや、そうした情報を用いた様々な計量的な分析のことを意味していた。それとは対照的に、「効果分析」という彼らの用語は、研究の過程において変化していったように思われる。『パーソナル・インフルエンス』の最初のほうの章では、カッツとラザーズフェルドは効果を仲介変数と結びつけていた。だが後半部分では、因果的効果の立場へと決然と移行し、影響は接触と結びついているので、オピニオンリーダー自身はほかの人々よりも影響を受けている可能性があると論じた。

パーソナル・インフルエンスの研究に対して当初取られていたアプローチは、マスメディアと大衆との間の相互作用における**仲介変数**[用語32]を調べることであった。彼らは、メディア研究にとって特別に関係があると考えられた四つの仲介変数を明らかにした。それらは、接触、媒体、内容、オーディエンス成員の「態度と先有傾向」である。(その当時の)メディア研究が一つの問い(すなわち「メディアは何ができるか」)だけを述べたてていることに注目しつつ、彼らがメディアキャンペーンと呼ぶもの、つまり「有権者に影響を与えたり、石鹸を売ったり、偏見を減らそうとする」キャンペーンを調べることにほとんどの注意が払われてきたことを、彼らは嘆いた(前掲, p.19)。カッツとラザーズフェルドは、人々に影響を与えたり、考えを変化させるべく説得するためのメッセージをどのようにして作り出すかということにばかり、メディア研究の焦点が置かれすぎてきたと感じていた。そのようなアプローチは、研究の可能性を早々に閉ざしてしまい、そして不必要なことに、社会科学が利用可能

な研究主題を制限してしまうのである。こうしたコンテクストにおいて仲介変数の研究は、現代のその他の研究における「メディアと大衆」という問題関心の焦点化によって覆い隠されていた諸仮説を切り開いていくための道を提供したのである。

　全体としてカッツとラザーズフェルドの研究は、人々が誰にアドバイスを求めるかを特定するうえで、メディアとの関与のパターンが利用可能であることを記述している。彼らはこの過程を「二段の流れ」[10]として描き出した。そこでは、特定の領域（公的な出来事、映画、ファッションなど）におけるオピニオンリーダーがメディアからの情報にアクセスし、それからその情報は彼らのネットワークの仲間や地域社会のほかの人々によって探し求められたり、その人々に影響を及ぼしたりするのである。その研究における驚くべき発見とは、影響者（influentials）とは、地域社会のリーダーではなく、メディアから得る知識が強みになっている特定領域のスペシャリスト〔ともいえるほどに詳しい人〕であった、という点である。彼らはメディアに関与して意味を引き出せるような専門性を持っているので、メディアが提供する一定のタイプの専門的知識を持ち、それを日常生活のなかでどのようにうまく利用するかの専門的知識を持っていると特徴づけられた。影響者は、メディアを使うことに多くの時間を費やし、メディアから得た経験を日々の生活のなかで統合していく能力を開発していく。パーソナル・インフルエンスの研究は、オーディエンスの参加と活動への焦点をより深めていったのである。カッツとラザーズフェルドが「人々の発見（discovering the people）」という用語を用いたのは、「接触」志向の心的構造を超えてオーディエンスを捉える研究を再定位しようとする自分たちの試みを説明するためだった。カッツとラザーズフェルドは、彼らが文化的に均質的であると想定したマスオーディエンスの活動を支配している隠れたプロセスを暴こうと試みた。その意味で彼らは、身分や地位が多様な影響力が働くなかで追い求められ、勝ち取られるような場であるアメリカ社会を一つの文化的統一体として研究したのである。

　研究の焦点を仲介変数に据えることによって、カッツとラザーズフェルドは（すでにマートンとラザーズフェルドがしたように）、人々がメディアのオーディエンスでいるときに何事かが生じるという事実に、注意を喚起した。問題なのは、生じる出来事というものが、思いつきや浮かんでは消えていく印象や感情として経験されるような、とらえどころの無いものだという点である。それは、ある映画のことをどう思うかとか、最新のファッションは追いかける価値があるかどうか友達が尋ねるときに、気づかないほどかすかなものとして生じ

るのである。その意味で、メディアイベントをはっきりとさせることは困難である。マートン (1967) によれば、これはデュルケム (1930) によって最初に定式化された仲介変数という考え方が明らかにしようと意図した問題そのものなのである。デュルケムは、「私たちから逃れていく内在的な事実を、それを象徴化する外在的な事実に置き換え、後者を通じて前者を研究することが必要である」と述べている (Merton 1967, p.146から引用)。

　今や、オーディエンスはそうした出来事の古典的な事例である。ある出来事が生じるのだが、そのことの重要性のすべてが直接観察できるわけではない。人々がオーディエンスでいるときに自分たちに生じる出来事について彼ら／彼女らが与える説明は、出来事についての表象（しかし、完全な説明ではない）を提供している。個人の態度と先有傾向に焦点を置くことによって、カッツとラザーズフェルドは、オーディエンス・イベントの内在化された次元を分析のために明らかにすることを目指した。彼らは、その後の重度のメディア接触／軽度のメディア接触や、そのことの社会・文化的な効果についての仮説（Gerbner and Gross 1976）、さらには、**利用と満足アプローチ**[用語54]を特徴づける視聴動機についてのより心理学的な研究のための論理的な基礎を提供した。しかしながら、オーディエンス活動の重要性の強調にもかかわらず、機能主義的なアプローチは、生産過程やメディアの内容分析への注意を低減させてしまった。そして、そのアプローチは管理志向的であり続けた。オーディエンス測定と構成に関する調査研究と同様に、機能主義的研究は、ネットワークテレビ局の支配人、広告業界の経営者、政府の政策立案者たちの視点を当たり前のことと見なしていたのである。

10　機能主義のプラグマティズム　対　文化的行為の共同性

　1970年代は、工業社会から情報時代への移行の第一段階を画す時期であった。情報の豊かさは、人、金、技術、観念、メディアのこれまでにないグローバルな移動のための諸条件を提供し（Appadurai 1997, p.33）、そのことが18世紀後半以降の国民国家理解を特徴づけていた文化的なまとまりの感覚に対して、劇的なインパクトを与えたのである。

　土着の周縁化された集団が文化的テリトリーへの要求や国民的な放送への機会に対するアクセスを主張しはじめるにつれて、以下のような考え方は厳しい批判にさらされるようになった。それは、テクノクラート、行政官、企業の支配人たちがすべての人々に適合したメディアサービスを提供できると見なすの

は妥当な前提である、との考え方である。オーディエンス研究において、こうした対峙は、機能主義的アプローチに対してポピュラー文化理論が欠落していることを批判するなかで生じた（Nightingale 2003）。論争はオーディエンスの能動性についてのものでもあった。機能主義的アプローチが、メディア活動の個人的・心理学的な説明へと移行していったのに対して、文化的アプローチは、メディア関与の文化的な次元を認識することを要求した。

「利用と満足」アプローチは、機能主義的オーディエンス研究から開花したものであると自らを定義づけていた（Blumler and Katz 1974）。だが、ヨーロッパの理論をメディア研究に応用した初期マートンの基礎には社会理論があったが、「利用と満足」アプローチはそれから遠ざかっていった。その代わりに「利用と満足」アプローチは、マスコミュニケーションについての個人主義的な理解を促進させたのである。

そうであるとするならば、「利用と満足」アプローチとはいったいどんなものであり、それはなにゆえにオーディエンス研究のなかで「文化革命」以前に、それほどまで広範に重視されることになったのであろうか（Nightingale 2003）。「利用と満足」研究は、オーディエンスの情報探索活動の社会・心理学的な動機を探るものである。「利用と満足」アプローチの主要な指導者であるブルムラーとカッツ（1974）は、自分たちの研究を、初期の機能主義を発展させたものであり、メディアの内容とオーディエンスの反応とをぴったりと組み合わせようと試みたものと考えていた。彼らは「利用と満足」研究を、長期にわたって機能主義的なメディア研究を主導してきたなかでの第三の段階にあるものとして提示した。彼らの考えでは、第一段階は「マスコミュニケーションに対するオーディエンスの愛着の「感覚」と質をそれ固有のものとして」明らかにした（Blumler and Katz 1974）。第二段階では、オーディエンス研究への量的な分析の応用がなされ、「オーディエンス成員がメディアの内容から特定の満足を探し出そうとする傾向性は、数量的な分析において測定され位置づけられうる」（前掲、p.13）ということが確立された。そして第三段階の「利用と満足」研究では、オーディエンスの個々のメディア選択は統計学的に分析可能であり、それを通じて、メディアによって遂行される社会的な機能を明らかにすることができるとされた。ブルムラーとカッツはそのアプローチを、以下の事柄に関心を持つものとして描き出した。

　　（1）欲求の社会的・心理的な起源　（2）欲求それ自体、ならびにそれが生み出す　（3）マスメディアやその他の情報源に対する　（4）期待、

ならびにそれが導き出す　（5）メディア接触の異なるパターン（その他の活動への関与）、ならびにそれが結果としてもたらす　（6）欲求の満足と（7）その他の帰結（おそらくそれはもっとも意図せざるものである）。(前掲，p.20)

「利用と満足」アプローチは、メディアとその内容に注目することから離れて、オーディエンスの役割に直接的に焦点を絞り、社会的・心理的な欲求を満たすためにメディアが利用されることを強調した。初期の機能主義的な伝統と完全に断絶することによって、社会的制度としてのマスメディアへの関心は、「多かれ少なかれエリート主義的な」関心事として捨て去られ、オーディエンスはメディア効果の制御者として中心的な位置に置かれることになった。

「利用と満足」アプローチのもっとも魅力的な特徴の一つは、そのプロジェクトのもっともらしさである。それは、誰しもが自分たちの視聴という一種の実践について述べ立てる説明のように聞こえる。だがそうしたアプローチは今日では、その説明力不足のためにほとんど破棄されてしまっている。問題は、社会的欲求も心理的欲求もともに社会的コンテクストによって異なったものになるのに、「利用と満足」研究はオーディエンスの行動についての個人主義的な説明しか提供しない点にある。「利用と満足」研究は、平時には内的に多様なコミュニティにおいて特定の情報を求めて「欲求」が統合されるような戦争、自然災害、選挙といった平常とは異なる極端な状況下でのメディア利用を説明することに、もっとも成功している。たとえば、ペレドとカッツ（Peled and Katz 1974, p.66）は、1973年10月のヨムキプル戦争〔第4次中東戦争〕の時期に生じた視聴者の期待を調べて、以下のことを発見した。

> テレビは緊張を和らげる主たる手段と見なされた。アクション冒険番組は、作りごとの緊張に焦点を置くことによって、現実世界の緊張から注意を逸らしたり、**カタルシス効果**[用語9]を得るための代行手段として機能した。イスラエルやユダヤ人のテーマを取り上げたテレビ番組は、社会的連帯を求める高まった感情的要求を満足させたのである。

しかし、この研究においてさえ、戦争はメディアが提供する情報の意味をパターン化する社会的なコンテクストではなく、個々人の視聴のための舞台程度のものとしての役割しか果たしていない。

非常に異なるタイプの「利用と満足」プロジェクトにおいて、グリーンバーグ（Greenberg 1974）は、どのような若者がテレビ視聴から特定のタイプの満

足を追い求めているかを調査した。彼は若者によるメディア選択の8つの理由群を発見した。それらは、（a）ひまをつぶす、（b）夢中になる、（c）物事について学ぶ、（d）自分自身について学ぶ、（e）刺激を求める、（f）くつろぐ、（g）交友のため、（h）習慣として、というものであった（Greenberg 1974, pp.72-73）。それから質問紙が作り上げられ、様々な年齢集団の子ども達によって記入された。グリーンバーグの発見の詳細をここで十分に示すことはできないが、プリテストで有意であるとされた8つの満足のうち6つが、質問紙の回答者によってもまた、「有意である」と位置づけられた。それらは、学習、習慣、刺激、交友、くつろぎ、夢中である。しかしながら、要約を提示するに際してグリーンバーグは、「利用と満足」アプローチが結論を導くうえで曖昧な側面を含んでいる点を批評している。

　このタイプの研究において完全に回避されているのは、言及されたデータが、追い求められた動機なのか、受け取られた満足なのか、それともそれらの組み合わせなのか、という問いである。子どもがテレビから引き出しているものに、彼が追い求めていたものがかなり含まれているのは確かなことである。そうでなければ、子どもは満足を求めて別のところへと向かってしまうであろう。しかし、どの程度にそうであるのかは、詳しく調査されないままなのである。（前掲, p.89）

「利用と満足」アプローチの疑う余地がない欠点は、マスコミュニケーションは欲求充足以上のものではなく、メディア効果は自分たちの欲求が満たされたことを示すことができる人々の能力によって立証される、という前提である。

しかし、その方法論の欠点に的を絞ることは、このアプローチの中心に位置する重要な業績をぼかしてしまう。1970年代、メディアについての多くの**左翼的批評**[用語18]とメディア効果研究においては、大衆受けする番組の切れ目なき流れをただ単に吸い込んでいるだけの受動的な存在としてマスオーディエンスを描くことが一般的であった（Neuman 1991）。そうした受動的なオーディエンス像に対して「利用と満足」アプローチは、「能動的なオーディエンス」という主張を、はじめて擁護したのである。「利用と満足」アプローチは、メディアが人々に対して何をするのか、ということから強調点をずらして、人々がメディアで何をするのかを、研究主題として位置づけた。メディアによって身体や欲求や動機が接収される方法に焦点をおく代わりに、「利用と満足」研

究は、個人主義のイデオロギーを通じて、人間の優越性についてのサイボーグ神話を永存化したのである。別の言葉でいえば、「利用と満足」研究は、オーディエンスは文化の産業化によって影響を被っていないことを含意していた。この手抜かりは、その後の研究チームが詳細に調べようとするところとなった。メディアが産業であることを無視することによって、「利用と満足」研究は、メディアの政治経済が持つ文化的な重要性についてより研ぎすまされた感覚を持つ研究者たちからの挑戦を受ける可能性を残すことになったのである。

1970年代中盤のポピュラーカルチャーについての理論家たち（たとえばCarey and Kriling 1974）にとって、「利用と満足」研究は、機能主義的アプローチの高度化ではなく、むしろ価値の減退であった。「利用と満足」研究は、マートンとほかの学者たちによる、マックス・ウェーバー、エミール・デュルケム、カール・マンハイム、タルコット・パーソンズ[11]といった社会理論家たちの研究（Crothers 1987参照）とメディア研究とを結びつけようとした社会学的に基礎づけられた研究から離れて、動機、欲求、満足に没頭する個人主義的な社会心理学へと向かっていったのである。「利用と満足」アプローチはメディア研究と社会理論との結びつきを軽く扱い、動機についての研究が長期にわたって中心的な関心であった社会心理学の領域のなかに、自らを位置づけた。

「利用と満足」研究には欠点があるために、それがかえって、研究者たち、とりわけ英国の研究者たちが、異なる理論的伝統のなかでオーディエンス研究を形づくるのを動機づけた。彼らの仕事は、英国の社会研究における階級とサブカルチャーという主題の中心性を反映していた。この節で議論される二つの英国的なアプローチは、**政治経済学アプローチ**[用語26]（たとえばHalloran et al. 1970）と**文化理論アプローチ**[用語44]（Hall 1980、Nightingale and Ross 2003に再録）である。英国の研究は、文化的総体のなかの差異の存在を前提としているので、情報時代の文化的な複雑性を相互に関連づけることに適していた。アメリカ合衆国では、〔標本調査法を用いない〕**自然主義的調査パラダイム**[用語20]（Lindlof 1987、Lull 1990）が、欲求と満足に対する「利用と満足」研究の焦点の狭さに挑戦を挑んでいた。自然主義的調査パラダイムはシンボリック相互作用論に準拠して、メディアとの関与が「規則に支配されている」（Lull 1990）ことを示すことによって、個人的な事柄のなかの政治的なものを追求した。だが、そうした研究は、情報時代における文化的複合性を生み出す社会的コンテクストとの納得のいく結びつきを描き出せずにいた。これらのアプローチはすべて、「利用と満足」研究で明るみに出ていた個人主義的な志向性から脱却していった。

1970年代に台頭してきたアプローチは、オーディエンスの活動は数量的な手法ではなく現象学やエスノグラフィー的な手法を用いて研究されるべきであり、オーディエンスたちはコミュニティや文化として研究されるべきである、と主張した。英国のアプローチは、メディアとその内容の批判的分析を可能とする広範なポピュラー文化理論の枠組みのなかに、オーディエンスを位置づけた（Nightingale 1996, pp.43-53）。英国では、オーディエンスやその他のサブカルチャーの編成を研究する際に、都市エスノグラフィーを用いることが好まれる。その結果、オーディエンスを情報サービスの受動的な受け手としてではなく文化の演じ手と見なすような、従来の研究とは異なるオーディエンス理解が高まることになった。文化的アプローチではテクスト次元が重要視されていたので、そのオーディエンス理解は、文芸理論において当時生じていた変化（Tompkins 1980、Fish 1980）と相まって、とりわけ英国の文化主義的伝統やヨーロッパの構造主義（Levi-Strauss 1978、Althusser 1971）に依拠した芸術・文芸理論における研究と結びついていった。

11　オーディエンス、専門家の実践、政治的プロセス

　先に論じたように、メディア内容とオーディエンスの反応とを統合した研究が、マートンとラザーズフェルドの仕事を特徴づけていた。1960年代後半と1970年代初頭の研究者たちが立ち戻っていったのは、こうした初期のモデルであった。1960年代後半までに、仲介変数への関心はすっかり消え去っており、かつての方法論を組み合わせたような研究は、メディア政治やメディアの生産過程それにメディアの内容分析に専念する専門分化された調査領域に取って代わられてしまった。オーディエンス研究は周縁化されていた（たとえばCurran, Gurevitch and Woollacott 1971において整理されたメディア研究課題を参照）。この時点において、メディア産業や専門職の社会学（Elliott 1972）に関心を抱いていた英国の研究者たちは、マスオーディエンスに対して発揮される政治的・経済的支配を問いただしていた。彼らはオーディエンス研究に、放送文化についての階級に準拠したより洗練された分析をもたらし、その分析をジャーナリズム実践とオーディエンス解釈の双方を評価するために用いた。その結果として（Halloran, Elliott and Murdock 1970を参照）、メディア研究は、公共的な出来事が放送におけるニュース項目となり、やがて視聴者の間での会話の話題へと徐々に変容していくことに沿って、ニュース生産過程（process of news production）を跡づけていった。この研究は、当時かなりの程度の国際的な注

目を集めたのである。ハローラン、エリオットとマードックは、「社会制度としてのマスメディアと社会過程としてのマスコミュニケーションの双方を、より広範な社会システムのなかにおいて研究することを含んだ包括的な戦略」（前掲, p.18）を発展させることに専念した。そのようにして研究チームは、ニュース制作の過程（news-making process）とそこで生み出されるメディア内容を詳細に調べることを選択し、そのうえで、報道に対する視聴者の反応を大急ぎで研究した。大規模なベトナム反戦の平和集会に関する報道の調査は、メディア制作過程を広範な（国際的な）政治文脈と結びつけた。その目的は、今日的な政治においてメディアが演じる役割を浮かび上がらせることに置かれていた。

『デモンストレーションとコミュニケーション』（*Demonstration and Communication*, Halloran et al. 1970）の研究は、その当時広まっていたメディア研究実践とは根本的に異なるものを示していた。第一に、研究の焦点は、相当な政治的関心を集めていた公共的なイベントに置かれていた。第二に、何がどのように放送されるべきかの決定がなされるニュース編集室でのポリティクスが、研究において重要な役割を演じていた。ルポルタージュが詳細に調べ上げられ、メディア報道に対する視聴者の反応は、「満足」や心理学的に根拠づけられたものとしてではなく、ニュース項目へのオーディエンスの反応にメディア報道が予め傾向性を与えることの表れであると見なされた。研究者たちは、アジェンダセッティングとニュース報道が「一般的な知識と社会・政治的な態度」に対して持つ帰結を調べたいのであり、ニュースにおける暴力や攻撃行動の表象に対する反応を調べたいのである、と主張した（前掲, p.238）。別の言葉でいえば、メディアイベントは英国の政治生活の必要不可欠な構成要素と見なされ、現実世界の出来事をメディアイベントとして作り上げるうえで、ニュース生産、ニュースの内容、視聴者の反応はどれもすべて、同様に重要な働きをなす要素として取り扱われたのである。おそらく、その当時広まっていた研究とのもっとも重要な違いは、大衆に対して加えられるメディアの作用としてマスコミュニケーションが捉えられていたのではない、という点にある。むしろ、メディアと大衆は最も大切な政治的プロセスのそれぞれの次元と見なされたのである。

この調査研究は急いでまとめられたので、機能主義的な伝統における研究のようにオーディエンスという構成要素が注意深く計画のなかに組み入れられていなかったし、細心の注意をもって実施されてもいなかった。オーディエンスの反応を政治的プロセスとして探求することが計画されていたので、調査に参

加してくれる人たちは、デモとその政治的重要性について非常に異なる見解を持っていると思われるいくつかの集団から探し求められた。調査に採用された集団は、警察官、学生、「中立な人々」——それは「二つの大学での学外公開授業に参加していた成人のリストから恣意的に選ばれた」人々——であった（前掲, p.241）。すべての参加者は、デモについてのある日のニュース速報を視聴し、質問紙に記入するように指示された。それに加えて、集団でニュースを視聴したうえで報道について議論するために、討論グループが作られた。その結果、メディアによってなされている主張を論駁するための論拠を持っていないので、すべての調査参加者たちはニュース報道を適切なものとして受けとめる傾向にある、と調査研究者たちは説明した。しかし一般的には、警察官は中立的な人々や学生と比較して、より保守的な価値観を持っていて政治関心が低いと自己評価していた。学生集団は、中立的な人々や警察官ほどには順応主義的ではなかった。すべての集団において批判的なコメントが欠如していることが指摘され、どのメディアにも共有されているニュースバリューが、人々のそうした無関心にどの程度関与しているのかが問題にされた。調査参加者たちは自分自身の経験を自由に用いて一般的な政治状況を評価したのであるが、批判的な視点がニュース報道それ自体にまで及ぶことはなかった。

このプロジェクトは、オーディエンス研究へ一連の新たな介入がはじまったことを特徴づけた。そうした研究は社会理論に基礎づけられているという強みを持っていた。そのために、メディア社会学者とそのほかの研究者たちは、メディア研究がどのようにこれまでとは異なる方法でなされうるのか、そして、そうした研究の発展においてオーディエンス研究はどのようにして必要不可欠な構成要素となりうるのか、について思い描くことができたのである。階級とメディア表象に焦点を絞り込むことは、メディア専門職の人々による人種差別主義的な実践についての研究（Hartman and Husband 1974）や、それらメディア実践がエスニック・アイデンティティに及ぼす衝撃についての研究へと広げられていった。こうした研究は、異国生活者や**ディアスポラ**[用語33]たちのコミュニティでの生活においてメディアが占める位置を探求しようとする（Ross 1996, Gillespie 2000, Husband 2000, Sreberny 2000）今日的な研究（本書6章、7章参照）の先駆けをなすものであった。

12 メディア化と文化的世界

先に私たちは、メディア技術は、そのデザインが人間身体と感覚的次元との

インターフェイスをなし、感覚的次元を増幅することによってオーディエンスに関与していくことを指摘した。メディアの「身体－感覚性」という問題は、文化的生産物とそこにおけるオーディエンスの役割を、根本的に考え直すことの必要性を示している。1970年代から1990年代にいたるまで文化研究者たちは、その問題に没頭してきたのである。文化研究の領域は、コミュニケーション・サービスと文化作品の産業的な生産の研究方法において起こりつつあった根底的な社会・文化的な変化によって、大きく方向づけを変えたのである。レイモンド・ウィリアムズ (1974) は、メディアの産業化とそのフローの技術は、どのようなものであれ一つのテクストに付与される重要性を劇的に減少させ、文化作品の質よりも文化的マテーリアルの絶え間なき供給を格段に重要なものにした、と指摘した。このウィリアムズ (1974) の洞察によって、1970年代初頭までに情報革命のための前提条件はすでに生じていた、とのケラーマン (Kellerman 2000) の観察は重要なものとなっている。ケラーマンは、情報と知識は「主導的な生産要素としての労働と、おそらくは資本」に取って代わりつつある、と論じた（前掲, p.538）。経済的生産の基礎におけるこの変化は、資本主義と情報実践を個人化し自由放任に委ねるという冷戦によって要請されたイデオロギー、ならびに「活字化された情報と口頭での情報とが絶え間なく豊かに伝達されること」（前掲, p.539）に対するオーディエンスたちの需要によって、いっそう加速化されていった。

　これらの経験的知見が示唆しているのは、コミュニケーション・メディアが個々人のレベルで身体－感覚的である一方で、マスオーディエンスのレベルにおいても同様に、マクロな次元のメディア化は社会的に共同の様式を持った身体－感覚性に左右されているということである。社会的に共同な様式がいくつかあるので、まる一日とかまる一週間にわたる時間／空間別のメディア消費者の利用が分化しているように思われる。個々の作品ではなく製品のフローこそがメディアが作り出すものであるという認識は、私たちを別の方向へと導いていく。それは、個別のテクストよりもテクストの流れが重要であるという認識を私たちに強いるのである。受容がなされる社会的コンテクストが中心的な位置を占めるようになり、そこでは個々のテクストやテクスト一般の文化的意義を明らかにするうえで、オーディエンスがより大きな役割を占めることになる（Williams 1974）。だからこそ、現在私たちは、個別の映画を観に行く (going to see a particular film) というよりも、映画館に行く (going to the movies) ことについて話をするし、個別の番組を選択すること (selecting individual programmes) よりも、テレビを見ること (watching television) について話をす

るのである。私たちは『ハリー・ポッター』シリーズの次の作品や、『ロード・オブ・ザ・リング』や『マトリックス』三部作(12)の公開を待ち望んでいるのである。こうしたフローの論理は、ラジオやインターネットにも当てはまる。フローはテクストを、唯一性があり、完成されたもので、取替えの効かないものとしてよりも、相互に交換可能で、中断可能なものとして取り扱う。フローの論理のもとで作動している文化的生産システムは、独自の特徴的なテクニックを採用して、そのフローのなかにオーディエンスを組み込んでしまうのである。

　「フロー」という概念は、時間と空間についての理論と結びついた哲学的な派生問題を持っているが、ここでそれを取り上げることはできない。その代わりに、オーディエンスの活動という問題が、ただ単に1970年代や1980年代におけるメディアのマネジメントにとってではなく、文化的な分析にとって重大な事柄になった理由を示すために、ウィリアムズによってどのようにこのフローという概念が最初に用いられたかを思い起こしてみることにしよう。ウィリアムズがテレビでの夕方の娯楽番組のフローを記述したとき、彼はフローがテクスト分析に対して投げかける問題という視点から、その番組への接近を試みていた。アメリカ合衆国への滞在期間にテレビを見ていたとき、ウィリアムズは分析のためにテレビのテクストをはっきりさせることが困難であることに、またチャンネルを選択する際に生じるテクストの断絶の程度に、そして広告がテクストのリズムを妨げるあり方に、当惑させられた。ウィリアムズはそのときの経験を、以下のように記述している。

　　遠く離れた州での納屋における窃盗について時間は費やされていたのだが、何事もまったく十分には報じられなかった。しかし、大急ぎで伝えられた諸項目の一連のフローが、この世界についての感覚を築き上げた。それは、驚くべき、種々雑多な出来事が入ってきて、すべての方向から互いに転げ回っているものであった。出来事は、必要最小限の慣れ親しんだ解釈のための陳腐な決まり文句を付けられることによって、飛び去ろうとするその時に注目を引く。視覚と聴覚を計画的に用いたもっとも秩序だったメッセージは、録画されたコマーシャルであった。それらは明らかに、まったく同じコミュニケーションの次元において作動している。音声は、ニュースにおいてもコマーシャルにおいてもともに、流れ去っていく注目を引き止めるために用いられている。(Williams 1974, p.116)

アメリカのテレビについての観察をもとにして、ウィリアムズはテレビのテクストは「夕方の視聴」としてより良く理解できると結論づけたうえで、その「テクスト」がどのように解読されるのかについて思いを巡らせた。しかし、ウィリアムズが導き出したより広範な結論は、テレビのフローは社会的に共同な感覚を消費者の需要へと置き換えることによって、文化的な価値の本質に徹底的な変化をもたらすという彼の初期の認識を指し示すものであった。

　公共的なコミュニケーションが、ますます多様で種々雑多なものになっていくという一般的な傾向は、明らかに社会全体の経験の一部をなすものである。そのことは、文化が拡張し、しかもコミュニティによってではなく消費によって文化が組織化されるという二つの条件の下で、物理的・社会的な移動性がよりいっそう高まり発達していくことと深く結びついている。しかし、放送の到来までは一般的で普通の期待は、個々別々の出来事あるいはそうした個別の出来事の連続をめぐって抱かれた。人々は、ただ一つの際立った期待と態度をもって、本やパンフレットや新聞を手に取ったり、演劇やコンサートや会合や試合に出かけたのである。これらの多様な文化的イベントのなかで打ち立てられた社会的な関係は、個別特殊なものであり、ある程度一時的なものであった。（前掲, p.88）

　テレビのフローは、情報の発展に対して新たな次元を付け加えたのであり、ウィリアムズの考えでは、それはこれまでのテクストとの関わりのパターンとの関係を絶ったものであった。しかし、彼の文化的視座は、そのことの認識がマスオーディエンスによる文化実践に深遠なる変化をもたらす点を、高く評価してもいた。それゆえウィリアムズによる放送の分析は、次のことを示したのである。それは、ポピュラーカルチャーの文化的分析は、アメリカ合衆国の機能主義的社会科学のために開発された方法論を用いて可能になるのとは根本的に異なるタイプのオーディエンス分析を必然的に取り入れることになるであろう、という点である。ウィリアムズの研究は多くの点において、オーディエンス研究の文化的アプローチの発展に対する刺激となった（Nightingale 1996）。

13　エンコーディングとディコーディング
　　——オーディエンスの活動の文化的パターン化

　エンコーディング／ディコーディング[用語7]・アプローチ（Hall 1980）は、ハ

ローラン、エリオット、マードック (1974) たちによってはじめられた政治的独創性を拡張したが、より明示的に、アメリカ的実証主義の主導的な地位に対する攻撃として自らを提示し、文化的な議題を追求した。「利用と満足」アプローチが個人としてのオーディエンスの理解に基づいていたのに対して、エンコーディング／ディコーディング・アプローチはオーディエンスを、個々人としてではなく、文化的に形成され位置づけられ、編成されたものとして意味を持つと見なした。ホール[13] (1980) は、エンコーディング／ディコーディングのプロジェクトを、ポピュラー文化を通じてどのように**ヘゲモニー**[用語45]が作動するのかを明らかにすることができる先導的な試みとして思い描いていた。エンコーディング／ディコーディング・モデルは、オーディエンスはメディアの意味を取り扱うこと——メディアによって提示される観念を受容、折衝、拒否すること——によって、政治的プロセスに活発に関わっていると主張した。受容、拒否、折衝というそれぞれの活動は、個々人の活動としてではなく、一般的には文化が、個別的には調査対象者が置かれた特定の文化的な位置が表現される活動と考えられた。マスコミュニケーションは、「生産、流通、販売／消費、再生産といった、結びついてはいるがそれぞれに独自な諸契機の接合を通じて生産され維持される構造」(Hall 1980, p.28) と見なされた。ホールは、このアプローチの優位点は以下の点にあると論じた。第一に、メディアがいかに社会秩序にとって必要不可欠な構成要素であり、そうしたものとして既存の権力構造をいかに積極的に維持しているのかを、このアプローチは明らかにすることができる。第二に、このアプローチを通して文化が作動する言説的なプロセスが明らかにされる。つまり、マスコミュニケーションを、いったん語られた物語が後続の文化的ワーカーの集団によって再度作り上げられることによって変化していくような「諸様式の通過経路」(前掲, p.28) として理解することによって、明らかにされるのである。そこではオーディエンスが日常生活のコンテクストのなかで意味づけるようなやり方で番組や文化作品を消費し再生産するまでは、それらの意味は不完全なものであると理論化された。

　エンコーディング／ディコーディング・アプローチは、どのテクスト（たとえば、テレビ番組や広告）についても文化的意味の担い手としての重要性を低く見なして、テレビ番組や広告が作り上げられたからといって、コミュニケーションが生じるわけではないことを明らかにした。そのアプローチはまた、メッセージは特定のオーディエンスの間で一定の解釈がなされる可能性を特別に大きくすることはできるが、解釈を決定づける力は持っていないことを明らかにした。メッセージは、どのような意味が次の利用者によって生み出される

のかを、指示することはできないのである。解釈というものは、時間をかけて解釈を実践し、日常的な世界という文脈において解釈を「再生産」していくオーディエンスの気前の良さに依存していると理解された。

　エンコーディング／ディコーディング・アプローチは、個々のオーディエンス参加者の欲求や動機づけへの没頭を追求することや、メディア産業において作動している構造と過程の政治経済学的な分析——もちろんそれらは有意義で重要なことであると認識されているが——によってではなく、権力が発揮される「諸契機」の言説と意味を調べることによって、メディアの支配的な力を明らかにできると主張した。オーディエンスの活動は二つの点において再定義された。それは、心理的ではなく解釈的な活動として、個人的ではなく政治的な活動として、認識されたのである。ホール（前掲, p.135）が「選択的知覚」について言及するのは、文化的アプローチのための異なる研究実践をどこからはじめるべきなのか、をめぐる議論の文脈においてのことである。ホールは「選択的知覚とは、けっしてその概念が示すようには選択的でもないし、成りゆきまかせでも、私的なものでもない」と論じ、メディア言説の政治的インパクトを暴き出すような反応のパターンを探し求めることを提唱している。

　エンコーディング／ディコーディング・モデルのより興味深い側面の一つは、出来事への参加者たちに関する「言説」に強調点を置いていることである。表面的には、そのアプローチは、マートンによって先鞭を付けられたメッセージとオーディエンスの解釈との単純な組み合わせを繰り返しているように思われるかもしれない。たとえば、エンコーディング／ディコーディング・モデルに基づく最初の研究の一つは、『ネーションワイド（*Nationwide*）』という夕方のニュースドキュメンタリー番組のテクスト分析をしたものである（Brunsdon and Morley 1978）。その研究は、同じ番組に対するオーディエンス調査によって補完された（Morley 1980）。モーレイ[14]は、『ネーションワイド』の一回分のエピソードを視聴した様々な人生経験を持つ人々のグループにインタビューを実施し、番組に含まれていた項目を彼らがどのように話題にしたかを注意深く観察した。モーレイはそれから、調査相手のとった政治的立場を反応として捉え、それをマップ化して、各人の反応は政治的にパターン化されていることを示した。しかしながら、『ネーションワイド』プロジェクトの二つの構成要素〔テクスト分析とオーディエンス研究〕は、うまく調和しているわけではない。たとえば、番組についてのオーディエンスのおしゃべりのなかに、番組における修辞的な特性が持つ影響を明確に描き出すことはできなかった。その代わりに、視聴者たちが置かれた社会・文化的な状況が、番組に

ついて彼らが作り出した意味のなかに強烈に含まれていたことを、調査結果は示していた。問題の見方を二つに分けて考えると、一つは視聴者がどの階級に属し権力にどの程度近いかという視聴者の文化的位置を説明する見方であり、もう一つはメディアがこの位置づけの理解にどう寄与しているのかという見方である。上記の結果を言い換えると、「ディコーディング」に含まれた意味構造は、この前者の説明により役に立つものであることが証明されたのである。

　エンコーディング／ディコーディング・アプローチは、研究者たちを以前よりももっと厳密にオーディエンスのおしゃべりについて調べるように促し、またそうしたおしゃべりが生み出され「常態化」される場所であるコミュニティについて調べることも促した。こうした変化は、オーディエンス研究の重要で新たな方向性を示していた。個々人を調べる代わりに、研究者たちはこれまでとは異なる種類のオーディエンス集団やコミュニティ、とりわけ周縁化され不利な状況に追いやられている集団に焦点を置きはじめた。たとえば、メディアのマテーリアルを特徴的に利用したり、自分たちの社会・文化的な位置や支配的な文化の経験を表現するようなメディアマテーリアルを作り上げたりする若者サブカルチャーやエスニック・コミュニティが、エスノグラフィー的な報告記録の焦点となり、今でもそのことは続いている（Hebdige 1979、Gray 1987、Baym 1987参照）。第二に、特定のメディアマテーリアルがその人たちのアイデンティティ感覚の基盤となる一連の関心を提供しているような、視聴者、聴取者、読者たちからなる分散したコミュニティ（たとえば、ファン集団）が研究されるようになり、今でもそうした研究が続けられている（Hobson 1982、Jenkins 1992a、Markham 1998、Baym 2000）。コミュニティをなす諸集団や特別なメディアへの要求を持つグループ（子どもたちや障がいを持つ人々）、とりわけ社会・文化的な場所とメディアマテーリアルへの関心の双方を共有する集団が、さらなる研究関心の焦点になってきた（Buckingham 1993、Ross 2001）。しかしながら、少しばかり残念なことに、コミュニティに関心の中心をおいた文化的アプローチは、周縁化された、異種混交的な、その他の「エキゾチック」なオーディエンス集団とその活動における文化的権力作用のあり方ばかりに焦点を絞ったために、マスオーディエンスの研究を副次的なものとしてしまった。このことが、文化政策に影響を与える手段としての文化研究の政治的な切れ味全体を鈍くしてしまったのである。

14 グローバル化、メディア化、産業化

　この章の最初に引用した文章のなかでウィリアムズは、テレビが導入されたことによって、それ以前のメディアの様式が統合され変化していった過程を研究することが、どのように活性化されたのかに注意を向けた。私たちは今日のメディアをめぐって、また新しいメディアがもたらすと思われる変化をめぐって、いくつかの問いを発している。20世紀後半のインタラクティブ・メディアの導入はこの問いに対して、かつてテレビがもたらしたのと同じような衝撃をもたらしてきた。この変化は、オーディエンスに対するかつてない関心を生み出した。つまり、いつ人々はオーディエンスとなるのか、人々はオーディエンスとして何をしているのか、どのようなタイプの社会的に共同のもしくは文化的な紐帯が、メディアや文化テクストに対するオーディエンスの関わり合いを形作っているのか、どのようにしてメディアはオーディエンスの人間的な傾向性を予想したり予期したりするのか。こうした問いへの関心が高まっていったのである。

　ウィリアムズが著作を著してから30年の間、オーディエンスを研究する学者たちは、消費文化の経験のなかで生き続けるコミュニティを明らかにするべく、断固とした努力を積み重ねてきた。そうすることで、ウィリアムズが消費主義とコミュニティとの間に描いた対立図式を問いかけ続けてきたのである（6章参照）。こうした研究は次の認識に役立ってきた。つまり、人々がより快適で疎外度のより少ないメディアに媒介された娯楽や情報に接近したり、それらを楽しんだりすることを目的として「コミュニティのような」構造をしばしば作り出すという認識である。しかし、消費活動と「物理的・社会的な移動性がよりいっそう高まり発達していくこと」との結びつきを理論化することがメディアとオーディエンスとの関係を理解するうえで同様に重要であるとする問いかけがウィリアムズの観察に潜んでいたが、コミュニティへと関心が固定されてしまったために、その問いかけから注意が逸らされてしまった。

　本章において私たちは、メディア化それ自体と、そこから派生するメディアの生産と流通の産業化とが、どのようにしてオーディエンスへの関心を生み出すと同時に、オーディエンス研究者が解決しようとする問いを提供してきたかについて考えをめぐらしてきた。とりわけ私たちは、オーディエンス研究を形作る問題関心が、新しいメディアの利便性の賞賛と、そうしたメディアへの過度の依存への懸念との間で揺れ動いてきたことを見てきた。今日、通信のデジ

タル化、コンピュータ化、通信のモバイル化は、ケータイがコンピュータを分散化するといった、デイリー新聞のような空論を生み出している。つまり、多種多様な新しいデジタルメディアの相互作用能力が小型化され、モバイル化され、分散化されていくことによって、人々は今日の民主制のもとでの消費者中心主義の資本主義へと取り込まれていくとされるのである。今現在展開しているそうした変化は、テレビが導入されたときに感じられていた反響を繰り返している。だが同時に、今にいたるまでテレビ産業を定義づけてきた「情報と娯楽」の論理の正当性を問題にしている。メディアをさらに移動可能なものにし、ほかのことをしながら私たちがメディアと関わる範囲を広げることは、人間の身体を新たなオーディエンス現象へと編み込んでいくのであり、私たちは文化の歴史からその現象の先例を探しているのである。オーディエンスにとって、インタラクティブ・メディアの導入は、新しいメディアと旧いメディアの双方とより活動的に関わり合うための、これまでにない機会をもたらすのである。連結性とネットワーク化は、オーディエンスが何を行なうのかについての議論に対して、これまでと違ったより活発な転回を与える。その転回が次に、視聴、聴取、読書といったオーディエンスの根本的な活動と、その諸活動の社会・文化的な意味が月日の流れのなかで変化してきた様子とを、私たちが当然再考すべきだと要求するのである。

19世紀と20世紀初頭のメディア生産の産業化がナショナリズムと国家的な想像力と結びついていたことは、重要な意味を持っている（Anderson 1991）。オーディエンス研究は、そのようにして形成された国家の安全に対する戦時の脅威のなかではじめられた。しかしながら近年では、国家の文化的ヘゲモニーは、グローバル化によって厳しい挑戦を受けている。「ネットワーク社会の台頭」（Castells 1996）は、グローバル化のインパクトが世界中において感じ取られることを意味している。国家の枠組みを超えた企業（たとえば、マイクロソフト、マクドナルド、ソニー）と国際的な組織（たとえば、国際連合、国際的な援助組織、そのほか多数）は、自らの活動領域を移行させていった。そのことが、初期には国民国家政府が社会保障、人権、ならびに国家市民の文化的利害関心を守るために生み出したチェックとバランスを、無効化してしまったのである。

新たな情報技術により力を与えられることによって、グローバル化の過程はエスニック・コミュニティと文化的コミュニティを地理的に拡散させていったが、その過程はコミュニティが世界的な規模において影響力を持つネットワークとして保持され、拡張していくことを可能にもした。このコミュニティを維

持していくうえで、メディアに接近・利用することが不可欠である。これが「文化闘争は情報時代の権力闘争である」とカステルが論じた理由である（1998, p.348）。メディアオーディエンスを研究していくうえでの文化的アプローチは、そうしたコンテクストにおいて明らかに不可欠なものである。離散したオーディエンスにとってのコミュニケーションの権利やコミュニケーションの重要性を強調するオーディエンス研究へのエスノグラフィー的アプローチがなされているが、この研究アプローチに注目することによって、グローバルなオーディエンスの編成を通じて文化的な権力を充当することがどのような意味を持つのかが、今日示されている（Naficy 1993、Gillespie 2000）。

　オーディエンスの視点から捉えたグローバル化の効果は、グローバルメディアのネットワークが広がっていき、それと同時に大衆による視聴と聴取する人々の集まりから、協力関係と個人的関心によって成りたつ相互作用的なネットワークへと、オーディエンスが文化的に作り変えられていくことのなかに見てとることが可能である。グローバル化は、周縁化されたコミュニティが主流のメディア生産物に相対してどのように自らを位置づけるかということに対する研究関心や、伝統的で土着的な文化が利用することのできる防衛的な活動に対する研究関心を、いっそう強めることになった（Jakubowicz 2001、Meadows 2002）。現代のグローバル文化におけるエスニックな多様性は、グローバル文化と関わり合うことに意味を与え、関わり合いの楽しみを高めていく人物特性とアイデンティティの型版を提供している。だがグローバル文化は、文化的表現のよりいっそうの多様性のための空間を作り上げている一方で、文化的変容の速度と文化的差異の消滅速度を高めてもいる（Naficy 1993）。そして、将来のオーディエンス編成によって直面することになる諸問題を解決するうえで、文化的アプローチだけで十分なのかどうかは、まったく定かではない。

第3章 商品としてのオーディエンスとその積極的活動

　子どもに関する市場の鍵を握るのは、かつては製品、ブランド、マーケティングであったが、明日の勝者となるのは次のような人々である。すなわち子どもが会社の運命を左右していることにいち早く気づき、他の子どもに影響を与えるような子どもを会社が必要としていると確信している人々である。
（Antorini 2003, p.212）

　メディア産業も、社会文化的変容の影響を受けている。複雑化を増すメディア環境は、オーディエンスを含むすべてのメディア関係者に影響を与えている。冒頭で引用した、リンドストロムとシーボルドによって最近書かれた本『ブランド・チャイルド（*Brandchild*）』(Lindstrom and Seybold 2003) によると、消費者のアイデンティティは商品のブランドと強く結びついているため、消費の外側に位置する文化の独自性は個人のアイデンティティの発達に副次的な重要性しかもたない将来像を心に描かせてしまう。さらにその著作は、顧客とサービスの間の想像上の関係が親密であり、その親密な関係は新しい顧客に注目しているマーケティングによっていっそう促進されていることを示している。この新たな注目は、営利本位の調査と社会科学的な調査との間の垣根を曖昧にし、文化的な生活のすべてをメディア化することを擁護している。そのことが適切であろうとなかろうと、マーケティングを成功させるために行なわれる営利本位の調査は、社会科学、そして（あるいは）文化的な研究として提示される傾向がますます強まっている。このことはリンドストロムとシーボルドの本、及び、ウェブスターら (Webster et al. 2000) による視聴率調査の位置づけにおいても示されている。

　この章では、テレビ放送と視聴率分析の関係について探求していく。まず最初に、視聴率調査において用いられる鍵となる用語について紹介し、ついでマスコミュニケーションのシステムにおける視聴率と、その影響に対する批判について検討を行なう。そして、次に視聴率調査は社会科学的な調査か産業化したサービスかというミーハン (Meehan 1984) によって提起された問いに立ち返る。さらに、オーディエンス研究における産業化したサービ

スモデルの基礎となっている前提について考察し、分析を行なう。最後に、特定のオーディエンス共同体が抱く想像力と、時に絶望とが、予期できない方法でオーディエンスを積極的活動に向かわせることについて検討する。そのような積極的活動が、オーディエンスに個人的なこと（アイデンティティ）の存続に基礎となるような物語や考え方、文化的な歴史を提示しうるのに対し、メディアの番組編成の主流はそれらを無視しているのである。

メディアの融合によって、放送と有料メディアとの間の勢力関係が変化していくのと同時に、オーディエンスの活動は、ますますメディア化され営利本位の管理下におかれていく。政府が芸術に資金提供を控えるようになったことが、オーディエンスに対する公的な援助から営利本位の開発と売り込みへと拍車をかけているのである。この章では、この転換がオーディエンスにとって何を意味することになるかということについて考察していく。

1　視聴率と放送

視聴率調査は、メディアオーディエンスの規模と構成を記録するオーディエンス研究の一形態である。この測定によってオーディエンスの活動パターンを時間によってたどることができ、ある一つのメディアから他のメディアへのオーディエンスの行動の比較を可能にするデータが生成される。事業としての調査サービスは、メディア産業の運営に不可欠な情報を提供している。オーディエンスの規模と構成に関する情報は、番組編成と価格決定がなされる基礎になっている。ウェブスターら（Webster et al. 2000）は次のように述べている。オーディエンスの測定は組織、企業、そして政府機関において広く採用されている。その目的は、何を放送するかということのみならず、メディアとの関与についてどのような機会が誰に与えられているかということまで決定する。広告主もまた、メディアキャンペーンの計画をたて、そのキャンペーンを評価するためにそのデータを使う。放送局は番組編成や、番組編成上の意思決定の方針を定めたり、番組を評価したりするためにオーディエンスの測定を用いる。政府や政府機関、メディア機構やファイナンシャルプランナーは、放送政策を検討したり、放送のライセンスの割り当てや、メディア企業やメディア資産の商業的価値を決定するためにオーディエンスの測定を利用している。この節では、視聴率への依存とその優位性についての問題を取り上げ、放送と視聴率の関係を検証し、視聴率がオーディエンスの行動を正しく説明しているかという主張の正当性について考察していく。

H・M・ベヴィル（Beville 1988）は、視聴率、すなわち、ある特定の番組を見たり聴いたりした人口のパーセンテイジを記録する測定を、放送局とオーディエンスとの間のコミュニケーションシステムにおける要石であるとしている。なぜならば、「フィードバックという要素をもつ視聴率は、放送されたものを広く支配する神経組織だからである」（前掲，p.IX）。ウェブスター（Webster et al. 2000, p.1）らは視聴率システムは「オーディエンスを作り上げるという点において、メディアの利益には不可欠なものであるし、また、マスメディア産業を理解するという点において、社会の利益に不可欠なものである」と述べている。彼らは視聴率の分析を営利本位のオーディエンス調査としており、マーケティングの分野よりはむしろ、社会的そして文化的なオーディエンス研究の伝統と同列に位置づけている。このように特徴づけることが表面上では適切と思えるいくつかの理由がある。視聴率の分析によって生み出される情報は、メディアについての情報であると同様に、人々についての情報、そしてメディア商品の消費についての情報でもあるからである。視聴率の根底にある前提は、メディアイベントの発生を想定している。とくに、特定のメディア製品へのオーディエンスの接触は、オーディエンスが、どのようなメディア製品を購入するか、また、テレビのスイッチを入れるかどうかという個人の選択と同様に、マスコミュニケーションの構造的次元に依拠しているからである（ある特定の人口に対する放送ライセンスの許可や、放送範囲の地域的な制限など）。視聴率分析は、一般的には、文化的なアプローチに比べると瑣末的なものとして考えられているが、マスメディアの日常の運営においては中心的な問題であり、オーディエンスのメディアとの関わりの側面に注意を促すのである。

　それゆえ、視聴率調査はオーディエンス研究の分野において一方の極をなす。その極とはウェブスターらによると、次のようなものである。

- 応用──「どれくらい多くの人が昨夜放送した番組を見たか？」、あるいは「その番組を見た人の何％が18歳から35歳までの女性であったか？」というような特定の質問に対する答えを与え説明する点。この文脈においては、視聴率調査は「理論的」というよりむしろ実用的な調査である。
- 経営管理的──視聴率分析は一つのビジネスとして放送局をどのように運営すべきかという決定に直接的に寄与する（どんな種類の番組を買うか、いつその番組を放送するか、スポット広告を売るためにどのような価格方針を採用するかなど）。視聴率分析は放送局をより効率的に経営することを手助けす

る。そして、この意味において視聴率調査は、メディアに対する批判ではなく、むしろコミュニケーションシステムの一部となる。
- 定量的――視聴率分析は、サンプリングの手順に、接触（exposure）と表現されるオーディエンスの行動の事実を加えて筋を通していくことに依拠している（下記で議論する）。オーディエンスに関しての定性的な情報はその範囲外である。
- 企業連合――視聴率調査はメディア産業に従事する会社や個人に売買される報告書の作成のために使用される。それは社会文化的な問題を解決するためではなく、メディア産業に直接役立つ情報を配信するように作成されている。

このように視聴率調査は、営利本位のオーディエンス研究の分野がどのように機能しているかという点から重要なのである。しかしながら、このことは次のような事実を警告する。すなわち、放送産業や広告産業、政府の政策の現場にいる多くの人々にとって、オーディエンス研究とは営利本位のオーディエンス調査サービスと同義なのである。視聴率調査が産業に役立つために存在するという事実は、ある研究者たちに疑念を生じさせている。彼らは理論に基づいた批判的研究に傾倒し、その研究は定性調査に依存しており、マスコミュニケーションのシステムへの問いかけを問題にしている。その問題とはオーディエンスに関する問題であり、そのシステムが誰の社会的、文化的、政治的、そして経済的利害に役立っているのかを問いかけているのである（Ang 1991、Meehan 1993、Nightngale 1993）。

2　視聴率分析における鍵となる概念

ウェブスターら（2000）の説明に賛成しようがしまいが、視聴率は、どんなメディアサービスや製品、テクストが作られ配付されるのか、そしてこのことを決定する過程において、オーディエンスの興味がどのように考慮に入れられるか（否か）ということを理解することが必要とされる、基本的なメディアの知識において、明らかに重要である。記録したデータと、そのデータの統計学上の分析は鍵となるいくつかの用語（たとえば視聴率、シェア[1]、フリークエンシー（視聴回数）、リーチ（累積到達率））を生み出してきた。これらの用語はメディア産業や放送機関によってアナウンサーのパフォーマンスや特定の番組の人気を評価し、CMの価格を定め、夕方のある番組中に同じ広告を何回繰り返

して流すかという指示を与えるために使われている。

　視聴率調査は数を数え、オーディエンス一人一人の行動——メディア産業のなかでは「接触」と呼ばれている——を統計学的に分析するために開発された。シサーズとブンバは次のように言及している。

　　産業のリーダーたちはメディアオーディエンス——接触——の一つの測定を選択してきた。それは、決して完全なものではなかったが、オーディエンスの規模をもとにした伝達手段としてのメディアをいろいろに区分している。(Sissors and Bumba 1996, p.69)

　彼らは接触という単語を「メディアに向かって目を向ける」という簡単な表現によって定義づけている（前掲, pp.467-468）。広告によって支配されるメディア環境においては、メディア産業は接触を生み出すために存在するものとして理解することができる。この文脈において、オーディエンスの接触は放送の核となる商品である。接触は、実際、放送産業によって作られる唯一の商品となる。放送の他のすべての製品（番組、ニュース放送、タレント、広告）はオーディエンスの接触を生み出すためにデザインされたサービスである。この産業的観点からいうと、接触は、広告主などへ〔接触そのものを〕先売りするために数えられたり分析されたりしている。オーディエンスの接触を予想し、それゆえ、先売りすることを可能にすることから、商業放送にキャッシュフローを提供している。ある特定のメディア製品に対するオーディエンスの接触の予測は、オーディエンスのもう一つの別の行動——お気に入りの連続ものをどの回まで見たかという嗜好によって示される視聴の忠実度——に基づいている。

　同様に、放送局は視聴率報告書の制作に資金を提供している。おそらく最もよく知られている商業的なオーディエンス調査サービスはＡＧＢ[2]メディアサービスやニールセンリサーチであり、この二社はアメリカや世界中の多くの国で視聴率や他のメディア調査を提供している最大手である。しかし、インターネットは多くの新しい会社にオーディエンス測定サービスの市場へ参入する手段を提供している。視聴率調査のために地域の放送局は、企業連合が必要とするサービスに対して資金を提供している。放送局は必要かつ公正な質の情報を提供する視聴率調査会社を立ち上げたり、契約したりしている。公正さは重要である。公正さが無ければ、サービスを買う広告会社や他の機関は、報告書に書かれている視聴率の正確さや信頼性に対して確信を持つことができな

い。さらに、広告会社や制作会社、そして行政の代行機関は、それぞれ独自の注文に応じて作成された視聴率の報告書を調査会社から直接購入できる。

3 視聴率分析に使われる鍵となる指標

　オーディエンスの測定や視聴率調査には、二種類の分析がある——記録された接触のデータのグロス分析と累積分析である。グロス分析はオーディエンスの規模を記録し、視聴率や占有率、そして延べ視聴率（GRP）を含む。累積測定は接触を時間で捉え、オーディエンスのリーチ（累積到達率）やフリークエンシー（視聴回数）、それらの累加やオーディエンスの重複を含んでいる。これらの概念はオーディエンス測定の初歩的な理解のために必要とされる概念の基礎知識である（Webster et al. 2000, p.159）。

　オーディエンスのグロス測定
　ウェブスターらはオーディエンスの接触の「グロス測定」を人口の「スナップショット」と表現している。そしてこの写真のたとえを、「接触」としてオーディエンスの視聴に言及している。接触を数えることは、オーディエンスがボタンを押す「スナップショット」をとり、番組やチャンネル選択の青写真をデータに基づいて推定するようなものとして考えることができる。接触のデータは、広告主やテレビ局が、メディア計画や番組編成のために必要な情報を生成するために多様に組み合わせて繰り返し使用される。現在の測定技術では、（もしも望むなら）一分刻みでの接触の測定が可能であり、記録されたデータの統計的分析は多様な目的で再利用されている。

　最も広く用いられているオーディエンスの規模の測定は視聴率である。視聴率はどれくらい多くの人々が番組に接触しているか数えることに基づいている。測定は番組が提供されている間15分間隔で行なわれる。コメンテーターが番組の最高視聴率について言及し、番組が引き寄せたオーディエンスの最大数を示すことは珍しいことではない。ウェブスターとリチーは視聴率を「全市場人口の中で、ある放送局やある番組にチャンネルを合わせる個人や世帯のパーセンテイジ」（Webster and Lichty 1991, p.255）と定義づけている。しかしただそれだけを取り上げても、視聴率は何の意味もなさない——視聴率は単なる数字である。視聴率は他の数字——とくに他の番組の視聴率——と比較した時にはじめて意味を持つようになる。仮に今、50％の人がテレビを見ていると仮定しよう。もし、今放送されている番組が10％の視聴率を持つならば、これは標

本全体のうち10％がその番組を見ていたことになる。40％は他の番組を見ており、50％の人々はテレビを見ていないということになる。視聴率はテレビを見ているサンプルのパーセンテイジを示している。そのため視聴率に基づいて、全部でどれだけの人が番組を見ていたかということの推定が可能になる。私たちが何十万、あるいは何百万人の視聴者というように新聞で報告される視聴率を目にするとき、これは標本で記録された接触をもとにした番組を実際に見た人数の推定である。

占有率という概念は、オーディエンスの規模をより簡単に比較するために生み出された。占有率はある時点でその番組を見ている人に基づいて算出される。たとえば先の例では、50％の人がテレビを見ており、そのうち10％の人がターゲットとする番組にチャンネルを合わせている。そのため占有率はチャンネルをつけている50％（つまりテレビを見ている世帯）に基づいて計算されるため、ターゲットとしている番組は、視聴している全オーディエンスの5分の1を引きつけているということになる。あるいは、占有率20％ともいえる。視聴しているオーディエンスのサイズが一日を通じて変化するため、占有率は重要な概念の一つとなる。日中少なかったオーディエンスの数は、人々が帰宅するにつれて徐々に増えてゆき、就寝時には再び少なくなる。そのため視聴率が低い番組でも、もし視聴している全オーディエンスの規模が小さいならば非常に高い占有率となる場合もある。広告主にとってとくに関心の高い（そして他の人々はほとんど無関心な）第三のオーディエンス測定は、「延べ視聴率（ＧＲＰ）」[3]である。ＧＲＰは「人口におけるパーセンテイジによって表される広告計画の総合的な効果」（前掲，p.250）である。ＧＲＰはある一つの広告、あるいは広告のシリーズが見られた回数の記録である。それはある広告が期間中に放送された番組の視聴率の合計によって提示される。ウェブスターら（Webster et al. 2000）が示したように、ＧＲＰに付随する問題は、一人が繰り返し同じＣＭを見ることと、大勢の人が一回だけそのＣＭを見ることとを区別できないことである。それにもかかわらず、ＧＲＰはある母集団においてどれだけ多くの人がある特定の広告を見ているかという一つの指標を提供する。

視聴率、占有率、ＧＲＰの三つの概念はすべて、番組、チャンネル、あるいは広告の視聴者（接触）の数を合計するため、グロス値といわれている。ウェブスターらが示すように、それらは写真のようであり、接触の瞬間に撮られたスナップショットのようなものである。しかしそれらは過去の行動を記録しているためオーディエンスが次に何を見るかということに関して必ずしも有効な指標とはならない。それゆえ視聴率の専門家は、過去の視聴パターンを記録し

た接触に基づいて、異なる分析方法を開発し、未来の視聴パターンを予測するための基盤を提示してきた。このようなタイプの分析は累積分析と呼ばれている。

累積分析

累積分析はある一定期間オーディエンスの軌跡をたどり、そのデータをもとに未来の視聴を予想するものである。累積分析の鍵となる概念はリーチ、フリークエンシー、オーディエンスの重複、そして累積そのものである。累積（cumes）は「オーディエンスの累積（cumulative audience）」の略であり、ウェブスターとリチー（前掲, p.248）は「ある特定の時間におけるある局の重複していないオーディエンスの全体数」と定義づけている。この定義は次の点に注意を喚起する。すなわち、累積を測定することは、チャンネルをあわせる新たなオーディエンスと、継続、あるいは重複するオーディエンスを区別することである。累積測定は新たなオーディエンスを加算していく。そのため累積したオーディエンスとは、期間中にチャンネルを合わせた人々の総数になる。

オーディエンスの重複とは、オーディエンスが他の番組のオーディエンスとして現れる可能性を示すために使われる用語である。それは、「ある番組やあるテレビ局のオーディエンスはまた、別の番組や他局のオーディエンスでもありうる程度を示している」（Webster et al. 2000, p.236）。この概念はオーディエンスの忠実度を議論するために使われたり、番組やチャンネル、広告のリーチ（累積到達率）やフリークエンシー（視聴回数）を確定するための基盤になったりする。リーチ[4]という概念は、ＣＭや番組、チャンネルに、ある時間中に一度でも接触した人数に言及している。フリークエンシーはリーチに含まれた人が、特定のＣＭや番組、チャンネルを見た回数について言及している。リーチとフリークエンシーはしばしば、チャンネルやメッセージの浸透力の深さの意味を知るために一緒に用いられる。たとえば、あるＣＭがリーチ80％、フリークエンシー5と言う時、その意味は、調査期間中に10人中8人が平均5回そのＣＭを見ていたことを表している。リーチやフリークエンシーは広告主たちにどの時間帯に何回広告を繰り返す必要があるか、判断させることを可能にする。

リーチ（累積到達率）とフリークエンシー（視聴回数）の測定はまた、テレビ局の文化的な重要性の指標として、公共放送を含むテレビ局でも利用されている。公共放送が、多様な放送形態のなかの一つの小さな構成要素である国では、公共放送には番組選択の可能性の多様性を高める責任がある。商業放送が

できるだけ広い「リーチ」と高い「フリークエンシー」を目的とする一方で、公共放送はしばしば、資金を提供してくれる政府や社会一般からの構造的に曖昧な期待に直面することがある。公共放送は高い視聴率を期待されている一方で、商業放送と積極的に競い合ってはいけない。狭い範囲での忠実なオーディエンスを育てつつも、万人に何かを与えなければならない。言い換えると、多くの異なった人が公共放送を少し見て、少数の人が公共放送をたくさん見ることが期待されている。リーチとフリークエンシーという観点において、公共放送は低いフリークエンシーと広いリーチを同時に獲得することを期待されており、また高いフリークエンシーと狭いリーチを獲得することも期待されているのである。これは実現不可能な構想である。商業放送は自らのリーチが広く、フリークエンシーも高いため、(ケーブルテレビやデジタルテレビの導入以来生じたように) 多チャンネルによるオーディエンスの獲得競争が行なわれるまでその放送システムのなかに番組編成の多様性をほとんど持たなかった公共放送の不必要性を主張している。

サンプリング

　接触のデータを収集するためには、調査に参加してくれる人を選ばなければならない。しかしながら、それはただ誰でもよいというわけではない。調査対象者として選ばれる人は、全人口の代表であるということを視聴率調査会社が確約しなければならないのである。あらゆるオーディエンス調査はサンプリング——全人口を代表するような人々を選ぶプロセス——に基づいている。視聴率調査はある特定の地域を調査する場合もあれば、全国を調査する場合もある。すなわち、ある地理上の地域にいる人々、あるいはある特徴をもった人々が対象となる母集団であり、その母集団の一部がサンプルとして選ばれる。選ばれたサンプルは対象となる母集団を代表していることが重要であり、さもなければ、調査データは信頼できるものとはならない。視聴率調査においては、多段階クラスターサンプリングと層化サンプリングという二種類のサンプリングがしばしば組み合わせられる。偏りやサンプリングの誤りを最小限にするために、どのようなサンプルが選ばれるべきかという明らかないくつかのルールがある。

　多段階クラスターサンプリング (Webster et al. 2000, p.102参照) は、様々な段階におけるリストアップとサンプリングを含んでいる。そのサンプリングの手順は次の通りである。まず、国のなかからすべての州をリストアップし、ランダムに州を選ぶ。次に選ばれた州のなかからすべての国勢調査の地域がリス

トアップされ、そのなかからランダムに選ぶ。続いて、選ばれた地域のなかからすべての市の区域がリストアップされ、そのなかからランダムに選ばれる。その後、調査員が選ばれた市の区域を訪れ、ランダムに選ばれた世帯に調査協力を求め、対象者を確定する。しかしながら、サンプリングにおけるいずれの段階でも多少の誤差が入り込むため、サンプリングの段階を何段階にするべきかを決定するにあたっては相当な注意が払われる。

　多段階クラスターサンプリングは地理的な広がりに基盤を置いているため、多くの類似した人（たとえば独身者が多すぎたり、子どもが多すぎたり）が最終的にサンプリングされるという問題を回避することができない。この問題を最小限にするために、しばしば第二のサンプリングが多段階クラスターサンプリングと組み合わされて用いられる。第二のサンプリングは層化サンプリングと呼ばれており、この場合はサンプルを層化するためのガイドラインを提供するような国のデータベースに記録されている情報——年齢、性別、収入、エスニシティなどの特性——によるリストアップとサンプリングを行なう。この情報は、サンプルが国民のプロファイルにできるだけ近づくように、ある特性の人をどのくらいの割合で対象として選ぶ必要があるのかという知識を教えてくれる。

　これら二つのサンプリングを組み合わせることによって、サンプリングの誤差を最小限にすることができるが、このプロセスは複雑で費用もかかるため、調査対象者が一度設定されてしまうと、長期間にわたって同じサンプルを利用したがる傾向がある。そのためほとんどのテレビ視聴率調査会社では、調査対象者を設定し、その対象者が入れ替えられるまで何年も使われるのである。調査対象者〔の設定〕は、視聴率調査が批判される理由の一つである。なぜならば、時とともに世帯構成や人口統計学上の特性が劇的に変りうる——人々は年をとり、家族は家を離れたり、新たな家族が加わったりする——からである（Meehan 1993）。ピープルメーター[5]のような高価な測定技術の導入も、調査対象者をできるだけ長く維持したいという願望に関係している。このように調査会社はサンプリングに誤差が入り込むことの回避を試みる一方で、調査対象者をできるだけ長く維持する事の困難さにも直面しているのである。

　視聴率調査会社にとって制御不可能な出来事が、時々、サンプルの信憑性を危うくする場合がある。たとえば、ある番組が視聴率調査に関する番組を放送する時、調査対象者に片寄った興味をもたせ、その番組により多くの調査対象者をひきよせてしまうかもしれない。なぜならば、調査対象者は視聴率調査の過程に個人的に関与しているからである。このような行為は視聴率調査の期間

中、調査結果を変えてしまうため、他局に不利になるように故意に行なわれることもある。結果的にそれは放送局が直接、調査対象者をターゲットにしているということである。ミーハン（1991）が視聴率システムによって「消費志向階層」[6]を放送のターゲットにすることの憂慮を示している点を考慮すると、このような視聴率調査に関する番組を放送する行為は調査対象者のシステムに固有の偏りが存在する可能性を表しているのかもしれない。

4　視聴率への批判

　視聴率分析の重要性がメディア産業にとって議論の余地の無い一方で、視聴率によって促進される放送システムの社会や文化に対する影響が強く批判されるようになってきた。この論争は、広告業界に支えられた放送局が、オーディエンスをあたかも商品として扱っているとスマイス（Smythe 1981）が強く主張した1980年代初期に、国際的な重要性を呈するようになった。スマイスは、人々が自分が放送から娯楽を与えられていると感じているかもしれない一方で、実態は大きく異なっていると示唆した。すなわち、オーディエンスたちが実際はその視聴習慣と消費への参加能力に基づいて売り買いされてきたことを指摘している。

　その数年後、ミーハン（Meehan 1984）は、人々と放送との間のコミュニケーション形態として、視聴率は一つの支配の技術であり、不運にも、その重要性はメディアの政治経済学において大きく見落とされてきたと提唱している。ハートレイ（Hartley 1987）はテレビ局の重役たちがオーディエンスに対してみくびった態度をとり、その結果として良質のテレビ番組制作に対する関心は低くて当然と決めてかかっている傾向に対して批判を投げかけた。この点はニューマン（Neuman 1991）の番組編成における経済と政治の分析に反映されている。「共通公分母の経済原理」という議論のなかで、ニューマンは、マス・ブロードキャスティングのコンテクストに作用している競争力が、少数の人の興味を犠牲にして多数の人が好む番組を作る至上命令をテレビ局に与えたことを指摘している。彼は次のように結論づけている。

　　放送企業の経営者にとっての利益を考える限り、より大きなマスオーディエンスを獲得する方向への圧力が常に働き、少数視聴者の好みに合わせようとするリーダーシップは発揮されない、と考えることができる。（Neuman 1991, p.155＝2002, p.256）

5 放送のコンテクスト

　放送は産業の中心（テレビ局やラジオ局）から周辺（人々のイヤホン、家、車、職場、クラブ）へと情報を分配する。それは個人やグループ、サブカルチャーや共同体よりもむしろ、聞く耳を探し、見る目を探す。もし、ある人が放送インフラにアクセス可能ならば、その人はオーディエンスとなりうる。マス・ブロードキャスティングの論理は、マス分配システムが人々の目や耳に届くことの可能性を想定している。放送局は所有もしくは政府から借用している通信システムを使い、放送規制に関する国のコミュニケーション政策に従って、メディアマテーリアルを生産し分配している。このような規制は、国とそれ以外では著しく異なる。すなわち、一方では全体的な営利中心的支配、他方では全体的な政治的支配という両極が存在している。それゆえ、放送局は情報を産出し分配するのである。放送局は放送技術、製品、そして分配システムを管理している。それらは、メディアを通じて運営され、その管理統制は、どの種類の情報が放送されどのように情報が統合されるかを決定する時、オーディエンスと比べて放送局を有利な立場に位置づけている。放送システムを管理するものとしてオーディエンスとの接触条件を構築するとき、放送局は常により強い立場にあるのである。

　これとは対照的にオーディエンスは分散している。ほとんどの人々は放送マテーリアルに対する関心をどの程度まで他者と共有しているか理解していない。〔しかしながら〕もちろん少数ではあるが、ある番組への喜びを共有したり、気に入った番組を見つけるためにお互いに情報交換したり、放送や情報を変更するために働きかけたりするような、クラブや団体を組織する人々もいる。5章、6章で述べるように、ファンは、自分の好きなメディアテクストの話題に関する楽しみを高めるために、共同体的に組織されたオーディエンス形態の良い例である。彼らは特定のテクストへの関心に基づいた団体を組織し、それらをおびやかすような番組制作や放送局側の決定を変更させるためにその結束力を行使してきた（Hobson 1982、Jenkins 2002）。

6 放送のコンテクストにおけるオーディエンスの力

　一般に、マスオーディエンスは放送のコンテクストにおいては無力であると特徴づけられてきたが、厳密にいうと、これはあまり有効な考え方ではない。

一般的にいうと、少なくとも仮説として、オーディエンスは自分たちがマス・ブロードキャスティングのなかで積極的な役割を担うことを可能にするような自由な力を保持しているのである。たとえ、現段階ではそのような力が、オーディエンスの積極的活動を抑えつけたり最悪の場合には事実上黙らせたりするような、放送システムとオーディエンスのフィードバックによって弱められているとしても、放送により積極的に介入するようなオーディエンスの潜在能力が確実に存在していることを理解することは重要である。諸集合体であるオーディエンスとして人々が行使可能な力の源は、三つの連結した活動領域に人々が同時に参加することと関連している。――その領域とは**公共圏**[補足4]、消費、メディア領域である。言うまでもなく、その力はこれら三つの活動領域に平等に分配されているわけではなく、その分配の不平等さは特定の社会文化的集団のほうが他の集団よりもより大きな擁護や提携を放送局側から受けているという点に表れている。

公共圏への参加によって人間性、国民性、エスニシティ、市民権、その他の権利が授与されるので、オーディエンスは、放送に介入するために放送局、政府、広告主などに対してロビー活動[7]を行なうことができる。この章の最後のほうで、オーディエンスの積極的活動について考察する。そこでは、周辺に取り残されたコミュニティが自分たちの要求を満足させるような番組を制作する機会を創り出している例について触れるつもりだ。しかし、オーディエンスの大半は分散しているので、そのようなロビー活動を組織する手段を考案しない限り、あるいはするまで、人々が自らの権利を行使するのにはしばしば時間がかかる。しかしながら、人々は日常生活のなかで、マス・ブロードキャスティングのインパクトに対して訴訟を行なう市民として、自らの力を次第に行使するようになってきた。そしてそのような行為は、通常、メディアからの情報によって何らかの損害を受けた人々によって、広告主や製造業者に対して向けられてきた。これまで提訴された訴訟のほとんどは、たばこやファストフードのような宣伝された商品の使用と関連している。また、たとえば自動車広告における危険な運転、女性に対する差別表現、特定の文化集団に対する人種差別的表現など、広告のなかでの表現方法に対しての訴訟も起こされている。

オーディエンスの力の第二の源は、人々の消費活動にある。消費すればするほど、人々の要求と欲求が放送システムのなかでより力を行使するようになる。市場、広告、そして放送の間にある結びつきは、人々の消費活動に敏感に反応している。この感度は視聴率システムによって高められている。もし、テレビＣＭが広告製品の売り上げ増をもたらさなかったら、商業放送は続けられ

なくなるだろう。広告主にとってみれば自分たちが探し求めている消費者がテレビを見てくれそうなときに、ＣＭを流すからこそ商業放送には価値があるのであり、その価値が商業放送の存在する所以なのである。

ミーハン (Meehan 1993, pp. 206-207) は、彼女が消費志向階層 (consumerist caste) と呼ぶ、よりよい教育を受けた中産階級の利益に基づいて商業放送システムが設立されたので、商業放送システムは予期せぬ結果をもたらしてきたと主張している。それは結果として視聴率システムは一般の人々のためよりもむしろ消費志向階層のための番組編成をもたらしているからである。比較的大きな可処分所得をもち教育を受けた中産階級の人々は、「質のよいオーディエンス」であったし、今もあり続けている。そして企業連合下の調査サービスはこの人々を特定するためにデザインされたものである。ベヴィル (Beville 1988) やウェブスターら (Webster et al. 2000) によって提示された多くの証拠が消費志向階層の特権を裏付けている。なぜなら、放送黎明期においてこの階層は最初にラジオやテレビを入手した裕福なリスナーであり、十分なリテラシーを育て自己修練をつんできたために、日記式調査記録を付け調査票に記入するという要求に楽々と応じることができたのである。このよりよい教育を受けた人々はまた、自分自身や家族をモニターして視聴率を完成させることに協力しようとする関心も十分にもっていた。しかしそれらは今や退屈でくどいものになっているが。それゆえ消費に関する力は、視聴率のデザイン――とりわけ選択されたデータ（メディア接触と人口統計上、心理特性上、地理上の特性）と要求された記録の装置に反映されているのである。

消費によってオーディエンスに放送の力を不平等に分け与える第二のレベルがある。広告主たちは、自分たちの製品を買ってくれそうな、あるいは買うことのできる人々に宣伝する事を目的とするため、オーディエンスターゲッティングやニッチ広告、オーディエンスの細分化〔のような実践〕が発展していった。近年では、このような実践は製品と番組、あるいはお気に入りのキャラクターとの間のより密接な結びつきを求めている。番組と視聴者、広告される製品、キャラクターやプロットとの間で生じる相乗効果や調和が注意深く育成されている。高い視聴率は〔有効であることが〕証明済みの方式を続けることによって維持される。最近ではスポンサーつきのテレビ番組に出演する俳優と同じ俳優のＣＭが番組放送中に流されたり、またそれとは反対に、ＣＭ中の俳優が番組のなかで起用されたり、ゲスト出演したりしている。ＣＭと番組の違いは、その製品がいつでもどこでも存在する――つまり大勢の人がその製品を使うからよい製品であると示す――ためにできる限り最小化されている。ツロウ

(Turow 1997)は、オーディエンスの細分化の実践は、テレビで社会文化的生活の単なる消費者的側面を見ることの結果として、他者が抱いている要求や関心に対する感受性を鈍感にさせ、社会的不公平性を増大させたと主張している。明らかに、より多くの関心が向けられているのは、宣伝された製品の消費者になる可能性のある視聴者を引きつけるような番組の制作に対してである。人々の消費志向階層への参加のレベルは、放送オーディエンスとして経験する満足指標の一つとなっている。

オーディエンスの力の第三の源は、もっとも注意深くモニターされているものであるが、それはオーディエンスとして人々の活動のなかに本来備わっている力である。マス・ブロードキャスティングにおいて、人々の力は、人々が見続けたり聴き続けたりすることを、放送局側が必要としているという事実に起因する。オーディエンスは放送局が存在する根拠である——オーディエンスのいないところに放送はない！　潜在的なオーディエンスとしての人々の有用性は営利のための機会になることとして考えることができる。——メディアが営利的に資金を提供されている場合はいつでもそうであった。それゆえに放送局はオーディエンス、とりわけ広告主やスポンサーによって探し求められているようなオーディエンスを引きつけるために番組を制作しているのである。

放送局は、それゆえオーディエンスには一つの放送サービスを提供し、それと同時に広告主にはオーディエンスが〔広告主と〕接触する機会を売っているのである。このような方法でオーディエンスは放送サービスの消費者と同時に、広告主に売られる商品の両方になっている。視聴率分析はオーディエンスの接触を統計学的なレポートに変換する過程であり、オーディエンスの接触を買う広告主を納得させるプロファイルなのである。それは、オーディエンスの接触の生の素材をよく売れる商品に高める付加価値の一つの形態である。視聴率分析はまたネットワークの番組編成を導くフィードバックシステムでもある。その狙いは、広告主が自分たちの広告を見て欲しいと望むオーディエンスが指定された番組にチャンネルを合わせるようにすることである。この意味において、視聴率分析は放送オーディエンスの規制と管理を手助けしている。

この文脈では、オーディエンスの**エイジェンシー／行為体**[補足2]の問題は、オーディエンスの力の問題から切り離しておく必要がある。オーディエンス測定の外部にあるほとんどのオーディエンス研究は、オーディエンスのエイジェンシー／行為体（6章参照）に焦点を合わせている。——そのオーディエンスのエイジェンシー／行為体とはメディアマテーリアルの意味を理解したうえで、それらを自己理解もしくは生活世界に統合する時、人々が行使する個人の

力のことである。オーディエンスのエイジェンシー／行為体に関する研究は、人々がメディアマテリアルに対して何を行なうかに焦点を当てている。〔その研究にさいして〕注目することは一つの小さな、そしてむしろ取るに足らないオーディエンスのエイジェンシー／行為体の表現である。しかし、視聴率調査ではそれをオーディエンスを規制するシステムを正当化するものへと転換しているのである。

7　オーディエンスの関与としての接触

　最後の分析において、人々がテレビのスイッチをつけたり消したりする、あるいはチャンネルを次々と変える単純なひねり（あるいはボタンを押すこと）は、オーディエンスの行動について一つの最も重要な情報を与える。
　（Beville 1988, p.xii）

　視聴率に対する批判は、接触を最も重要なオーディエンスの行動と想定することへの違和感に対してどう論評するかを抜きには語れないだろう。視聴率システムを支持する研究者（Beville 1988、Webster et al. 2000）は、スイッチを入れる／消すということを、オーディエンスのエイジェンシー／行為体の適切な評価として認めている。このような了解は、情報サービス、広告、そしてオーディエンス政策の発展において、オーディエンスに関する諸論点を議論する一連の議題をより広く設定する試みを妨げている。オーディエンスのエイジェンシー／行為体の測定としての「接触」として、次の六つの側面がある。

　a）接触は視聴率のデータとして登録し、記録された単なる情報である。オーディエンスの行動のモデルにおいて、ウェブスターら（Webster et al. 2000, p.181）はオーディエンスの行動へ影響を及ぼす構造的、また個人的な制約について述べている。産業的観点から、唯一重要なオーディエンスの行動は、選局し、そのチャンネルをそのままにしたり、変えたり、スイッチを切ったりすることなのである。これらすべての行動は、ただ一つの行動、接触として記録される。それゆえ、メディア接触のパターンに基づいた推定は「長期にわたる技術開発や番組制作のサービスや戦略」に関しての情報を与えるということを考慮に入れる余地がある。それらはマスコミュニケーションのなかで使われ、また反対に「嗜好や期待、そして習慣の長期にわたる育成」に影響を与えている（前掲, p.181）。視聴率システムは、放送の支配が放送事業者によってなされるということを、「所与のもの」あるいは不可欠なものとして受

け容れており、また同時に放送事業者が望むように利用可能なものである。このような見方は放送産業自身の理解をおそらく反映しているのであろう。しかし他方ではこの点に関して、たとえばニューマン（Neuman 1991）のような、アメリカのコミュニケーション産業論者は、放送局の力に対してより複雑で批判的な評価を与えていることが注目されなければならない。このような〔放送事業者の放送支配が貫徹しているという〕支配の錯覚は、オーディエンスの関与やエイジェンシー／行為体に関して狭義の定義のみが採用され、またこのことがメディア研究者によってあまり問題にされていないことからもたらされるのである。

　b）接触は、ある番組にチャンネルを合わせるというオーディエンスの行動の一つである。マスオーディエンスの統計学的分析による抽象的な測定を行なうために、この行動に直接関連のないオーディエンスについての情報はすべて除外される。接触に焦点を絞ることは、オーディエンスの関与に関する社会文化的意味の欠如した一つの見解を作り出す。その過程においては、オーディエンスイベントの一つの次元に過ぎない接触行動は、オーディエンス商品の唯一のしるしにすりかえられてしまう。放送局や広告主にとって、ある特定の番組がそのオーディエンスに興味を抱かせるか否かは重大な問題ではない——肝心なことはオーディエンスが選局することであり、その番組の視聴率が同じ時間帯に放送されている他の番組より上位にランクづけされることであり、広告主にその枠に対してお金を払わせることなのである。このことは、よりよいオーディエンス調査でなく、かしこい番組編成によって達成されうるということが当然視されている（前掲）。接触に関する視聴率システムに基づくことによって、オーディエンスであること（being an audience）の複雑な行動にかかわるあらゆる難しい、議論の余地のある問題は、「無関係なもの」というラベルを貼られた箱のなかに都合よく投げ込まれるのである。

　c）接触はオーディエンスの積極的活動の徴候として、メディアに対する好き嫌いをほとんど提示しない——だがおそらく、接触のデータがオーディエンス／テクスト研究と結びつけられたら、それは可能なのだろうが、テレビを視聴中に人々がする選択の社会文化的意味に関してフィードバックを与えることは接触に基づいた情報では不可能なのである。せいぜい、接触は人々が行なった仕方で行動する理由について事後の見解を示すデータを与えるぐらいのものである。しかし、自由な視聴（見たいからその番組を見るということ）と強制的な視聴（誰かによって選ばれた番組を見ること——グレイ（Gray 1987）とモーレイ（Morley 1986）によって指摘され、多くのオーディエンス・エスノグラフィーのな

かに記述されている状況）との間に区別がつけられないようなシステムにおいて、「オーディエンスは自分たちが望むメディアを選ぶ」という強硬な意見はまったく何の意味も持たなくなる。

　d）オーディエンスの一つの行動としての接触は、限られた選択肢のなかから選択することに関連している。在来放送（free-to-air broadcasting）の性質上ある程度避けられないものであるが、選択肢が制限されている状況があるので、放送局は、オーディエンスに他の選択肢があるかどうか識別しなくてもよいと決めてかかっている。幸運なことに、もしかすると伝達手段の新しい技術導入（光ファイバー、衛星、データ放送など）と、人々が一家に一台以上のテレビを持つという傾向が、これまで以上に個人の興味にあったメディアマテーリアルを選ぶことを可能にするかもしれない。もっともニューマン（1991）は、放送の競争原理が引き続きマスオーディエンスの興味に有利に働くと警告している。

　e）オーディエンスイベントの中心として接触を考えると——オーディエンス／メディアイベントのなかで軽視された他の要素が導き出される。本書1章で、私たちはオーディエンス／メディアイベントの五つの側面に注目した。すなわち、人々とその属性、オーディエンスの活動の多様性、人々が関与するメディアマテーリアルの性質、異なる技術が作り上げたメディアの時間と空間における性質、そして、メディア産業を構築し、オーディエンスの行動のパラメーターを位置づけたメディアの権力関係である。2章で注目したように、初期のオーディエンス研究者は、接触をマスコミュニケーションにおける仲介変数の一つとして捉えていた。しかしながら視聴率分析において、接触はオーディエンスイベントとなりうるものとして捉えられ、この点において、その関連性を受け容れることは、メディアイベントを一方の極にある抽象的なものとして描き出すことになる。そのようにメディアイベントを描き出すことは情報に関するオーディエンスの興味を、より厳密に吟味することを可能にするより大きな「メディアとオーディエンス」の図式を犠牲にして、〔オーディエンスを〕獲得する事に注意を集中させる。そして、このことはいくつかの結果をもたらすが一つには番組編成の質に対する真剣な評価をメディアからしめ出してしまう。

　産業の実用的な面からみると、この抽象化はオーディエンスの活動の標準的な測定をもたらす。視聴者間の差異の大半を無視し視聴理由を軽視することによって、オーディエンスのきわめて多様な行動が、チャンネルを回すかどうかという単一のものの例として扱われることを可能にしてしまう。もしも接触の

理由は重要ではないと規定されるなら、オーディエンスの接触は議論の範囲外のものとなる。ラジオやテレビを人々がつけたかつけなかっただけが問題となるからである。グレーゾーンはなく、もたらされた情報を利用する人が、オーディエンスの測定に使われる手段が十分に正確で厳密に記録されると同意するなら、測定の妥当性や信頼性についての議論は避けることができよう。ニューマン（前掲，pp.153-157）はメディアの競争原理、市場での運営を法律によって許可される放送事業者の数の制限、そして放送の提供を受けるオーディエンスの規模が存在するために、マスオーディエンスに注目することによって新しい番組開発を支配し続けることが保証されていると論証した。なぜ保証されているかということを露骨に言えば、より多くの広告収入は特定の人の興味を満たすことよりも、マスオーディエンスから得られるからということになる。

　f）もしも接触にも〔質的〕差異があることが考慮に入れられたならば、その差異はよりよい番組編成や放送サービスが開発される基盤となるだろう。しかし視聴率分析において使用されるときの接触は、その差異を見えなくしてしまう。最も高い視聴率を得るための番組編成は、ある種のオーディエンスの参加者が放送システムによってサービスを十分に受けられないことを意味する。「消費志向階層」（Meehan 1993）に与えられているこの優先的な取り扱いに加えて、在来放送に対して不満を経験しがちなグループ——すなわち知識階級、貧困層、老人、子ども——の存在が明らかになっている。

　ニューマン（1991）は次のことについて有益な分析を提示している。すなわち、たとえより多くのメディア媒体（雑誌、テレビ、ラジオ、新聞、HDTV、テレビゲーム、インターネット）が利用されるようになっても、提供される番組は主流のマスオーディエンス志向に向いたままである理由は何かということに対して、いかにマーケティング理論が光を投げかけうるかという分析である。基本的に、放送事業者は常に特定の時間枠のなかで最も高い視聴率を求めているので、競争に勝とうとするよりむしろ、少しでもより多くの人々を引きつける番組を編成することを目指す。仮の話でいえば、もし特定のメディア市場が三つの地上波放送を維持するなら、それぞれがオーディエンスの3分の1を獲得することを目的にするだろう。このことは、放送局が100％の視聴率を目指して市場を支配しようとしていると考える人々にとって、直感的に反するものと思えるだろう。しかしながら、有名人の結婚式やサッカーのワールドカップのような一つのチャンネルのみに放送が許可される非常にまれな場合を除いては、100％の視聴率を目指すことは近視眼的なのである。三つの局を持つ市場

では、それらがオーディエンスの3分の1を定期的に引きつけるならば存続が可能となる（そして、広告主にとっては同等に魅力的なものとなる）。視聴率第2位の局が第1位の局に挑むことを決意したとき、このことはオーディエンスを第1位と第3位の局から獲得することによってのみ達成される。しかしながら、すでに高視聴率を出している番組編成とはまったく異なる番組を提供することは、与えられた時間枠のなかですでに高い視聴率を持つ番組とわずかに違う番組を提供するよりもリスクが高くなる。そのリスクとは、核になるオーディエンスが思惑とは反対の方向に動くかもしれないということである。ニューマンは次のように述べている。

　　広告宣伝費の高いハードルが保守的な傾向を生み出し、単発の番組は回避されるという傾向がある。また見慣れない形式の番組を作ったり新しい登場人物を出すというギャンブルは回避される傾向がみられる。(1991, p.151＝2002, p.251)

　結果的に、型にはまらない番組は、その番組を最も好みそうな視聴者にとって不便な時間にしばしば編成されている。革新的な、あるいは大半の人が満足する範囲を超えて視聴者の興味を拡張することを期待するような番組を提供するのは、（英国ＢＢＣやオーストラリアＡＢＣ放送のような）公的資金を与えられた局や（アメリカＰＢＳや英国のチャンネル４、オーストラリアのＳＢＳのような）この目的のために作られた放送サービスなのである。主流となっている放送局の観点からみれば、これは公的セクターおよび公的セクターによって作品を買い上げてもらっている私的企業や個人に調査と開発コストを移すという利点がある。そして公的セクターの成功した番組は後に、無料の地上波チャンネルの放送局によって購入される傾向がある。

8　統計的思考に含まれている意味

　ウェブスターら（Webster et al. 2000）は、マスオーディエンスの行動の一般的なパターンと、ニッチ・オーディエンス[8]の活動に関する特殊化され、ローカル化された考察とは分析上別のものとする区別を指摘することによって、視聴率が接触に焦点をあてていることを正当化している。彼らはマスオーディエンスに対する統計的分析がオーディエンスの選択の特定の事例を説明できないことを認めている。彼らは統計学的分析を優先させることを正当化する

ために、この区別を用いている。

　大衆の行動とオーディエンスの特性を予測するこの科学は、統計学的思考と呼ばれてきた。それは18世紀に、諸業種のなかでもとりわけ、保険業者によって発展されてきた。たとえば、生命保険の問題を考えてみよう。一人の人間がいつ死ぬか予測することはほとんど不可能である。しかし、もし調査者が多数の集計を行なったら、どれだけ多くの人が来年息を引き取るだろうかということを推測することは決して難しいことではないのである。(前掲, p.8)

この見解は、統計学的分析の歴史と、社会的管理と都市計画におけるその利用に注意を引く。なぜなら、この「統計学的思考」は単に質的分析よりも量的方法を優先させるという問題では決してないからである。統計学的思考の起源は18世紀と社会的管理のはじまりまでさかのぼれるかもしれないが、視聴率分析における特定のタイプの統計学調査の実践は、少なくとも20世紀半ばに起きた三つの運動により密接に関連している。

・心理学における行動主義
・「都市におけるより強力な社会正義を獲得することを目的とする新しい社会運動の発生」と結びついた「『博愛主義的な』フォーディズムとケインズ派の福祉国家論という規律訓練化するテクノロジー」(Soja 2000, p.98)
・政治学における行動論とその世論調査への応用 (Cook 1978)

　接触のような、測定可能な行為にオーディエンスの反応を還元してしまうことは、1950年代にスキナーによって提唱された刺激－反応に基づく行動主義のアプローチに反映している。それは、すべての心理的行動は、行動という〔観察可能な〕反応を分析することによって研究できるとし、感情や意見といった測定不可能な現象によって思考を混乱させられることを防ぐことを提唱した (Skinner 1973)。
　集団的消費と呼ばれうる事態への固執は、1960年代——とくに都市計画や都市改造計画において——平等主義を支持した社会運動の構成要素であった。このコンテクストにおいては、統計学的分析は社会問題の範囲と深さを明示し、改良への計画化と価格化に役立った。しかし、放送というコンテクストにおいては、統計学的手法は個人やコミュニティのようなふつうの人々 (ordinary

people)の興味を覆い隠し、一般の人々（public）といった曖昧な観念（ここでは「沈黙するマジョリティ」）に特権を与えるために機能してきた。視聴率の営利本位な使用は、放送サービスの改良よりむしろ人々の視聴時間を市場として開拓するがままにしてきた。

　視聴率分析と世論調査との間には密接な類似点があるため、政治学が統計学的思考を応用したことに対する1960年代、70年代の批判を通じて、現代のオーディエンス研究の分野で統計学的思考を応用することに関していくつかの興味深い視点が開かれる。たとえば、クック（Cook 1978, p.101）は「行動論政治学」[9]（これは彼の用語である）における統計学的思考が実体よりも分析を、特定のあるいは個別の活動よりも一般的なパターンを、そして倫理的態度よりも説明を強調したことを提示した。ウェブスターら（2000）は分析、一般的パターン、説明を重視した調査の優位性擁護の主張を発展させ、視聴率分析をオーディエンス研究として位置づけた。

　クックによると、「行動論政治学」は世論調査に応用された時、中立性が公然と掲げられたが、実際は保守主義の一形態であった。クックはこの要素還元主義的な保守主義は現状を強化し、政治的状況やコンテクストまたは政策の批判的評価の発展を妨げ、測定している政治行動の複雑性や重要性の価値を減じると提唱した。政治的な世論調査において使われるいわゆる価値自由な用語に従えば「予期される大半の有権者は、あたかも無知で偏見にみちているかのように説明されている」（Cook 1978, p.107）。彼の批判は、視聴率分析がオーディエンス研究における他のアプローチに対して提起したジレンマを忠実に繰り返している。視聴率に関する放送産業界の信頼は、他のオーディエンスあるいはメディア研究の一連の議題の選択を大幅にあきらめ、他のタイプのオーディエンス研究、とくにアイデンティティや文化的価値に関連する研究の価値や重要性に対する認識を損ねている（4、5章参照）。ハートレイ（Hartley 1987）が表明しているのもまさにこの懸念である。彼の懸念表明は視聴率システムが次の傾向を助長していると説明した時になされた。その傾向とは、産業に携る人々がオーディエンスをまるで子どものように自分自身では考えることができないものとして語る傾向である。

　概して、視聴率分析や広告、メディア計画において接触を強調すると、複雑な人間の活動（メディアとの関与）を、標準的で測定可能な行動（接触）に初期変換する瞬間に何が排除されてしまうかということを考慮に入れることができなくなる。このことは、また、現代社会におけるメディア消費のより大きなパターンと意味を理解するためにも重要であろう。とくに、日常的な行動、すな

わちオーディエンスであることのしるし (*the* sign of audience) として接触を重要視することによって、オーディエンスの他の行為とエイジェンシー／行為体の重要性の価値が損なわれている。視聴率分析は、オーディエンス調査であると主張することによって、ウェブスターら (2000) はオーディエンス測定をオーディエンス研究の主要なアプローチとして位置づけ、他のメディア研究者によって追求されるオーディエンスの問題は、彼ら自身の問題を当然反映していると決めてかかっている。しかしながら、ますます多くの情報サービス部門の理解を提供する市場調査の手法がこの了解に基づいているため、この了解を共有する彼らは一群の仲間となっているのである。

これは明らかに少数意見であり、アカデミックなものであるが、視聴率分析とは本質的に社会科学的な調査ではなく、放送事業者や広告主が喜んでお金を払うような特定の種類の情報を与えることを目的とした営利本位のサービスである、というミーハン (Meehan 1984) の見解を肯定している。視聴率分析を社会科学の実践の進歩や向上として考えるより、むしろ放送事業者と広告主の間の増加しつつある共謀が、今度は放送事業者が常にコントロールしている放送事業者とオーディエンスの関係をも構築しているとミーハンは提唱した。ミーハンは視聴率の産業的使用を一つのヘゲモニックな実践であると見なしている。それは、産業に通常の運営の外側にメディアの批判的な分析を位置づけることを認めることによって、支配的で経済的な特権階級の利益を守るような実践なのである。

9　商品としてのオーディエンス

これまで概説した視聴率とその利用についての情報は、放送産業にとってオーディエンスを商品として取引することができるように、どのようにオーディエンスの行動を測定可能な統計に変換するかを示している。20世紀前半に考案されたオーディエンス測定と世論調査のシステムは、代表的標本抽出を用いる継続的なオーディエンスのモニター調査のシステムを開発してきた。1990年代、デジタル化と、とくに娯楽番組の接触に関するデータを処理し番組から製品へ、チャンネルからスーパーマーケットへ、メディアからショッピングモールへというオーディエンスの動きを追いかけるようにデザインされたコンピュータプログラムの開発によって、放送環境の外側でこのシステムの適用可能性が劇的に広がった。

1960年代から70年代、銀行や市場調査会社はクレジット購入の証明書に基づ

いた商取引に類似した追跡調査をはじめた。たとえば、銀行やクレジットカードの使用は、オーディエンスの接触が放送によって追跡されるのと同じ方法で、クレジットとエフトポス端末（即売時電子式資金移動）[10]取引の追跡を可能にした。インターネット環境では、これら二つのデータの源——製品購入の記録と娯楽の選択の記録は融合され、オーディエンス／消費者の選択に基づいた分析システムは劇的に拡大した。インターネットにおいては、ブロードキャストメディアの在来放送を受信するマスオーディエンスが有料のシステムにおきかわるにつれ、オーディエンスであること（being an audience）にはコストが伴うようになった。

このコンテクストにおいて、データマイニング[用語34]は、広告主に商品情報と特別取引との結びつきにより多くの識別を可能にするような取引の追跡とともに、ますます使われるようになる。たとえばハニーウィルとビス（Honeywill and Byth 2001）は、関連するオーディエンスの区分と顧客になりそうな人との間の区別を明らかにする、より厳密な**判別分析**[用語37]を唱えている。「見込み」は過去の商取引に基づいて確認され、そして特別な価格や顧客への優遇、無料ギフトやその他顧客に好まれる「機会」を与えることによって購入することを誘導される。

放送の構造は情報社会と関連した変化のインパクトを表していることは明らかである。グローバルな e‐コマース環境のなかで、この種の区別はカステルが「資本のフローにおけるグローバルなネットワークの市場論理と労働者の生活の人間的経験」（Castells 1998, p.346）と描写した乖離構造（disjuncture）のよい例となっているからである。オンラインオーディエンスのための新しいサービスの発展は、サイト訪問の頻度と期間の統計学的分析と、新しい供給源や新しく熱中できるものへと移行する前に消費者が行なうオンライン商品の購入の平均値に基づいている。しかし、一人の人が一つのオンラインサービスの使用を開始したり、また、終了したりする理由や、顧客／サービスプロバイダーの関係が活発なときに得られた情報についてオーディエンス／消費者にとっての個人的意味づけに関しては調査されていない。産業的調査と社会文化的な調査の間にある分断は変わらないままなのである。

消費者の活動がオンラインで活発になるにつれ、そしてまたメディアの融合がオーディエンスに情報の配信を特徴づけてきた諸メディアの区別をなくすにつれ、コマーシャルセクターによるオーディエンス／消費者に関する情報の使用は、一方ではオーディエンスの消費活動の増加する重要性に、他方ではオーディエンスの活動として以前では考えられなかった活動のメディア化に、私た

ちの関心を引きつけている。たとえば、以前は図書館や博物館、文書からもたらされた多くの調査活動が、今ではメディア商品としてパッケージ化され、新しいマテーリアルの即座の購入が情報収集活動を高めるような製品のつながりと販売との結びつきによってサポートされたオンラインを利用できるようになった。これらは娯楽ではなく情報を基盤としたオーディエンスの活動である。

　たとえば、B－2－B（企業対企業 business to business）やB－2－C（企業対消費者 business to customer）の取引において利用可能な営利的な機会は、オンラインデータベースの獲得や開発、展開において莫大な投資を促し、そして今度は新しい情報サービスとして売買されるようになる。このコンテクストにおいては、過去10年でマーケティングの用語が**データマイニング**[11][用語34]や**情報ウェアハウス化**[用語23]といった比喩を新たに用いてきたことに注目することは興味深い。これらはインターネット市場——**CRM（カスタマー・リレーションシップ・マーケティング）**[12][用語1]や**マス・カスタマイゼーション**[13]——のためのオーディエンス／消費者調査の方法論の開発を表している。マス・カスタマイゼーションは、マスオーディエンスに個別に語りかけることのできる販売環境を作る視聴率システムを強力に改良したものである。それはe－コマース取引の記録の「発見（マイニング）」と、製造者あるいはサービス提供者とオーディエンス／顧客との間の関係を構築するために基盤としてそれらを利用することに関わっている。ハニーウィルとビス（前掲, p.161）はこの過程を「関係構築」と表現している。このe－コマースのコンテクストにおいては、オーディエンスと消費者の区別はなくなり、顧客関係（Gronroos 1994参照）あるいはマス・カスタマイゼーション戦略へと変えられる。

　マス・カスタマイゼーションの過程は、情報の経済、とくに「豊かさとリーチとの間にある普遍的な交換」がe－コマースのコンテクストにおいて再定義されうるという考えに基づいている。それは、この章のはじめに紹介した「リーチ（累積到達率）」（どれくらい多くの人々が一つの広告や番組を見ているか）と「フリークエンシー（視聴回数）」（何回人々によってその広告の番組が見られているか）との間の結びつきのバリエーションである。エヴァンスとウースターはこれらの用語を次のように説明している。

　　「豊かさ」は利用者によって定義された情報の質を意味している。すなわち、正確さ、帯域幅[14]、流通、カスタマイゼーション、相互作用性、関連性、セキュリティなどである。「豊かさ」の正確な意味はコンテクストに

よって変化するが、いかなるコンテクストでも、一般的にその言葉が意味することは明らかである。「リーチ」はその情報共有に参加する人の数を意味している。(Evans and Wurster 2000, p.23)

ここでは、質に関する概念、豊かさがオーディエンスのマネジメントのためのレトリックに加えられている。豊かさはオーディエンスが情報サービスに付加する価値とオーディエンスについての情報の営利的な価値との両方に言及している。エヴァンスとウースターはその「豊かさ」に寄与する情報の六つの側面を明らかにしている。

- 帯域幅はナローバンド（株相場）情報とブロードバンド（映画）情報の区別に使われる。
- カスタマイゼーションはコミュニケーションの特性――オーディエンスの興味に語りかける直接性――に言及している。
- 相互作用性は――たとえばモノローグとダイアローグとの違いのような――使用される語りかけのモードに言及する。
- 信頼度は、このコンテクストにおいては相互作用への参加者の信憑性を意味する。それは「信頼できる個人からなる小グループ」と「他人同士からなる大グループ」とに対比される。
- セキュリティは、このコンテクストにおいてはどれくらい広く特定の情報が普及されるべきかについて判断を下すことを意味する。
- 流通は情報が伝達してゆく時間の長さを意味する。(前掲, p.25)

エヴァンスとウースターは豊かさと情報のリーチとの間にある伝統的な関係は、一つのメッセージによって語りかけられる人が増えれば増えるほど、その情報の豊かさは少なくなりうるし、逆もまた同様であると主張している。そのためテレビＣＭは広汎なリーチを持ちうるが豊かさは低くなりうる。なぜならば、それは商品についての詳細な情報を提供できないし（オーディエンスにとっては豊かさが低い）、広告主あるいはマーケッターから期待されていない多くの視聴者によって見られる（マーケッターにとって価値が低い）からである。エヴァンスとウースターは、ｅ－コマースが地球規模で運営している（広いリーチ）が、これは本質的に相互作用的である（オーディエンスとマーケッターの両方にコミュニケーションの豊かさを提供している）ため、ｅ－コマースのコンテクストにおいてこの関係が置き換えられると提唱している。そして「デジタル

ネットワークは今、非常に多くの人々が非常に重要な情報を交換できることを可能にしている」(前掲, p.29) と述べている。

この関係はオーディエンス／消費者と広告主の両方に利益をもたらすように見えるが、それはオーディエンスが自分自身についての莫大な量の「豊かで広範囲でおそらく私的なデータ」の露出に積極的であることにも大きく依存している。それはまた、消費者と広告主との間の技術的そして情報の不均衡にも依拠している。なぜなら、「消費者たちは自分たちに提示される情報と推奨の背後にある経済的な取り決めの仕組みを知ることはできない」(前掲, p.155) からである。すなわち、オーディエンス／消費者は匿名性を保ったり、個人情報の転売を防いだり、ＳＰＡＭ[15]を避けたり、間違った情報から自分自身を守ったり、「判別分析における最新の設備を持つ」売り主によって操作されるのを避けたりすることはあまりできないのである (前掲, pp.154-155)。

もし人々が、自分達がグループ分けされ分類され、あるいは特権の提供に対して差別されているということに気づきはじめたなら、どの情報が誰に提供されるかという決定の基盤となる判別分析とマス・カスタマイゼーションは、オーディエンスたちにとって、冷酷な、あるいは思いやりのないものと思われるかもしれない。この意味において、マス・カスタマイゼーションと判別分析はまるでピエール・レヴィ (Pierre Levy 1997) の**包括的な技術**[用語46]のたとえのようである。すなわち人々をいまだに「大衆」として取り扱い、「メッセージの固定化、再生産、脱文脈化、分配」(前掲, p.41) を要求するメディア化の原則に従っているのである。そのような「顧客」マネジメントへの経営管理的なアプローチは、メディアイベントに参加する人々の間に差別を生み、この見解においてオンラインオーディエンスの位置づけは「集合的な知識」(前掲, p.41) を共有する環境としてのインターネットの利点を見落としている。

クリエイティブな産業は、メディアマーケティングの取り扱いが消費者活動のマネジメントに適用されるもう一つの場となっている。しかしながら、ここではその過程は「オーディエンス開発」とよばれており、その目的は芸術に資金を提供する政府が、他の環境よりもさらに広い一般の人々によって支持される事を保証することである。この発想はオーディエンスの好みが、芸術団体によって計画立案の基礎として調査され、有力な製品の利用者によって強力に支持されうる展示会や公演会を発展させてゆくための指針として使用される。

バーバン、クリストル、コペック (Barban, Cristol and Kopec 1987) の三人は、ターゲットとなる市場 (広告主がリーチしたい人々) と手段としてのオーディエンス (特定の番組や製品を支持するオーディエンスを構成する人々) をマッ

チングするための二つの代替的なアプローチを見出した。すなわち人口統計学的アプローチと製品と使用のアプローチである。オーディエンスの開発は製品と使用のアプローチに基づいている。

　製品と使用のアプローチはすでに利用可能な製品あるいはサービスのユーザーの特徴を捉えることからはじめる。このとき、製品ユーザーの特徴はおそらく相乗効果によって、現在のサービスのユーザーと似たような属性を共有する人々を引きつけるような更なる製品やサービスを開発する基礎となる。製品ユーザーの属性はまず、メディア作品のオーディエンスの属性（年齢、性別、収入、教育など）と対応され、そして次にメディアユーザーの頻度、高、中、低、あるいは非ユーザーの属性と対応される。その目的は、正確な広告計画を提供するメディア戦略を開発するためである。そのためターゲットとなる市場に広告をしそこねたり、製品に興味を持たない人々へ広告を打ったりすることによって資金を無駄にすることはないのである。このことは、広告主は広告の配置のために特定の種類のオーディエンス媒体を探しているだけでなく、オーディエンスは特定のマーケッターによって求められる質の探求において絶えず細分化され分類され続けていることを意味している。オーディエンス開発においてその目的は、多様な芸術のコンテクストにまたがる相乗効果を促進することによって、新たな人々を芸術製品（展覧会、興行、講習会）のオーディエンスとして引きつけることである。それとは対照的に、人口統計学的アプローチは製品あるいはサービスのために好まれる潜在的なユーザーの属性を決定したり、その属性の高い割合を占める人々に提供するような作品のオーディエンス媒体を探し出したりする。それはブランド広告や放送環境にはよく適しているが、オーディエンスの相乗作用を位置づける手段としてはあまり有力ではないため、芸術のオーディエンス開発に簡単に役立つものではない。

　芸術のオーディエンス開発のための市場調査的アプローチの応用は、芸術産業で働く人々の間に不信感と広い不安を生み出した。オ・レーガンによると、

> マーケティングや市場調査は、組織自身がそのオーディエンスを理解することの価値や重要性——それはしばしば大きなプライドの源となるもの——に直接的に挑戦している。それらは、多くの芸術運営者がオーディエンスと彼らの組織的関係と見なすもののなかに介在する外部の専門知識層を導入する。それらは、その分野が「人々がいるべきところ」と考えている場所よりむしろ「人々はどこにいるか」ということからはじめるような調査計画を導き出しながら、オーディエンスは決して間違っていないという見解を伴う。

それらは文化的組織によって調整されるべき新しい種類の専門評価を伴う。それは市場調査とオーディエンス開発のイニシアティブが、製造過程における創造性の卓越に挑戦するものとして、権力が文化組織の内部に移ったと主張する人々もいる。芸術を「単なるビジネス」にしてしまうこと、消費者、市場およびそれに類するものを客観化するような言葉を用いることは、アーティストや文化的労働者にとって深い疎外の経験となりうるのである。
（O'Regan 2002, p.129）

問題は、オーディエンス開発がオーディエンス媒体（この場合は芸術作品）と利用者との関与について、マスメディアと同じプロファイリングを用いているということである。ここでは同じ行動主義的アプローチが採用されている。そのアプローチでは経験や意見よりむしろ、行為の記録を優先させている点でも同じ優位性が浸透している。芸術／メディアイベントへの熱意の探求に関する固有性の軽視は、ポピュラーカルチャーの製品を特徴づけるアーティストや芸術作品、芸術イベントの文化的意義を受け容れる準備が不足していることを表している。芸術というコンテクストへのマーケティングの侵入は、ハイアートとポップアートとの間にある深く根ざした区別の再編成を引き起こすかもしれない。なぜならば芸術作品がまた一つの別の娯楽媒体となり、そして芸術を支援する人が商品化されたまた一つの別のオーディエンスとなるからである。

10　能動的なオーディエンス

娯楽や情報産業によって増大するオーディエンスに対する冷酷な商品化にもかかわらず、個人やグループは自分たち独自の文化的なモノ（cultural artefacts）（6章参照）やウェブサイトや新しい物語（7章参照）を作るファンとしてばかりでなく、広い配信やリーチを持つメディア生産活動のプロデューサーとして様々な方法で力を行使している。ある状況では、ローカルオーディエンスが自分たちの手でメディアの配給を行なっている。たとえばナフィシー（Naficy 1993）は、どのようにロサンゼルスにおいてイラン人の亡命者が雑誌やラジオ放送を制作したり、ニュース番組やテレビ番組のスポンサーになって、放送時間を借りたり放送時間に広告スペースを売っているのかについて立証している。置き去りにされた文化〔故郷の文化〕を表象する放送マテーリアルへのアクセスの可能性は、亡命者の生存権や精神衛生のために不可欠なものであると考えられた。ナフィシーは亡命という状態は、他者と異なったものと

しての自立的な構築への欲求を高め、独立したメディア制作はその欲求が充足されるように機能しうると提唱している。

積極的に他者との差異を構築するためにメディアを利用するということは、メディアが世界について学ぶための重要な装置であるという事実を立証している。また、メディアはただ回想や家族の伝承として存在している物語に重要性を与えている。メディア〔との関与〕において文化的遺産を体験することは個人的なものをこえ、歴史的・社会的なものとなった物語に権威を与える。ナフィシーによると、ロサンゼルスにおけるイラン人亡命者の場合、彼らが亡命生活のなかで作ったポピュラーカルチャーは、そこから主流のアメリカ文化との関与が交渉されうるような基礎となる自己意識の発達を助けている。

逆説的にいうと、亡命者がポピュラーカルチャーを作り出すことはまた、亡命先の文化のなかでより明確に自分の階級や社会的地位を示すことによって、「故郷の」文化に対する依存を軽減させる。

> 亡命者のポピュラーカルチャーやテレビは、根無し草のイラン人が生き残るための道具である。それらは亡命者の共同体（communitas）と経済のために結合力のある記号と言説空間を構築した。しかし、その営利的な性質はそれらを主に同化のための社会的エイジェンシー／行為体に転換しながら、最終的には対抗的でカウンターヘゲモニックな動きを取り戻させたのである。
> （Naficy 1993, p.192）

亡命者のポピュラーカルチャーの制作が、移民のコミュニティの同化という点で過渡期の段階であるということを明らかにすることもある。他方で、ナフィシーの分析は次のような事実を示している。すなわち、いくつかのアイデンティティ集団は、たとえそれらがあるオーディエンスのなかに分散はしていても、共有した興味をはぐくみ、特定のメディアイベントを制作するための一連の議題を定義づけ、要求されるメディアマテリアルを制作し、グローバルなメディアスケープへの参加を確保するための放映戦略を見出すこともある。

メディアスケープという用語はアパデュライ（Appadurai 1997, p.35 = 2004, p.69）によって最初に使用された。彼は「現在のグローバル経済が複合的なのは、経済、文化、政治の間に存在している根源的な乖離構造とかかわっていることは間違いない」と述べている。アパデュライにとって、現代社会は本質的に乖離構造になっているのである。なぜなら、グローバルな資本主義システムのなかでは、社会組織は観念（イデオスケープ）、メディア（メディアスケー

プ)、資本(ファイナンス・スケープ)、民族(エスノスケープ)そして技術(テクノスケープ)のフローに基づいているからである。彼はこれらをグローバルな文化「フロー」の5次元と呼び、それらが擬似的に独立した仕方で作用していると主張している。たとえば、次のように提唱している。メディアスケープは「世界中の視聴者に提供するイメージ、物語、エスノスケープの目録が大規模で複雑であるため、その目録の中では、商品の世界とニュースや政治の世界とが分かちがたく混在している」(1997, p.35 = 2004, p.73)。「メディアスケープ」の一部になるためには、ニュースに値するイベントが(現実世界とは対をなすものとしての)メディアの道理に合うような方法で、メディア情報として処理されることである。結果として、アパデュライは次のように仮定する。人々は自分たちの日常生活の現実を世界のメディアの警句的な説明に当てはめるために、その反対ではなく、メディアが与える**プロトナラティブ**[用語40]を通して現実世界と関わり合っている。この意味では、メディアスケープは文化が現在「情報に基盤を置いているもの」ばかりでなく、実際「情報に支配されたもの」であるということも示している(Kellerman 2000)。

　アパデュライは現代のメディアフローは人々に特徴的な方法で、——おもに商品として——、情報とかかわることを教えると考えた。そしてまた、その発展はメディアがリポートし、記録する世界から、メディアの議題と世界観が情報のランドスケープを支配する場所へと導くだろうと考えた。同様に、カステルは次のように主張している。すなわち、情報社会の出現は、単なる情報技術の発達や製品の発展、情報の分配よりも、もっと根本的な変化にその起源がある。社会、経済、文化の、ここ40年で生じてきた変化は、それらの歴史的起源を「三つの独立した過程に持つ。すなわち、情報技術革命、資本主義と国家主権主義の経済危機とそれに続く再構築、そして自由主義、人権運動、フェミニズム、環境運動といったような文化的な社会運動の成熟である」(Castell 1998, p.336)と述べている。

　情報生産者と一般的な労働者との間の拡大される生活の格差や、もはや(あるいは決して)情報経済に生産的に寄与することができないために、周辺化され、無視されている人々の情報社会のなかでの認識の欠如に対する一つの反応は、メディアスケープにおけるより積極的な関与の追求である。このことはメディアスケープの外側に置き去りにされるというよりは、その一部となる方法を見つけることに関連している。それゆえ、メディアスケープとの関与は、自分たちの文化的遺産とグローバルな文化パターンの一部としてその物語を確保することを望む、文化的オーディエンスにとって明らかに生き残りのための戦

略なのである。カステルは次のように主張している。

　文化戦争は情報時代の権力抗争である。それらは、とりわけメディアのなかでメディアによって争われるが、メディアが権力保持者なのではない。行動を課す能力としての権力は、情報交換と象徴操作のネットワークのなかに存在している。それらはアイコン、スポークスマン、知的解説者を通して社会的行為者、制度、そして文化運動に関係づけられる。(前掲, p.348)

　あまり力を持たない行為者がある文化領域において役割を得る一つの方法は、主流となるメディア製品の意味づけとの交渉を通してである。たとえば、ギレスピー (Gillespie 2000) は、ロンドンに住むインド・パキスタン系英国人の若者へのエスノグラフィック・リサーチを行ない、グローバルメディアとローカルな経験との乖離構造について指摘している。主流なメディアのなかで「制限された」表象と折り合うことは、英国／アジアのアイデンティティの価値を減ずることへと導き、かわりに「新しい種類のトランスナショナルでディアスポラなアイデンティティへの欲求」(前掲, p.165) を促進した。英国／アジアのアイデンティティからの乖離は、ディアスポラの一体感や結びつきと並んで消費主義、フェミニズム、環境運動、人権といったトランスナショナルな諸問題とのより強い同一化や関わりを促進した。これらディアスポラの一体感や結びつきは、ボリウッド[16]の大ヒット作から、家族の結びつきを維持し、お互いの情報を交換し、家族成員をビデオでの観光旅行に没頭させるようなホームビデオに至るまで、ありとあらゆるものを視聴することを含んでいた。ギレスピーは次のように提唱している。インド・パキスタン系英国人の若者がグローバルな帰属と、故郷の文化への志向やローカルな伝統との間のスイッチを絶え間なく切り替えるとき、グローバルなメディアと「ローカル」なメディアの両方の消費は、分裂したアイデンティティの発達と維持に寄与している。

　1980年代と90年代における土着のエスニックマイノリティのコミュニティにおけるメディア主導権は、世界中の独立して所有されコントロールされているオルターナティブなメディア産業の発展において重要な段階であった。その活動は、故郷の文化からの製品、輸入されたビデオ、ＣＤ、雑誌、その他の娯楽の配信、エスニックラジオやコミュニティＴＶのサポート、専門放送への契約などを含んでいた。重要なことに、オルターナティブなメディア産業は、数多くの熱狂的なファンやアマチュア表現者の不断で無償の労働によってかなりの

部分可能になっている。メディアスケープに彼らの声を寄せることを決定したローカルコミュニティによって行なわれた仕事の範囲や質は、インターネット上でのファンやオーディエンスの仕事に匹敵する。仕事や時間を与えることによってメディア製品のフローにかかわることは、メディアマテーリアルを発見し楽しむコミュニティの情報ネットワークを強化してきた。現代社会(「その情報を基盤にした」性質)の運営においてメディアの中心性の認識に基づくことによって、エスニックで土着なコミュニティは、主流のコンテクストとローカルなコンテクストの両方において、自らの表象を支配するための戦略を新たに立てはじめているのである。

11 結　論

　この章では、はじめに視聴率についてのミーハン(1984)の危惧に注目した。それは、視聴率が放送事業者とオーディエンスとの間の唯一のコミュニケーションシステムになる危険性についてである。視聴率分析がオーディエンスイベントを一つの抽象的に計測できる行動、すなわち接触、として取り扱っていることについて見てきた。視聴率システムは、75年以上にわたって、マスコミュニケーション・システムの支配のもとに、オーディエンスの視聴(満足のいくものでないにしても)や広告主の出資、放送事業者をおき続けてきたという点で、放送事業者にとってよく機能してきた。それゆえ、視聴率や他の市場調査のデータによって情報を与えられた広告が、放送の変化を避けられないものと考えることは、おそらく皮肉なことである。広告主の利益と、同時に関わり合い、楽しみ、売られるメディアであるインターネットとの競争の出現は、力の均衡を単に放送においてのみならず、一般的な娯楽産業においても変化させている。放送において製品が、オーディエンス／消費者との関係のなかでより情報的で積極的な役割を果たすことは明らかであるが、芸術生産の場(アーティストやミュージシャン)においては依然として明白ではない。市場原理の適応によって促進される競争環境のタイプは、優秀な製品にはあまり適してはいない。それはむしろこれまで見てきたように、伝統的に芸術産業の土台であった美へのコミットメントを犠牲にし、主流となる製品や知的中間層の文化に利益をもたらしている。しかし、「消費者との関係」という決まり文句は繰り返し言われ、過去20年にわたってオーディエンス研究に影響を与え続けたオーディエンスの様々な文化へのコミットメントに挑戦し続けているように思える(とくに6章、7章参照)。

この章では、私たちは視聴率分析とオーディエンス開発がオーディエンス／メディアイベントを、一つのオーディエンス行動である接触という視点からどのように定義づけてきたか考察してきた。視聴率分析はオーディエンス研究のもっとも影響力のある一形態として自らを提示するかもしれない一方で、その主張は根拠の薄いものにも思われる。ＣＲＭにおける現在の発展は、新しいオーディエンスマネジメントの道具を、複雑なデータバンクの分析に基づいた消費者のマネジメントによって営利本位な調査のコンテクストに付け加えている。この発展はメディア調査者にこの分野でおきていることの再考を要求している。

　これらのアプローチが多くの欠点を内在している一方、これまで見てきたように、視聴率や他のオーディエンス測定サービスが放送産業、政府、公的な権威からの莫大なサポートを受けているという事実をぬりかえることはできない。メディア調査者がマーケティングアプローチの欠点を明白に示すことは、次のことを確信するために必要なことである。すなわち、オーディエンスは変化のために働きかけることの価値やオーディエンスの積極的活動の重要性を確信しているのである――特定のオーディエンスコミュニティへのサービスとしてだけでなく、コミュニケーションシステムのなかの差異の源としても。

4章 原因と結果 ——変転する諸理論

　テレビや映画での暴力制限にひろく一般の人々が関心をいだいているということは、多くの世論調査が明らかにしている。さらにそれらの人々は、もし尋ねられれば、いきすぎだと思っている映画や番組の名前を挙げて非難し、暴力表現は、世論調査結果が示すより、ずっと大きな悩みの種になっていることが分かる。私は次のような点を調べる必要があると提案する。それはどんな層の人々によって「メディア暴力」というカテゴリーの説明がどのように違うか、またその意味内容がどう違うかという点である。(Martin Barker 1997, p.43、傍点はバーカー)

1　イントロダクション

　この章が問題にするのは、「効果」研究（'effects' research）のたどってきた軌道を示すことである。その軌道は、メディアがどのようにして巧妙に消費者の行動に影響を与えるのか——**メディアにだまされやすい人**[用語52]——を明らかにすることを問題とした初期のマスコミュニケーション研究の時期から、より近年の研究、たとえば暴力的ビデオゲームで遊ぶことと「現実の」生活での青少年非行との関係を考察することにまで及んでいる。重要なことに、研究者の間で対立的見解を引き続きかき立てる論議が今日でも検討されている。つまりある研究者たちは、危険なメディア効果を強く主張しているのに対し、他の研究者たちは見ることとすることとの間に関係はないという主張を、同じように力説しているのである。最近の研究によれば、因果関係立証の努力が何十年も続けられたにもかかわらず、人間行動に対するメディアの特定の影響を、たとえば個人の病理のような他の要因から分離することは、実際には可能とならなかったと主張されている。だがだからといって、〔メディアが危険な効果の原因であるという〕因果関係が間違いなく存在するかの如くに、政策立案がなされてこなかったというわけではない。反社会的で危険な行動の責めを負うべき誰か、あるいは何かを見出したいという願望は存在してきたのである。だが今日多くの研究者は、マスメディアが社会のなかで良性の、少なくとも中立的な影響をもつとして名誉回

復させることに熱心であるから、因果関係の難問は依然として続いている。

2　流転する諸研究

　オーディエンスに対する研究はすべて、多かれ少なかれ効果に関するものであり、メディアメッセージ〔という記号〕の消費者がどのようにまたいかにして反応し、そのメッセージ内容に関連づけをしたか（まったくそうしなかった場合を含む）に関するものである。しかし、「効果」に独特の関心を寄せる研究者たちは、特定種類のメディアマテーリアルを見たり、聴いたり、読んだりすることの結果としてもたらされる特定の行動が何かを識別することを役割としてきた。オーディエンス研究は年代順に継続するいくつかの局面に沿って展開してきたという共通理解がある（たとえば Abercrombie and Longhurst 1998参照）。その局面は通常次のように特徴づけられる。すなわち効果、利用と満足、エンコーディング／ディコーディング、そして全能 - 無能連続体上のどこかにメディアの影響を位置づけるやや曖昧な今日の研究状況である（2章参照）。だが最近の新たな研究関心の多くは、とりわけ情報とコミュニケーション技術のコンテクスト（ICTs）のなかでオーディエンス・メンバーを自立的かつ相互作用的な存在と見なす傾向にある。その存在は、メディア機構が潜在的にもつ甘い言葉について賢く、自覚しており、宣伝を容易に遠ざけることができ、有益で有意味なら何でもメディアから受け容れる存在である。

　きわめて今日的な研究の関心は、オーディエンスはメディアで何を成し遂げるのか、私たちが消費するメディアマテーリアルをどう取り扱い、処理しているのかに集中している。その取り扱い、処理が可能な理由は、テクストが**多義性**[用語29]をはらんでいること、つまり「メッセージ」がいくつかの解釈を可能にしていることにある。〔言い換えれば研究の関心対象は〕社会生活を経験に基づいて理解するというコンテクストのなかで、私たちはメッセージをどのように解釈しているのかである。しかしそれにもかかわらず、たとえばテレビ番組を見たり、ビデオゲームで遊んだりすることと現実生活のなかで行動に移ることとの間の関係についての関心は、引き起こされ続けている。したがって次の二つの対照的な差異は、かなり重大なことである。つまり一方ではメディア研究者たちがオーディエンスはメディアに対して十分に自覚しており知識も持っているという位置づけをし、他方ではメディアの影響、とりわけ人気メディアでの暴力と関係して（この点については後で詳しく述べるので参照のこと）、広く一般の人々の不安や政治的な不安が増大しているという対照であ

る。オーディエンスとテクストの関係に対する研究者の理解はより精巧になってきたので、研究方法は直線的に発達しているという意見を持ち出しても、それには一定の論理がある。しかし効果をめぐる議論を通じて現代の理論は打ち砕かれ続けているし、同時にメディアの消費とそれに引き続いて生じた「現実」世界での行動との間の因果関係の存在（あるいはそのまったくの不在！）の確認努力の今日的研究が続いている。

　初期の研究（たとえばラスウェルの第一次世界大戦中の宣伝研究成果（Lasswell 1927））と、21世紀におけるより今日的な説明との間には、興味深い差異がある。それはバイアスを生み出し統制をする場所と意図における差異である。多くの初期の研究がとくに目指したのは、大衆をだますために宣伝家が用いるメディアにどのくらいの潜在的力があるか、政治エリートは自己のずるい目的のためにメディアをどのように用いるかを暴露することであった。言い換えれば、バイアスは権力者から大衆へと向けられた。それによって一般の人々は洗脳され、従順で疑問を持たない賃金奴隷になり、権力、文化、イデオロギー——つまり**ヘゲモニー**[用語45]——と流通しているメディアの役割との思うつぼにはまる存在に化した。一方においてはこのような政治とメディアの結合構築には、マルクス主義者のいうイデオロギーの作動[1]が明白であるが、他方では宣伝への関心と政治指導者の関与が戦時になれば決まって喚起されている。たとえば前線特派員のイーブ＝アン・プレンティス（Prentice 2003）は次の二点を率直に語っている。一つは1990年代の湾岸戦争報道でジャーナリストに対して強いられた報道制限であり、もう一つはイラク戦争（2003）でなされたより今日的な報道の管理である。彼女が論拠を挙げて主張しているのは、ジャーナリストを戦闘地域に派遣したいと思う報道機関は、政府の議定書にしたがって行動しなければならなかったということであり、その議定書には放送や発行が許されているのは何であるかが厳密に定められていたということである。戦時に安全の重要性は明白である。しかしプレンティスの主張によれば、制限の程度は敏感な安全配慮と思われる内容を遙かに上回っている。そのうえに彼女が考えるには、報道に対する政府の制御の影響とは、統制し意図的に分かりづらくしようとする戦略であるという。したがって「情緒」がもたらす効果をより強く懸念しているのは、多くの一般人より政府である傾向が強いというのも驚くにはあたらない。その政府はメディアを規制するために、監視の役割をもつ独立公共機構や委員会をおびただしく設立しているのである。それゆえ問われるべき質問は次のとおりである。私たちは、50年前に比べて〔メディア効果という〕因果関係の難問の結論にいくらかでも近づいているのか、それともまさか

と思うかもしれないが実際は問題の立て方を誤っているのか。

3　効果理論小史[補足1]

　デニス・マクウェル（McQuail 1994, pp. 328-332）は、効果研究の歴史的転換にかんする大変有益な概括のなかで、四つの局面を述べている。それら四局面は、社会環境の変化に呼応して時期の経過とともに展開してきたもので、以前の局面のうえに変化を積み重ねて築かれてきたものであり、「過去の」研究秩序を統合し同時にその正当性を疑問視してきたものである。こういったからといって、理論とはきちんと秩序だって必然的に進歩すると考えているわけではない。理論は直線的であるよりむしろ循環的である可能性が高いからである。理論の四局面を述べるのは、次の点を指摘するためである。つまり、この分野の発展には重要ないくつかの契機があること、それらの諸契機が何であるかは、〔単にメディアそのものに限定せずより広く〕社会現象理解を構成していく力を持った枠組みとしてのコンテクストのもとで了解可能となること、という点である。

第1局面――全能のメディア
　この研究局面は、20世紀への転換期から1930年代に及ぶものである。この初期には次の前提があった。つまりマスメディアは、経済的、政治的エリートから「人々」に向けて直線的に、統制でなくとも説得の様式として高度の影響力を保持し作動しているものであるという前提である。だがこの局面は、経験的に検証されたものというより推論的でイデオロギー的であったし、ある種のメディア形態が大衆受けしていることや、メッセージを受け容れるオーディエンスは一般的に目につかない宣伝にだまされやすく動かされやすいという仮定に依拠していた。

第2局面――全能のメディアモデルへの異論
　経験的検証を志向する研究への移行は、メディアと効果に関する初期の理論的見解に対する異議の申し立てとしてはじまった。そしてその移行は記事や番組の構成、ジャンル、内容の差異を調べるために、より精巧な研究課題を展開させた（たとえば Blumer 1933参照）。1930年代頃から50年代末の時期の研究の多くは、次の諸問題を調査検討してきた。選挙民に与えるメディアの影響力（政治的キャンペーンを通じて――3章参照）、事実や経験に基づくある種の物語

が逸脱行動に及ぼす影響（たとえば、青少年の非行をめぐってメディアで説明されている道徳の混乱——Cohen 1972参照）、そして情報源としてのメディアである。この時期の数多くの研究が明らかにしたことは、多くの変数が分析要因として組み込まれる必要があるということであった。そのなかには個人的性格だけでなく、何種類かの情報源への接触も含まれていた。この局面の結末となったのは、数多くの影響のなかにメディアが置かれている位置を強く認識したことであった。メディアはある種のインパクトを及ぼしたし、おそらく現在も及ぼしているが、そのインパクトは個人の活動を取り巻いている既存の社会的、経済的、政治的構造の単に一部であるということをこの局面は思いつかせたのである。メディアをより大きな状況の一部と見なしたことの結果、メディアのもたらす影響をその他のあり得る影響源から精密に分離することは、困難になっているのである。

第3局面——強力メディアの再来

だがどの理論でもそれが書かれるやいなや、誰かがその真実性を問題にするものであるが、「無効果」モデルも同様であった。1960年代までに研究者たちは無効果の主張の根拠を問題にし、効果を立証する方法を探し出しはじめていた（Lang and Lang 1981参照）。しかし今回は、分析方法に移行があった。つまり即時的効果を測定可能にし、第1局面を特徴づけていた刺激－反応モデル[2]から、長期的効果を解明しようとする努力への移行であり、メディアのアウトプットに関心を向ける際の多様な文脈や動機づけを理解しようとする精妙な移行であった。この局面はまた次の諸点にも関心を向けていた。つまりジャーナリスト活動、メディア所有、政治経済学の広汎な諸問題のようなメディア生産のより構造的な諸側面、これらと並んでイデオロギーのようなあまり可視的でない諸概念である。決定的なことは、この時期にテレビが発達しメディアのもつ説得力への関心の復活を促したことであった（Elliot 1972）。この時期に台頭し、独自性をもち広く受け容れられた理論はジョージ・ガーブナーの**培養分析**[用語36]理論であった。この分析理論は、オーディエンスのテレビへの接触（とくにヘビーユーザーの接触）と、それらの人々の信念や行動との関係を探るものであり、とりわけ視聴者に対するテレビの「文化変容」効果を明らかにする目的をもっていた（Gerbner 1967）[3]。ガーブナーは、効果の「培養」とは何時間も、何日も、何週も、何ヶ月もそして何年もテレビを見てきたことによる累積効果であり、単に少数の暴力的テレビショーを見たり、しばしば起こるののしりの暴発を聴いたことによるものではないと主張しているが、この点は

重要なことである。

第4局面――メディアの意味をめぐる折衝

この最新の（しかしおそらく最後ではない！）局面は、1970年代後期から1980年代にはじまった。その特徴は次の二点に関心を抱いていることにある。すなわち、メディアメッセージはどのようにして構成されオーディエンスの消費に提供されるのか、テクストを解読する際にどのようにしてオーディエンスは支配的な仕方を受容したり、拒否したり、あるいは折衝したりするのか（エンコーディング／ディコーディングモデルの詳細は2章を参照）の二点である。言い換えれば、オーディエンス研究の関心はメディアがオーディエンスに対して（to audiences）何をなしたかではなく、オーディエンスがメディアで（with media）何を成し遂げたかに集中しはじめ、その受動性でなく**行為体**[補足2]性が重要視されてきたのである。モーレイのテレビ報道番組『ネーションワイド（Nationwide）』についての研究書（Morley 1980）、ホブソンの昼のメロドラマ『クロスロード』（6章の訳注〔8〕参照）についての研究書（Hobson 1982）などの諸研究が明らかにしたのは、オーディエンスのメディアテクストに関する意味理解と解釈には、多くの異なる仕方があるということであった。さらに明らかになったのは、オーディエンスのメディアテクストに対する利用法の多様さである。それは別の人生実践の仕方であったり、職場での論議の基礎であったりしている。言い換えれば、オーディエンスによるメディア消費は、特定の番組やニュースとなる記事の即時的消費をめぐって、あるいはそれを超えて有用性をもったのである。この局面はまた、別の方法の実践をいっそう発展させることを確実にした。それは量的アプローチを離れ、オーディエンスの生の体験のより微妙な違いを理解する方向に向かうものであり、個人の意味形成過程や信念構造を丹念に調べて明らかにすることを可能にする、より質的なアプローチを必要とするものであった（Hall 1980、Morley 1980参照）。これらの新たな方法は、家族はどのようにテレビを見ているのかを観察したり、誰がリモコンを握っているかを調査する戦略を含んでいた。マクウェルの主張によれば、この局面が私たちの効果理解に寄与したことは、次の二つの広い意味を含んだ重要な命題の存在を示したことにある。一つは、「フィクションによってであれニュースによってであれ、一定の推論可能なそして型にはまった仕方でリアリティのイメージを形づくることによって、メディアは社会の構成（social formations）と歴史それ自体とを構築する（construct）ということである。そして第二は、メディアから提供されたシンボル構造との相互作用を通じて、諸

オーディエンスからなる人々は自分自身で社会的リアリティに対する自己の見解とそのリアリティのなかでの自分の位置を**構築する**[補足2]ということである」(McQuail 1994, p.331)。こうしてメディアの影響は、全能か無能かの連続体上で変化するものであろう、そしてその影響は、記号の消費者である個々人としての私たちが、メッセージに対する私たち自身の関係、私たちの経験、私たちの背景そして私たちの信念という諸点からみて、その連続線上のどこに位置しているかによって決まるのである。

　マクウェル（1994）は、オーディエンス効果理論における移行を理解するための有益な道筋の一つを提示しているが、それだけが役に立つ唯一のモデルなのでは決してない。たとえばパース（Perse 2001）は、効果の程度でなくてタイプを調べることによってこの現象を考察する別の道が拓けることを、主張している。その際彼女は、このようなモデルは**影響**（affect）[用語5][補足1]という高度に複雑な過程のほんの一部の説明を提示できるにすぎないことを、重視している。したがって彼女が述べるには、効果（effect）に関して次の四つのモデルが存在している、すなわち直接的、条件付、累積的そして認知的－相互交渉的である。

　直接的効果——この効果は、一般的に短期的で検証可能なものである、そして次のオーディエンスの存在を当然なものと前提にしている。つまり「隠されている」メディアのメッセージを問題にすることができない受動的なオーディエンスや、自分の行動に及ぼすメディアのインパクトを意識しないオーディエンスである。

　条件付効果——この効果は、オーディエンスメンバー個々人の先有傾向[4]、個人的特質、信念体系を随伴条件としているが、オーディエンスがあるメディアテクストのどの側面を進んで受け容れるかを決定できる能動的行為体性をもつことを認めている。

　累積的効果——このモデルの提唱する効果とは、次のような内容である。つまり、個人はあるメッセージを消費するが他はしないという折衝や決定をする潜勢力を持ってはいるものの、メディアはある種のメッセージをたっぷりとしみ込ませており、その主題反復がオーディエンスの意識的行為体性を破滅させる、という内容である。

　認知的－相互交渉的効果——このモデルは、メディア効果をメディア内容に対する個人の連続的認知反応として理解している。そして「プライミング」概

念を利用して次のメディア効果の提唱をしている。オーディエンスは〔先行するメディアのコンテクストによって、後続するある種のメディア内容を〕注目したり、記憶したりする準備が整えられ（primed）、その結果他の内容ではなくある種の内容によって影響を受ける潜在的可能性がある〔プライミング効果〕。この効果の相互交渉的側面は、メディア効果を理解するうえでメディア内容およびオーディエンスの特質の双方が重要である、という事実を指摘している。

　パースのメディア効果分析は興味深いものであるが、メディア効果に関するよく知られたいくつかの解釈と彼女のタイポロジーとの関係をみると、両者に実質的差異はない。しかし、メディアの内容とオーディエンスの姿とを結合した視点から効果を理解しようとする彼女の主張には独自性があり、強い説得力がある。大半の研究は、内容かオーディエンスのどちらかを考察する傾向があるのに対し、この両者を結合したモデルは、原理上遙かに包括的な分析を提示できる。だが、オーディエンスを受動的に編入されるものとするか、それとも能動的に対抗するものとするかというオーディエンス効果を解明する正統派を超える（あるいは多分それに並行した）、今日的研究者の新たな動きがある。その動きはスペクタクル／パフォーマンス・パラダイムの構築によってもたらされている。このオーディエンスに関する新たな考え方の推進者たち、たとえばアバークロンビーとロンガースト（Abercrombie and Longhurst 1998）たちは、「オーディエンス」は、一定のメディアや内容の領域に限定して狭く捉えるのではなく、もっと広く捉えるべきだと信じている。そのためには、オーディエンスであることはごく「日常的」なことでありしたがってオーディエンスは多様性に富んだパフォーマンスを（テレビ、新聞、映画、ラジオショーなどの消費を通じて）目の当たりにしていることを、もっと豊かな洞察力を持ってしかも総体として理解すべきである。その理解のためには、メディアがたっぷりとしみ込んだごく当たり前の世界となってしまっている、**メディアスケープ**[用語51]の総体と結びついた私たち／彼（女）たちのアイデンティティの目線からみなくてはならない。方法論としてアバークロンビーとロンガーストが賛同しているのは、**エスノグラフィックな**[補足3]研究パラダイムである。それは、オーディエンスと効果に対してこれまで試みられてきたものより、遙かに包括的なアプローチである。

　言うまでもなく、メディアの影響（influence）の理論（そしてその不在の理論）は、これまでずっと発達してきている。しかし依然明白であるのは、多く

の人々、とくにそのうちの広告主、政治家はメディアは影響力を持っているとまさに信じているし、それゆえ影響があるかどうかの議論は少なく、どのくらいあるかの議論が多い。そしてケアリー（Carey 1988）が指摘しているように、重大な社会的移行期や新たな社会現象の発展期には、マスメディアは非難の的になりやすいが、マスメディアがどの程度この社会的移行を構築しているのか、あるいは単純にその進歩を報道しているのかは、主要な研究論争点であり続けている。

　しかし歴史上の重大な時期には、先に述べたとおりたとえば戦争やその他の武力紛争の展開をめぐって人々に情報を伝えるうえで、メディアは確かに影響力がある。しかし精密に描き上げるうえで（困難ではあるが）重要なのは、何が「議題（agenda）」となっているかをメディアが構築し、それゆえに影響を及ぼしている、その範囲なのである。どのようにしてニュースメディアは政治家によって動員されているかを調査し、ニュースメディアの議題設定戦略を明らかにするという問題は、5章で扱われているので、ここで重ねて詳しく述べることはしない。私たちが主張できるのは、大多数のメディア研究者たちは、マスメディアには何らかの効果があることを認める点で最小限の同意をしているだろうということである。しかしここで肝心の点は、メディアが効果をもつのは、単純にそれが存在するからだとしていることである。他方これに対してメディアは権力を持っていることを提唱して、それが単に「存在する」からというよりその効果はもっとずっと計画的であるという考えも存在している。オーディエンスとメディア効果に関する広汎な理論的展開をある程度検討し終えたので、何十年もの間「効果」の論題を支配してきた中心的主題の一つへと考察を転じたい、すなわちそれは暴力の調査である。

4　暴力的影響[用語5]

　新聞やテレビなどのメディアがどのように犯罪と暴力を取り扱い、処理してきたかは、メディア研究者の長年にわたって変わらぬ強い関心事である。その主要な理由は、オーディエンス、とりわけ子どもたちがそれをまねる潜在的可能性があるからであった（Schlesinger 1991、Paik and Comstock 1994、Wilson et al. 1997）。1950年代半ばに行なわれた初期の二つの研究、ヘッド（Head 1954）スマイス（Smythe 1954）は、いずれも子ども向け番組での暴力行為は、一般向けでのそれの3倍に達すると主張している。その後何十年間にわたる類似の研究は、テレビ暴力の実際のインパクトではないにせよ、量的なパターンと動向

とを繰り返し精密に描こうと努めてきた。しかし初期の研究者たちは、そもそも暴力行為を構成するものは何かを計量目的に沿って定義を下すことを、しりごみしてきた。これに対してジョージ・ガーブナー（**培養分析**[用語36]参照）の一連の著作は、この分野で受け容れられている標準的規定の一部となっているが、その学者の定義は次のとおりである。

　……自己や他者に向けられた物理的力の明白な表現、当該者の意に反して危害を加えられたり殺されたりする苦痛を与えたり、実際に危害を加え殺す実力行使の行為。危害を与え死に至らしめる力の表現は、ドラマでシンボル表現をとっていても確かに暴力であり現実性があるのだ。ユーモアに富みばかげた暴力で、喜劇的効果が当然と思われても、それはやはり暴力として確かであり、現実性がある。(Gerbner 1972, p.31)

　1980年代と90年代を通じてガーブナーの著作とアメリカでの同僚の著作で（たとえばGerbner et al. 1995、Cole 1996）示されていることによれば、20世紀末の動向として地上波テレビの単純暴力量は、減少しつつあるが、非地上波番組では増大しつつある。この増減両面をもった明白なパターンの正確な理由は当面明らかでないが、アメリカ産の番組における暴力比率は、他の工業諸国の制作に比べて有意に高いと思われる（Takeuchi et al. 1995）。レンタルのホームビデオ内容に関するアメリカ・カリフォルニア大学ロスアンジェルス校（ＵＣＬＡ）の研究によれば、1995年～97年までのモニター期間中に50％以上のレンタルが大変多くの暴力を含んでいるため、もしプライムタイムのテレビで内容がカットされないまま放送されていたら、懸念は高まったであろうという結果を見出している（UCLA Center for Communication Policy 1998）。
　メディアでの暴力発生状況にまつわる問題は、犯罪の統計的実証と完全に矛盾しているということである。アメリカにおいてさえ犯罪率は上昇でなく減少している（Bureau of Justice Statistics 1998）。肝心な点は、なぜテレビの暴力マテーリアルの量が問題なのか？ということである。なぜ私たちはその測定をし輪郭を精密に描くことに関心を抱くのか？　そう、明らかに次の信念が存在しているからである。すなわち、暴力を見ることと暴力を「実行すること」の間、暴力内容のテレビ番組を視聴者が消費することとその後に現実の生活のなかで現実の人々に暴力的犯罪行為を犯すことの間に、ある種の因果関係が進行しているという信念があるからである。したがって次のことは奇妙である。テレビ暴力の初期の研究は、ほとんどすべてが放送内容を対象にしていた。テレ

ビの光景に現れる特定の行為を数え、テレビの攻撃行動を大衆に向けて表示するうえでどの領域、どのメディアがもっとも非難に値するかを明らかにし、一定期間のなかでどの領域がより望ましいか、望ましくないかを明らかにしてきた。そして視聴者の反応を調べることはしなかったし、したがって影響を調べることもしなかった。

　メディアの暴力的内容は社会における暴力存在の一因となるという一般の人々の信念は、次の事柄によって維持されている。つまり、犯罪者のメディア利用の逸話的な報道、犯罪率とメディア上の暴力とが結びついているという単純な信念、メディア内容を「そっくりまねた」とされる犯罪報道、それに非常に人目につく調査結果の公開。(Perse 2001, p.199)

これらの研究では因果関係が、暗黙の内に含意されていたことがしばしばあったが、実際のオーディエンスについてその因果関係の強度が「検証された」ことも、メディアにおける暴力の量的動向を実際の生活での暴力の量的動向に対比させて精密に描いて「検証された」ことさえも、滅多になかった。メディア暴力の「現実の」影響可能性と真剣に取り組まなければならないと思いつつそれを渋ってきた原因の一半は、テレビ上の暴力は人々の生活内部に醜く散在している実際の暴力と同一ではないと、承認されてきたからである (Fiske and Hartley 1978, Lichter et al. 1994)。

　私たちがテレビで見ている暴力や激しい恐怖は、実際に生じている暴力、恐怖とほとんどあるいはまったく関係がない……テレビの暴力は「満足を与える暴力 (happy violence)」が過剰に満ちたものであり――素早く生じ、クールで、効果的で、悲劇的結末を伴わないし、どのみち実際の生活や犯罪統計とは縁がないものである。(Gerbner 1995, p.71, 73)

たとえば、家庭内暴力行為の大部分は、知り合いの男性から女性に対して行なわれているし、見知らぬ相手によるレイプは、夫、パートナー、ボーイフレンドによるレイプより実際に少ない。20年以上前の推定によれば、300万から400万人のアメリカ人女性がパートナーから殴られたことがあるし (Stark et al. 1981)、10年以上前の推定で、世界的に見ても全既婚女性の3分の2はその結婚生活のある時点で殴られたことがある (Stout 1991)。英国では2001～02年の間に4人に1人の割合で女性は家庭内暴力を経験した (British Crime Survey for England and Wales 2002)。2002年において、家庭内暴力は、すべての暴力犯罪の25％の、そして殺人の3分の1の原因となっている（Tweedale 2003）。またこの年に63万5000件の家庭内暴力がイングランドとウェールズで発生していたし、その犠牲者の81％は女性であった（Gorna 2003）。

　根拠もないのに正しいと信じられている常識つまり神話に対して相反する他の犯罪事実を挙げると、もっとも一般的犯罪は殺人ではないこと、加害者である黒人より犠牲者の黒人のほうが遙かに多いこと、路上で襲われる老人は若者よりずっと少ないことである。これは実在する犯罪傾向の事実であるが、テレビはこれらの事実のまったく逆を示している。それはテレビの世界がきちんとした結末で終わる興奮とドラマに関するものだからである。テレビはただ稀に、人々の現実生活と人間関係に与える暴力の現実的インパクトを、私たちにかいま見せてくれるだけである。

　このようなテレビの傾向の中身を少しだけ取り出し女性に対する犯罪をメディアがどう描いているかに注意を集中するために、マイヤーズ（Myers 1997）が主張しているのは、非常に複雑な問題点をメディアが単純化する一つの方法が、聖母マリアと売春婦という相反する判断枠組みの持続的な利用であるということである。この判断枠組みの図式に従えば、女性は男性の情欲と暴力の犠牲となる純潔な存在か、それとも自らの行動と行為によって男性の情欲を誘発する罪深い存在かのいずれかである。この二つの中心的題材の反復的利用、マイヤーズの表現（前掲, p.9）で言い換えれば「男性優越主義者のイデオロギー」は、強力な社会的教訓を生む。これらを伝達するメカニズムを通じて、女性がとるに「ふさわしい」行動には限界があること、それを逸脱した行動を行なえば（レイプや殺人という）結果を招きかねないことが、女性に警告される。善良な女性／不道徳な女性という相対立する二項関係からなる構成は、フェミニストのいう家父長制の概念や社会のなかで女性が占めるにふさわしいとされる「位置」に、調和して響きあう（Soothill and Walby 1991、Benedict 1992、Myers 1997）。

　このような分析が提示していることは、レイプする男性は異常な悪漢（したがって「私たち」とは違う存在）として病理現象扱いするメディアの傾向に対する批判である。その批判は、レイプをする大半の人間はその犠牲者のパートナーであり少なくとも知り合いであるという、事実に基づいている。レイプをする人間の原型は、邪悪な日陰者ではなく自分の車を洗っている平凡な男である。しかし報道する事件の現実はごく平凡なことであるがゆえにこそ、暴力に人々の耳目を引き立てるようにしてしまうメディアの性癖がある。現実に暴力

をふるうのは、(大半は) パブにいる男、事務室にいる男、そして子どもに本を読んで聞かせている男である。しかしこの現実はどれもありきたりすぎており、現実味をもってテレビで描くことができない、そして同様に大切なことには、その事実があまりにも身近でありすぎるため大半のジャーナリストはその事実を認めることができない。このような対をなす二つの衝動から、暴力の異常性を誇張しその恐るべき日常性を軽視した形で、暴力について書き、読み、見る行為が誕生する――その結果、暴力の潜在的犠牲者に示すことができるはずのまさに現実的な教訓は、限られたものになってしまう。

しかし事情がどうであろうとも、多様な消費者があるメッセージに対して同一の反応をするという仮定は、もはや支持できない。これは、スチュアート・ホールが**エンコーディング／ディコーディング**[用語7]について種をまいた著作 (Hall 1980) で基礎を固めた視聴者の反応と解釈に関するあやに富んだ説明から明らかである。暴力的イメージへの接触がもつオーディエンスに与える効果に関する議論は、集合的害悪 (Gunter 1985) という意見でその頂点に達するが、そのような主張は信頼できるものではない。こう述べたからといって、暴力を見ることと暴力をふるうこととの間には何の結びつきもないと主張するものでは、決してない。そうではなくて、暴力を見ることと暴力をふるうことという両者の関係強度は極端に固いために、行動に影響を与える一助となるすべての要因を突き止めそのもつれを解きほぐすことは極度に困難だ、ということを提示しているのである。その諸要因とは、個人の性格、背景、人生経験、ライフスタイル、友人関係、病理上の諸要因、他の文化的影響との接触と享受などである。

一般の人々には、間違いなく直接的な因果関係が存在するという信念がある。その関係に関する動かし難い証拠も、漠然とした証拠もないのにもかかわらずに信念はあるのでかえって事態は目につきやすい。そしてその信念の存在が、アメリカやその他の地域でテレビの暴力的マテーリアル量の制限をしようとする立法措置への支持の動員を、どのようにして可能にしてきたかに注目することは、興味深いことである。一方では、現実生活での暴力や攻撃行動発生の唯一の、あるいは必然的に主要な要因としてでさえメディア暴力を選び出すことはこれまで不可能であったが、それが一つの要因であることは確からしい。ドナースタインたちが (Donnerstein et al. 1994)、攻撃行動と結びつく可能性が最も大きい暴力的メディア内容の主要特質は何であると考えるかを要約しているが、それは有益なことである。すなわちメディア暴力が次のような場合が主要特質に該当する。

―罰はなく〔金銭、是認、地位などの物質的、精神的、社会的〕報酬がある
　―正当化されている
　―日常生活の諸側面と調和している
　―害を与えようという意図で動機づけられている
　―現実的である
　―感情を喚起する

そして暴力行為の加害者が次の場合、
　―特定の視聴者に似ている
　―あの視聴者だと見分けることができる。

　ドナースタインたちが一連の特質のセットとして暴力メディアを考えることの有効性を示してくれたが、その有効性は最近の「National Television Violence Studies」（Wilson et al. 1997, 1998を参照）の知見にきっちりと含まれている。その知見によれば、攻撃行動が正当化されていることを認知すると、それは暴力行動を続いて引き起こすインパクトになるという。こうして、「正当化された」暴力を見ることは、攻撃する正当性の「許可」を視聴者自身に与えるようである。これに対して正当化されない行為を見ると反対の効果を与えることがあり得る。子どもと暴力テレビに関する著作のなかで、クルマーとクック（Krcmar and Cooke 2001）は、年齢（したがって視聴者が頼りにしなければならない経験の範囲）が暴力行動の正悪に関する認識に重要なインパクトを持っていると主張している。低年齢の子どもは、罰を与えられた行為より罰を与えられない行為のほうが「より望ましい」ものと考える傾向が大きいのに対し、高年齢の子どもは、たきつけられて引き起こした暴力のほうがそうでないものより許容できると考える傾向が大きい。アメリカにおける10～12歳の子どもを対象にした実験研究によれば、武器を持った犯罪者が殺される（つまり暴力行為が負の結果を招く）表現は、武装犯が「武器を持って逃走する」場面より模倣行動の禁止力がより強い。
　連続的に実施された世論調査結果が示してきたところによれば、大半のアメリカ人が信じていることは、犯罪の発生に及ぼすテレビの影響は重要なものとしているか、評論的なものかのいずれかである（US Department of Justice 1994, p.222、Fowles 1999, p.13の再引用）。この議論が分かれる領域で、他人には影響しているが、自分には影響しないという第三者効果論（Davison 1983、McLeod et al. 2001）がとりわけ強い。そしてホッフナーたち（Hoffner et al.

2001）が示したところによれば、暴力映像が他者に与える影響に比べると自分たちに与える影響はずっと少ないと、オーディエンスは信じている。同様にダックとマリン（Duck and Mullin 1995）が見出したことには、視聴者は負の内容（暴力、男女差別主義、人種差別主義の傾向をもったもの）の影響を自分が受けていることは認めない反面、公共奉仕のお知らせのような「良い」内容は受け容れがちであると認めていた。そして逆に、他の人々は「悪い」内容の影響を自分たちより多く受けていると信じていた。このような信念の存在──他の人々は容易に悪影響を受けるが自分は違うという信念──は、数多くの主題を集中的に研究してきた際限ない結果から明らかにされてきたし、またその信念の存在は、自律したそして鋭い眼識力を備えた人間であるとして、自分自身を信頼しなければならないという強い願望の存在を、立証している。

　メディアの暴力的マテーリアルを主題として、1988年～94年までの間に行なわれた一連の米国議会の聴聞会の一つで証言が行なわれているが、そのガーブナーの証言は次のとおりである（Gerbner 1993, p.65）。「わが国は専門家の手により念入りに構成された残忍性で覆いつくされている。その残忍性は世界がかつて経験したことのないものであり、他のいかなる工業国でも生じたことのないものである」。その同じ年に、放送の暴力内容の縮減を企図して九つの法案が議会に提出された。ボブ・ドールとビル・クリントンの二人は、この争点をキャンペーンで取り上げる問題に含ませていた。そのうえクリントンは、親たちは子どもが「不適切な」マテーリアルにアクセスすることを制限できるようにするために、すべての新しいテレビ受信機には「V(violence)」チップ[5]が組み込まれるべきだとまで提案した。Vチップは、コンピュータ上のフィルターと同様に、番組のタイトルがもつ特定の語や用語で（あるいはコンピュータの場合はウェブアドレスで）番組を認識し検閲することにより作動するように仕組まれている。

　興味深いことに、一部の人々は、メディアの暴力は現実の暴力より模倣させる力が強いと信じている。たとえば1999年4月20日に起きたコロラド州デンバーのコロンバイン高校での射撃事件後の第106回議会は、銃利用について何の行動も起こさないことを決定したが、主にVチップ利用の考えを再活性化して暴力的メディア内容へのアクセスを制限する計画を持続することに同意し、今回は13インチ以上のスクリーンをもったすべてのテレビ受信機にはVチップを取り付けることを明記した（Perse 2001, p.197から引用）。19人の子どもと先生とが殺されたコロンバインのぞっとするほど恐ろしい事件は、大多数のメディアによって二人の青春期の殺人者が暴力的ビデオゲームで抱いた「妄想」

の悲劇的結末として報道された。次の新聞の見出しは「社会」が誰を責めているかを明白にしている。「学校で大虐殺を受けた家族、暴力ゲームの創作者を告訴」(*The Independent*紙、1999.6.7付、3面)。このような反応は、2歳の子どもジェイムズ・バルガーちゃんの殺害[6]によっても引き起こされ、殺害した二人の思春期の少年たちもまたメディアの暴力的マテーリアルの虜になっていたと報道されたことに、反映している。この場合は映画『チャイルド・プレイ3(*Childs Play3*)』が殺害と直接結びつけられた。

　ジェイムズちゃんの残酷な死に促されて1998年に英国内務省は、暴力的メディアのインパクトに関するさらなる追求調査を行ない、最終的には、直接的原因とするには至らないがある結びつきは存在するということを間違いなく示唆する、とくに驚くことはない研究結果となった。新聞の見出しはやや綿密さを欠く次のようなものである。「映画の暴力とティーン犯罪の結合　映像をめぐるやっかいな論議の新たなもつれ──「傷つき易い」若者が映画殺人から影響を受ける可能性」(*The Gurdian*紙、1998.1.8付)。ここで目立つ語は、「傷つき易い(vulnerable)」と「可能性(may)」で、いずれも議論と論争の余地を含んでいる。しかし私たちが理解する必要が間違いなく存在するのは次の点である。つまり、軽率にもメディア暴力を模倣したり、それによって堕落させられたり腐敗させられたりする好ましくない性向を視聴者たちがもっているということへの関心は、決して事新しいものではないし、書籍、雑誌、そして新聞の暴力的メディア内容を防止しようとする努力は、少なくとも19世紀末以来継続してきている、という点である。

　当時と同様今でも、メディア内容を制限しいっそう規制することに反対する主要な議論は、言論の自由に関するものであり(Gunter 2002)、同時にその議論はメディア内容の消費者は攻撃的なマテーリアルに対してスイッチをきったり、読まなかったり、耳を傾けなかったりする力を持っているという強い訓戒と、しばしば結びついている。最近産業界から資金を得た効果研究のプロジェクトで研究者たちは、次のように主張している。過剰な暴力描写は全放送事業者の犯罪として非難するのは誤りである、なぜなら最悪の暴力過剰番組は、視聴ごとに料金を払うチャンネルや子どもたちが視聴しそうもない時間に、最も多く見られているからである(Gunter 2003)。一方ではこのような研究を放送産業界の単なる宣伝として単純に退ける気になりがちではあるが、他方産業界内部で意見が分かれている点を認める必要があることは間違いない。

　ともあれ、社会と政府が表明している関心に対応して、傷つき易い(子どもたちのような)視聴者が暴力的マテーリアルにアクセスすることを制限する戦

略がとられているが、その効果を査定することは困難である。たとえば映画分類の基準は産業の側から繰り返し問題にされている。その根拠は、分類する委員会のメンバーたちは現実と接触していないし、趣味や良識に関する一般の人々の理解とも、また年齢が異なるオーディエンスが「受け容れるにふさわしい」マテーリアルとも、接触していないということである。最近の研究が明らかにしたところによれば、産業の側はアダルト／暴力／セクシャルな内容を正確に反映して番組を分類することをしぶっており、それによってVチップテクノロジーの効果が厳しく限定されている（Kunkel et al. 2002）。

5　子どもの遊びとしての暴力

　暴力をまねることをめぐる論議が続いているが、この領域での研究は相反する結果を示す傾向にあるために、その論議はしばしば入り組んだ様相を示している。つまり因果関係を示すそれぞれの研究に対して、それに反対の結論を示すものがあり、結局は証拠によって結論を出すことができないのである。この原因の少なからぬ部分は、研究が異なると研究の焦点、コンテクスト、サンプルのベース、年齢コホート、そして接触時間が異なり、実質的に異なる分析と解釈とがもたらされてきたことにある。したがって相互比較の視点を展開しようと試みたり、信頼できる結論に到達しようとすることには、高度の問題性がはらんでいる。暴力内容のビデオゲームと攻撃行動との間の因果関係が間違いなく存在すると信じる研究者（Irwin and Gross 1995、Ballard and Lineberger 1999）も数多く存在するが、その反対を信じる研究者（Cooper and Mackie 1986、Graybill et al. 1985、Scott 1995）も同様に数多く存在している。諸文献を再検討した人でさえ、因果関係の存在を肯定も否定もできないでいる（Dill and Dill 1998、Griffiths 1999）反面、一部には、フリードマン（Freedman 2002）のように効果を示す科学的証拠はまったく存在しないと、断固として主張する人さえもいる。フリードマンが主張するには、暴力的犯罪が減少しているのと同時期に暴力的ビデオゲームが数多く創り出されているという事実があり、この事実に基づくと効果が「違う」方向に働いていることは明らかであるので、一方が他方を引き起こしたとすることができない。

　子どもたちのテレビ視聴と実際の行動とに大変多くの研究が集中している根拠の一部として、「不適切な」メディアマテーリアルから子どもたちはいっそう被害を受けやすくなっているという認識があり、それと並行して彼らの天真爛漫な見方を有害なイメージから守ってやりたいという願望もある

(Buckingham 1993)。すでに検討したＶチップの発達のような政治的、道徳的反応もこのような認識と願望の結果である。感受性の強い子どもたちに対するＴＶの有害な効果に対する関心は絶えることなく喚起されてきた。その関心の範囲は、（思慮に欠いたＴＶの愚かな活動を見ることを通じて）子どもの知的発達が抑えられるという悪性度の激しくないインパクトから、（テレビ、ゲーム、ビデオ、または映画で）暴力行為を見ることが現実生活で暴力行動をひきおこすという論争を誘発しかねない意見にまで及んでいる。この両者の中間に、子どもたちは大人の問題にあまりにも早くから曝されその結果精神的健康に効果が及ぶという心配がある。その心配は、子どもたちはそそのかされて非行者のライフスタイルに染まってしまうだろうとか、相手を選ばず性交するようになるとか（Cohen 1972、Pearson 1983）、暴力に鈍感になり途方もない空想と現実、善と悪の区別ができなくなることがあり得るという心配である。

しかし、大変若い人たちでも潜在的に有害なメッセージに関する思考と解釈の仕方が複雑に入り組み洗練されていることが、きわめて経験的な検証に基づいて立証されている。たとえば、ナイチンゲールたちの若者対象（16歳以下）の研究では（Nightingale et al. 2000）、影響を「受けやすい」視聴者に関して子どもたちが論議した場合、明確に次の三点についての考察が顕著であることが見出されている。まず個人属性（年齢とジェンダー）、内容は途方もない空想か現実的なものか、そして影響を受けやすい視聴者である彼らにとって事件は実際に起こりうるのだという信念。肝心なことには、より年上の（社会で中心となる）人たちと同様に若者たちも際だった**第三者効果**[用語27]を示した。つまり自分個人の影響の受けやすさはみくびって考えるが「他の」人々とくに自分たちより年下の子どもたちは影響を受ける可能性があることを認める（Buckingham 1996）、すなわち主要な「害悪」はホラー映画やニュース番組によっておびえたり、不安になったりすることである。

子どもへの影響に関する多くのオーディエンス研究は、とくにテレビゲームを集中的に研究目標としてきたが、その大きな理由として、人気が高いこと、相互作用（つまりしばしば他の子どもとの）付き合いという社会的コンテクストがあること、ビデオ体験の可能性がありしたがってコンピュータ利用を必要とするゲームより利用の可能性が高いという事実を挙げることができる。テレビゲームの暴力的内容は、10年以上にわたってそれが及ぼす影響への関心を喚起してきた。つい最近の2000年には、大人の同伴でない限り18歳未満の子どもが暴力的な内容のテレビゲームで遊ぶことを禁止するキャンペーンが展開され、インディアナポリスの市長はその運動の先頭に立った（Sherry 2001, p.410から

引用)。暴力的なテレビを見るのと暴力的なテレビゲームで遊ぶのとでは多かれ少なかれインパクトは同じだとして、両者を結びつける考えがあるが、同時にこの二つの様式の間には明白な違いがあり、その違いをめぐって作用、集中度そして現実性の諸点の相対的重要度についていっそう感受性を鋭くして分析することが求められている (Dominick 1984)。

　テレビゲームでの遊びは、高度の積極的集中が求められ、〔他の活動をすることと併存困難で〕競合的であり、身体への要求も厳しく、内容はしばしば高度に抽象的でしかも暴力は時にアニメと同じ空想的性質を持つ。テレビと映画の影響に関する数多くの研究が示していることだが、オーディエンスの暴力的反応とメディアのストーリーのもつ現実性、信用可能性の程度とが相関しているとすれば (Atkin 1983参照)、〔ゲームには独自の影響の存在も考えられ〕ゲームというジャンルがまさに原因となってゲームの暴力の影響は質的に異なることはありそうなことである。暴力的マテーリアルを（双方向のゲーム遊びを通じて）見たり利用したりすることがどのようにして暴力的行動を引き起こす元となるのかを説明しようと試みている主要理論は三つであり、いずれも社会心理学を引用したものである。大別すると次のようになる。

　　—社会的学習（social learning）
　　—喚起（arousal）
　　—プライミング（priming）[7]

　これら三者のうち、最初の社会的学習理論は影響モデルにおいてこれまでもっとも頻繁に引用されてきたもので、〔金銭、是認、地位などの物質的、精神的、社会的〕報酬が大きい活動ほど模倣され学習されるという考えを提唱している。テレビゲームの場合、ゲームのキャラクターと自分とを同一視してプレイヤーであり同時にオーディエンスであることに密度高く没頭すると、とりわけ報酬のある策略を「それと知らずに実行に移してしまう」ことが助長される。たとえば「敵」と戦いやっつける特徴を持ったアクションではその傾向が避けがたい。特定のコンテクストにおける攻撃的メディア内容の利用がもたらす喚起効果は (Zillmann 1988参照) 次の結果を示す。つまり攻撃的プレイの刺激は、際だった攻撃的性格や先有傾向をすでに持っているオーディエンスの攻撃的先有傾向を活性化し、ついで促進する (Brody 1977、Ballard and Lineberger 1999)。プライミングは喚起と類似しているが、次の点が異なる。すなわち、攻撃的思考から攻撃的アクションへの変質が、導火線がつけられた (to be primed)かのごとくに特発されるには、潜在的攻撃傾向があらかじめ存在している必要はないという点である（Jo and Berkowitz 1994）。

　ヨーロッパでは暴力的テレビゲームへの関心が高まり、結局は立法措置への動きとなった。2003年4月から欧州連合（EU）内で売られているすべてのコンピュータゲームは映画と同様に特定の等級を付けねばならない。その等級は、規制をする人たちがそのマテーリアルの利用にふさわしいと考えたプレイヤーの年齢と関係している（Ahmed 2003）。その結果、暴力や性的内容を含まないゲームは3＋と等級づけられ、それ以外は8＋、12＋、16＋、そして18＋と次第に等級が上がる。英国ではこの等級システムをはみ出すほど暴力的なコンピュータゲームは、映画法に基づいて設立された全英映像等級審査機構「British Board of Film Classification」から規制を受け、禁止もあり得る。禁止されたゲーム販売に対する罰金は目下のところ（2003年時点）無制限であるが、他方ではこの業界の上げうる利益は約40億ポンド〔日本円概算9000億円〕と推定され、危険を冒しても作ろうと一部のプロデューサーを唆すに十分な額となっている。

　ここで付言しておかなくてはならないのは、暴力的マテーリアルを見ることはカタルシス効果があると提唱する対抗的理論があるという点である。この理論はおそらく数十年前フェッシュバッハ（Feshbach 1955）が創始したものであるが、彼は、暴力が虚構として演じられるのを見ることによって暴力的感情は害を及ぼすことなく解消されうるという論を主張した——以下のセクションを参照のこと。だが、**カタルシス**[用語9]理論は広い支持を受けてはいないが、この研究は断続的ではあれ台頭し再三にわたって論争の中心となっている（たとえばFowles 1999）。

6　暴力は本当にそんなに悪なのか？

　暴力を見るのと行なうのとの間には、「正の」関係があると読み解く人はもちろん、より複雑な関係があると指摘してきた解説者もきわめて少数しかいなかった。それがテレビ暴力反対団体勢力の状況だった。しかし熱心に注意を促す意見は過去10年あまりの間に増大してきた（Cumberbatch and Howitt 1989、Gunter 1994、Gauntlett 1995, 1998）。今や大きく口を開けて驚くほどの証拠はなくても、〔暴力を見るのと行なうのとの〕結びつきは議論の余地がないほど真実だとおきまりのように主張をする人さえいる。たとえば「テレビ暴力が攻撃性増大のような負の行動の原因として関係しているということに、もはや疑い

はない」(Krcmar and Greene 1999, p.30) という意見である。

今日大半の研究者は、因果関係について、より控えめな主張を繰り返している。しかしきわめて率直で異端の意見は、ジブ・ファウルズのものである、彼は、テレビの暴力、とりわけ子どもや若者を対象にしそれらの人々に見られている番組の効果は、反社会的なものではなくカタルシスであると、15年以上の間主張してきている。ファウルズ (Fowles 1999) によれば、暴力的表現を消費することによって、(主に若い) 視聴者は緊張と敵意を解消することと、アニメを含む暴力的イメージを現実世界に対する「防御剤」として利用することができる。確かなことは、彼の意見はテレビ暴力を「支持」して発せられた数少ない意見の一つであり、そして彼の最近の著書題名──『テレビ暴力の擁護』(*The Case For Television Violence*, 1999, 邦訳なし)──が示していることは、彼の支持が単にテレビ暴力に対する激しい非難と複雑性の主張との「欠如」で構成されているものではなく、テレビ暴力が恩恵をもたらすという望ましい学習効果の承認をきわめて多く含むということである。公共「財」としての暴力という彼の主要な主張を質的に補強するため彼が見出しているのは、憎悪や命に関わる暴力行為を子どもたちが引き起こす刺激となっていると、誤った非難を浴びてきた数多くのテレビ番組の例であった。批評家たちがいうには、これらの行為を若者たちが行なうのは、人気番組に出てくる好みのキャラクターや特定の話の筋の模倣行動としてであるが、ファウルズが誇らしげに明らかにしているのは、特定の番組がこのような作用をしているという疑いを、時にかなり後になってからであるが、晴らしてきたことである。

1970年代から一つの例をとると、『ボーン・イノセント (*Born Innocent*)』(1974) という映画は、一人の若い女性が四人の女性から木材で暴行を受ける内容であるが、この映画がテレビで放送後、日ならずして生じた一群の女性による類似の暴行の引き金になったとして、引き合いに出された。犠牲者の母親がNBC (映画を放送した放送事業者) に対して起こした訴訟は、首謀者はその映画を観ていなかったことが判明した後、取り下げられた。ファウルズが挙げているもう一つの例は1993年のもので、5歳の少年が2歳の妹を殺し家族が住んでいるオハイオ州のハウストレイラーに放火した事件である。少年の母親は、少年の放火は『ビービス＆バットヘッド・ショー (*Beavis and Butt-head show*)』というテレビ番組のせいであると非難した。しかし記者が悲劇を調査した結果判明したことには、少年のハウストレイラーはケーブルに接続していなかった──それゆえ彼は定期的な視聴者ではありえなかった──しかもトレイラー・パーク自体がケーブルを敷設していなかった。

ファウルズが主張の正しさを示そうとしているのは、次の点である。一般の大人はテレビが暴力を描くことを日常化していると熱心に批判しているし、番組はその刺激的なマテーリアルの罪を負わせられているが、実際は「反社会的行為全数のうち実際にテレビの娯楽的おふざけが直接的な原因と考えられるものはごくわずかに違いない」(前掲, p.3)。また彼が指摘しているのは、テレビ暴力に関係した原因－結果の連続体が持続的な矛盾をはらんでいるという点である。すなわち諸個人は、テレビにはあまりにも多くの暴力が存在しており、それとの接触は社会の暴力に間違いなくインパクトを及ぼしていると信じており、その結果それと同時に諸個人はテレビの破壊的行為を日常性のなかに固定化しているが、自分はあたかも問題の外にいるかの如くであるということだ。ファウルズにとってこの矛盾した行動は、次のように考えればうまく理解できる。個人は（攻撃に満ちた世界で）攻撃的な行動を「知らず知らずのうちにしてしまう」欲求があるが、しかしそれはテレビセットという安全圏の内でのことであり、広い社会から積極的に認められている欲望である。

　社会には、社会自体の福祉のために庶民のもつ悪意を手なずける必要がある。そして象徴によるテレビ暴力の表現は、この絶え間ない要求に対する20世紀末の反応である。彼自身や彼女自身や他者に危害を与えることなく自ら進んで暴力を見る視聴者は、卑しむべき遊びの空想の産物や危険をものともしない剛胆な行動に夢中になり、その後そんな行動を思いとどまるようになり、そうすると精神状態も改まって人間が生れ変わる。(前掲, p.119)

　これは場合によってはもっともらしい主張であるかもしれないが、ファウルズがテレビ効果に関する他の多くの研究で批判しているのとまったく同じ欠陥を悩みの元としている、すなわち、彼自身の経験に基づく信念とテクスト解釈以外に何らの経験的証明を提示していない。さらに「空想の産物（phantasm）」と「剛胆な行動（derring-do）」というような用語を用いているが、それらはごく通常、途方もない空想（fantasy）と胸が躍るような冒険（adventure）を連想させる用語であり、それらを用いることによりファウルズは、かなり多くの極度に暴力的な番組、映画、そしてゲームを穏健で温和なものにし、結局は無害なものであるとしている。こう言ったからといって、私は事実としてこのようなマテーリアルが危険であると主張しているのではない。しかし、認めざるをえないような経験的証明を根拠にすることなく自分自身の理論を根拠にして有害ではないと、ファウルズのように単純に述べるのは、や

はり異論のあるところである。

　同様に重要なことは、ファウルズの理論では暴力メディアの視聴者を男女で区別していないことである（それにマテーリアルに視聴者がどう「対処している」かという内容も識別していない）。模倣行動に対する関心の多くは少女と若い女性でなく少年と男性の性癖に集中してきたし、依然そうであるということを考えれば、この男女区別をしていないこと自体驚くべきことである。たとえば、クークナスとマッケイブ（Koukounas and McCabe 2001）が行なった暴力映画のマテーリアルの女性と男性視聴者を対象にした実験では、次の結果が見出されている。すなわち男性は肯定的感情で受け止め、おもしろがり、好奇心をいだく傾向があったのに対して、女性は退屈、嫌悪、怒りを感じがちであった。しかし効果を追求する際には、利用するマテーリアルの「暴力タイプ」にも敏感でなくてはならない。一例を挙げれば、暴力的要素を伴ったポルノグラフィックなあるいは性的に露骨なマテーリアルを見た際の男性の反応（そして見た後引き続いてなされる行動）を測定することに集中した諸研究は、効果に関して完全に食い違った知見をもたらしている。

　フィシャーとグレニール（Fisher and Grenier 1994）の提唱によれば、文献上の知見が矛盾しているのは、用いている方法論の違いとして一部説明可能である。彼ら自身は、暴力的ポルノを見た効果をもたらす条件を作り出そうと男性対象に実験研究を試みたが、そのような効果は見出されなかったのである。デイビス（Davies 1997）もまた次の点を論証している。男性についてわいせつ度の高いポルノへ接触するか低いポルノへ接触するかは、女性に対する一般的態度とも、女性への暴力という特殊な態度とも相関はなかった。他方では、バウザーマン（Bauserman 1998）が見出したところでは、性的に露骨なマテーリアルの「傾向の違い」（つまりマテーリアルは「平等主義的」か、性差別主義的か、それとも暴力的か）は、男性の影響の受けやすさと関連する重要な特徴である。さらにボガートたち（Bogaert et al. 1999）の示すところでは、男性の知能指数はポルノを見たことによる「影響」の受け方に違いをもたらすし、その影響の受け方は視聴後引き続いてなされる女性への行動とも関連している。つまり知能指数が高ければ高いほど、男性はこの種のマテーリアル視聴による（消極的な）影響を受ける可能性が低くなる。

　でも女性と暴力についてはどうか？　アネット・ヒルは、一方のジェンダーに偏った（男性中心の）精神病理としての暴力快楽という位置づけをしている分析把握から、暴力メディアに対する考え方を変える必要を感じている。それで女性たちを、彼女の用語でいえば、「新たな残忍主義」（Hill 2001, p.146）映

画のファンにしてしまうものは何か、という研究に着手している。彼女の論証によれば、クエンティン・タランティーノ監督の映画『パルプ・フィクション』や『レザボア・ドッグズ』[8]に対する女性の関心と快楽は、斬新な話の構成、複雑で凝った物語の作り、それに驚かせる力だけでなく、一連の出来合いものの一部にすぎない暴力的内容をめぐっても同じように大きい。さらに彼女が見出したことには、女性たちは不快感を抱くだろうという「世間（social）」からのジェンダー性を帯びた期待を、女性たちが台無しにして楽しんでしまうだけでなく、自分自身の限界をテストし、思い切って観覧し、そうすれば観覧することで〔世間の期待に〕反抗することになると同様にわくわくすることもあるのだということを見出して楽しんでいるという。次に一例を挙げる。

　『レザボア・ドッグズ』の場合、私がこれまで観たものと全然違っていたし、全体としてとてもわくわくするものだったから、おもしろかった。でも同時にとても不安だったしぞっとするほど怖かった。だからこれは娯楽ものだったけれど、私が楽しいものと思っているのと違う別のものでもあったわ……（映画を観に行った匿名の女性、Hill 2001, p.145から引用）

ファウルズ（Fowles 1999）の提唱したカタルシスという命題に戻ると、この理論の支持者が少数はいる。コムストックら（Comstock et al. 1978）はシェフとシール（Scheff and Scheele 1980）とともにやはり次のように主張したことがある。すなわち暴力的メディアを見ることが顕在的行動のカタルシスをもたらし得るから、それによって視聴者は害を及ぼすことなく知らず知らずのうちに情緒的反応をし、その反応が負の影響を無効にする。クルマーとグリーン（Krcmar and Greene 1999）は、暴力的マテーリアルを見る動機と見た後得られる快楽とをより精密に明らかにしようとする試みのなかで、11歳から25歳までの若者を対象にして現実生活での興奮追求行動と暴力的マテーリアル視聴の重要度との関係を解明した。彼らが見出したことには、実際に危険であることを承知で行動する〔つまり一種の興奮追求をする〕ことを好む者は、暴力的であれその他であれテレビ視聴への関心は低い可能性があり、それは彼らが自分自身を見守る人ではなく行動する人だと考えているからであった。

　他方で、法律違反や社会的に是認されていない活動に魅力を感じているが、実際にそのような活動に関与はしていない人たちは、暴力的コンテンツのマテーリアル、とりわけリアルな犯罪シリーズやボクシング、フットボール、ホッケーなどの試合中に選手の相手との身体的接触が認められているスポーツ

を見る可能性が比較的大きかった。言い換えると、真正のスリルを追求する人たちは本物の興奮の体験を欲し、それほどでもない冒険のファンは間接的な（媒介された）興奮という本物の代わりの楽しみで自己満足しているのであろう。このような見方は、ファウルズ（1999）のカタルシスとしてのテレビという概念と食い違うものではない。なぜなら若者には実際に体験する必要はないのに知らず知らずのうちに危険なことをしてしまう傾向があるように見えるからである。これと対照的に、ハーゲルとニューバーン（Hagell and Newburn 1994）のティーンエイジャーに関する研究では、少年犯罪を犯した者と犯していない者との間で暴力的なテレビ視聴と映画観覧の好みの実質的な差異は、まったく見出されなかった。このような対照的結果は、一連の効果研究で見出される厳しい矛盾の再三にわたる立証となっている。

7　効果／影響という難問[補足1]

　この章で説明しようとしてきたことは、「効果」の支持者と反論者とがマスメディア研究として因果関係（cause and effect relationship）の議論をいかに執拗に続けてきたか、ということである。だが、原因と結果の関係が送り手と受け手（the sender and the receiver）との間に間違いなく存在するという明白で立証済みの証拠はないことは明らかであるにもかかわらず、有害という「負の効果」があるとの命題の支持者たちは、因果関係について強硬な主張をすることがよくある。ごく最近公刊されたいくつかのアメリカにおける研究のどれもが明快に述べていることは、すべてのジャンルとチャンネルにおける（並でない）量の暴力的テレビマテーリアルは、とりわけ子ども期の模倣行動からみて、また社会的脅威感と恐怖感からみて、社会に危険な結果をもたらしている、ということである（Smith and Boyson 2002、Smith et al. 2002、Wilson et al. 2002参照）。しかしこれらの研究はすべて番組内容（content）にのみ集中しオーディエンスの知覚（perception）には焦点を向けていない。したがって彼女らの因果関係に関する強い主張は、実際にはただ思索的で自分自身の個人的信念と関心とから導かれたものという傾向をもっている。だがこのような限界にもかかわらず、これらの研究者たちは依然として次のように主張する。「今もなお（テレビのインパクトに関する）活発な議論が続いているにせよ、40年以上にわたって蓄積されてきた社会科学研究は、テレビ暴力が視聴者の攻撃的行動の一因となることがあるということを、きわめて明確に明らかにした」（Smith et al. 2002, p.84、傍点は著者）。この「ことがある（can）」という語をここで用い

ることは、この主張をまったく無意味なものにすると同時に、もしスミス氏が〔テレビ暴力と攻撃行動との間に一方が増えれば（減れば）他方も増える（減る）という〕正の結合があると信じる傾向をすでにもっているなら、読者はそれを読み落とすほど控えめな表現にしてしまっている。

　だが、議論の余地のない証拠など実際には存在しない。にもかかわらず多くの研究者は自信を持ってその証拠の存在を主張しているが、それは容易に偶発的なことが生じるという条件の下での主張である。他の人とともにヴァインは（Vine 1997, p.126）、この偶発性の容易さを問題にする必要を感じている。彼の主張は説得的である。つまり議論の核心はメディアメッセージが効果を持っているかどうかではない——メッセージは効果を持っている、どんなに不本意でも——問題は「どんな種類の効果が生じているのか（そして）どのようにしてその効果はもたらされたのか——さらにその結果の有害性が適切に判断できるかどうか」なのである。決定的に重要なことは、彼が、反社会的なあるいは危険な行動の主要（外在的）原因となる要素として——暴力的テレビ内容という——単一の要素を理解することに、反対し戒め、いかなる時でも多様な**外生的、内生的な諸効果**[9]がともに作動するとしていることである。

　効果の範囲は、年齢、ジェンダー、エスニシティー、そして階級などの個人的属性——ジェンダー属性はとりわけ重要である——によって制約を受けているだけでなく、ジャンルの問題もまた重要である。たとえば、いくつかの研究が示すところによれば、戦争のニュース報道という形での「現実の」暴力放送は、アニメ化された攻撃行動を見るより遥かに大きく精神的健康を損なう（Cantor 1994）。ファームストーンは、現実に基づくテレビメディアの暴力内容に対する視聴者の態度を研究した諸文献を再検討したが（Firmstone 2002, p.49）、彼女は知覚に影響する一連の諸特性を次のように見出した。

A）親近性——視聴者が犠牲者の心境になることができた場合には、暴力は視聴者の心の平安をいっそうかき乱した。
B）確実性——視聴者はどのようにしてその状況が終了するのかを知っておりまたその社会的コンテクストを理解していた場合には、ショックを受ける可能性はより低かった。
C）正義——視聴者は犠牲者が「その暴力を受けてもおかしくない」と考えた場合には、ひどい暴力も許容した。
D）大量性——過剰な暴力を用いて主張の正しさを立証しようとした番組には、視聴者は心の平安をかき乱された。

テレビにおける暴力と犯罪の度合いが増してきた結果、一般の人々の間で恐怖の雰囲気が広がっている。しかもその広がりはいかなる種類の統計結果や実験の結果をも反映していない。たとえば、英国での継続的調査によれば、一般の人々がもっている犯罪への恐怖や犯罪活動の犠牲者になるのではないかという恐怖は、実際の犯罪発生率と無関係である（British Crime Survey のような「英国犯罪年次調査」を参照）。しかしもちろん、ニワトリが先かタマゴが先かというおきまりの状況がここでもある。一般の人々が見たがっているから「リアルな犯罪」番組が蔓延しているのか、それともそれらが放送されるからオーディエンスはこのような番組を見るのか？　いずれにせよ、このような番組をめぐって病的な魅惑がある。それは事故現場で首を長くしてのぞき込む物見高い見物と類似している。

しかし、諸々のメディアを未分化のひとかたまりとして見ることは、実際にはできない。テレビは新聞とは別にして、ラジオはインターネットとは別にして考えねばならない。それはそれぞれのメッセージがおそらく（そしてしばしば実際に）違うからだけではなく、各メディアの目的も違い表現の発し方と受容の仕方の様式も同様に違うからである。テレビあるいは新聞という一つのカテゴリーのなかでさえ、「影響」が分化しているという観点から考えてみた時、フィクションとドキュメンタリーの間、小型のタブロイド版の新聞とその倍の大きさの新聞の間、午後の放送と深夜放送の間、成人向けと子ども向けの間では、数多くの微妙な違いがある。皮肉なことには、私たちの犯罪への恐怖それ自体が、犯罪関連のマテーリアル、とりわけ『クライムウォッチＵＫ』や『アメリカズ・モースト・ウォンテッド』[10]（Gunter 1987参照）のような「現実をベースにした」再現中心のシリーズものを消費したいという小さくないむしろ大きめな願望を、はっきりと示しているということがあり得る。これはこのような番組を見ることに固有の逆説があるからである。つまりシュレジンガーたちが（Schlesinger et al. 1992）その研究で説得的に立証したように、このような番組を見ることは個人の安全性に対する恐怖を募らせると同時にまたそれを減少することがあり得るのである。女性視聴者対象の調査でシュレジンガーたちが見出したことには、『クライムウォッチ』で恐怖を減少した女性もいれば増大した女性もいたのである。たとえ、女性に向けられた暴力のメディア報道が女性のもつ安全意識を高める一助となっていると女性たちが考えたにしても、このような報道はまた、犯罪の犠牲者になる危険性に対する女性たちの恐怖心も高めたのである。ファームストーンの著作は（Firmstone 2002）、自分自身が犠牲者になることが想像できる場合にはテレビで放送された暴力に関

する女性たちの心配は増すという結果を示している。さらにモリソン（Morrison 1999参照）によれば、「汚れを知らない」犠牲者に対して不釣り合いな力を加害者が持っていることを描写すると、それは多くの視聴者に対してとりわけ苦痛の種となる。

　これらの相反する研究結果は、因果関係論争のつかみ所のない性質を再三にわたり立証していると同時に、オーディエンスの条件依存的性質をも強調している。すなわちわれわれはすべて異なる存在であるし、同一のメディアに対して異なった解読を間違いなくしている。したがって、『クライムウォッチ』を見た女性でも、犯罪や暴力の直接被害体験をもちそのうえおそらく警察官と関わったことのある女性が犯罪再現番組と警察官の対応とを見る見方と、そのような苦痛な体験を乗り切ったことのない女性の見方とでは、かなり異なることは確からしいことである。この単純な事実を認めることこそが、原因から結果への軌道を断固として描こうという強い願望を、本質的に無意味で、失敗する運命にある研究課題である、とすることになるのである。研究者がなし得ること、そして成功裏になしてきたことは、複雑な風景（landscape）の入り組んだ構成を正確に示すことである。おそらく、ガントレット（Gauntlett 1998）が主張しているように、メディアとその消費者の関係についてのより実り多い考え方とは、効果と行動（effects and behaviour）でなく影響と知覚を（influences and perceptions）調査することではないだろうか？

　ともあれヴァイン（1997）が私たちをせき立てていることは、オーディエンスと効果の研究をもっと精巧・複雑に考えること、用いている方法を疑問視し、暴力、性、犯罪を見ることと「行なう」ことの間の直接的因果関係を当然なものとする引き続いて起こる要求を疑問視することである。この因果連鎖の存在（あるいは不在）を明らかにしようと試みてきた研究結果は、完全に矛盾した性質をもっているため、放送事業者は無責任だと認めその非難をしようと努めている人々を混乱におとしいれ続けている。これと関連して、たとえば人種差別主義者の語りを考察してきた多くの研究者たちが示しているところによれば、テレビキャラクター（たとえばアメリカのコメディー番組 *All in the Family* のアーキー・ブンカーや英国のコメディー番組 *Til Death Us Do Part* のアルフ・ガーネット）が明確に語っている人種差別主義者の見解は、現実生活での人種差別の話や行動追求を承認し助長するものとして、オーディエンスによって受け容れられないでいる（Gray 1995、Ross 1996参照）。

　だが、クルマーとクック（Krcmar and Cooke 2001）が指摘しているように、道徳的であると推論したり正当化するにたる暴力であるとする側面の考察をし

ている多くの研究は、完全に実験的なもので、その実験においてどのような社会的コンテクストで行為がなされるかを定めるのは研究者であり、したがってその状況に関する価値判断を下すのも研究者であって、行為の「主体（subjects）」でもある「被験者（subjects）」には自分の推論を持ち込むことを許されてはいない。これと関連して、暴力の影響（violence affect）に関する諸研究を再検討したウッドたちの結果（Wood et al. 1991）では、暴力に関する実験の試行に参加した回答者はより自然に近い環境での社会調査の回答者に比べ、攻撃性の度が高かったことが判明している。研究のコメントをしたその他の人たちもまた、実験的条件でなされた効果研究には批判的である。その主張によれば、このような研究の結果は現実世界の現実行動において一般的に当てはまるとすることはできない。その原因は実験の背景が非現実的であることに違いない（Freedman 1984、McGuire 1986）。大変多くの研究が実験研究の枠組みに属している理由の一部は、質的研究をするにはコストが高いということであるが、バーカー（Barker 1998）の次の主張は的を射ている。厳しく条件を統制されきわめて細分化されたオーディエンス研究では、広大な「私たちの」世界の広範囲の「私たち」オーディエンスに対するメディアのインパクトについて語ることは、ほとんどできない。

8　結　論

　だが結局のところ、研究結果の説得力は、（肯定、否定のいずれであれ）研究結果と当該のオーディエンスとがその結論をめぐってどの程度共鳴しあえるかという、その範囲に左右されることであろう。ブロディー（Brody 1977）が25年前に発見したことであるが、まったく同時期のいくつかの研究――彼の場合、「暴力の原因と防止に対するアメリカ委員会（the American Commissionn into the Causes and Prevention of Violence）」と「わいせつとポルノに関するアメリカ委員会（the American Commission on Obscenity and Pornography）」――であるにもかかわらず、完全に対立する「証拠」をもたらす結果となっている。前者の委員会が見出したことは、暴力を見ることと「行なう」こととの間には結びつきがあるということであり、このようなマテーリアルの放送時間の縮小を求めている。後者の委員会が見出したことはまったく逆で、子どもたちがみだらなイメージに接触することについては若干の懸念があるものの、大人がポルノを見ることによって影響を受けることはないであろうと主張した。しかもパース（Perse 2001）の指摘のとおり、メディアの悪影響を含む効果（effective affect）という考えを支持することには重要な既得権益が関わっているし、悪影響を含む効果の存在肯定の考えとは違って「無効果」命題を受け容れていることを考えにいれて、冗長なことをいう広告主やコミュニケーション・アドバイザーも、少なくはないであろう。

　メディアの送り手として実践活動をしている人たち自身は、自分の活動が他者に与えるインパクトに関して時にかなり両面価値的態度をもち、同時に二つの主張をする。つまり一方では自分たちは世界に関する窓になっている「だけ」だとし（反映者 reflector）、同時に他方では自分たちは大統領の運命を決定する権力を持っている（意思決定者 decision-maker）としている。だがオーディエンス・メンバー、とりわけマイノリティーやその他の恵まれないコミュニティのオーディエンス・メンバーは、自分たちをメディアがどのように代表してくれるか、またメディアによってどう表現されるかということが、現実世界で自分たちがどう扱われるかということと直接関連していると信じている。議論をはらんだ効果／影響問題の領域は、支持者と中傷者のそれぞれの立場に対する活発な主張を伴いながら、熱烈な論争を引き起こし続けている。多分これは、丸いものを四角にしようとすることと同様に、単純には決着をつけることが不可能な企てなのである。しかし誰もそれをやめさせることはできないであろう。

5章 市民としてのオーディエンス
──メディア、政治、デモクラシー

> ニュース生産の特徴は、次のような二者間の系統的な緊張によってもたらされている。つまりニュース組織のもつ営利的な論理とジャーナリストのもつ専門職業人の願いとの間、正確で真実であるという目標と速報的なニュースへの衝動との間、個人の政治への選好性と客観性の要求との間、根源をなしている権力と批判的である必要性との間などである。(Liesbet van Zoonenn 1996, p.206)

1 イントロダクション

この章がまず検討するのは、メディアはどの程度まで知性を持った市民の一助となっているのかということである。その際の焦点は、メディアの議題設定力 (agenda-setting abilities)[1]、メディアが放送時に認めているものの見方、それにジャーナリストが政治家と取り結んでいる関係に絞られる。ついで、転じてキャンペーン報道を検討する。そのなかには政治広告と世論調査の検討が含まれる。最後に検討するのは、私たち市民がより十全に民主的過程に参加する方法である。その方法には私たちがパブリックアクセス放送[8]に関与することを通じて、市民陪審員として、そして政治的討論番組のオーディエンスとしてという各形態がある。私たちにとって決定的に重要なのは、市民としてのオーディエンスが単に投票箱に投票するのではなく、より関与度の高い方法で自分たちの民主的権利を行使する機会をメディアが提供可能になる方途を検討することである。

2 冷笑する市民

市民オーディエンスに関する持続的研究が立証してきたところによれば、選挙民の間でシニシズム[2]は増大している。その原因の小さからぬ部分は、メディア自身が政治家と政治プロセスとを一層漠然と特徴づける方向を選択していることにある。そして私たちは自分の幻滅感の増大を、投票箱に向かわず棄権をもって示している──2001年6月の英国総選挙の投票率は、悲しむべきこ

とに60％だった。前年の激しい論争下の米国選挙では、50％を下回った。このような投票率では、次期統治に包括的委任を与えることにほとんどならない。多くの批評家が言うには、市民のシニシズムの一部は、政治システムが実際にどのように作動しているかに関する現実的知識の欠如に由来している。その説明では、私たちが自分自身を断固として無知の状態にとどまらせているかの如くである。これに反して、トーマス・ジェファーソンは次のように主張した。

　かりに、一般の人々が十分な教えを受けていないため健全な自己裁量で社会統制の力を行使できない場合の改善方法は、その力を人々から奪うのではなく、自己判断による決定権をわきまえさせることである。(Jefferson 1820、Buchanan 1991，p.19よりの再引用)

　一般の人々に教育の材料を提供することは、単に第一ステップにすぎないことは言うまでもない（このような「学習」内容に関する議論はあるにせよ）。なぜなら人々はその材料にアクセスできるように十分な関心と動機づけを必要としているからである。最も広い意味での政治プロセスに関する「適切な」理解をごく一般の人々に「教える」努力は、単にシニシズムと無関心の力でごく容易に横道にそらされてしまう傾向がある。パーロフ（Perloff 1998）は、10年以上にわたってアメリカで実施された一連の調査・研究を要約し、政治知識レベルの驚くべき低さを明らかにしている。例を挙げると、ニカラグア援助[3]に関する米国議会でのあの論争の7年以上経た1987年には、ニカラグアが中央アメリカにあることを知っている調査相手はたった3分の1であった。1989年調査では上院の多数派の政党を知っている調査相手は半分以下であった（二つの例はデリー＝カピーニとキーター〔Delli-Carpini and Keeter 1991〕による）。そして『ワシントンポスト』紙用の1995年調査では、ほぼ半数の調査相手が（当時の）下院議長、ニュート・ギングリッチ（Newt Gingrich）の名前を挙げることができなかった（Morin 1996）。政治プロセスの基礎に関する知識と理解のこのような欠如に対する英国政府の対応の一部は、学校教育のカリキュラムにおける基本的必修の一つとして、2002年から「シティズンシップ」[4]を導入することとなってきている。このような教育が次世代の有権者に影響を与えるかどうかを述べるには、今は時期が早すぎる。しかしその有権者たちがたとえ民主的権利の行使の選択を依然しないにせよ、少なくとも政治プロセスに対するよりよい理解をもたらすことであろう。
　だが、ポップキン（Popkin 1991）が「無能な市民」についての文献であると

評価したものの内容に関して概括的な（通常否定的な）意見を述べるには、間違いなく若干の慎重さを必要とする。なぜなら人々は何を知らないかを私たちに言い表している著作は、〔知らない側面に偏っていて〕人々は何を間違いなく知っているかを同じように均等に明らかにしていることは滅多にないからである。〔しかもその知識の獲得過程を考えた場合〕リップマン（Lippmann 1922，2章の訳注〔3〕参照）の世論に関する古典的著作は、21世紀初頭の今日におけるニュースの現場にとって依然大きな重要性をもっている。政治的意見は、政治への直接体験によって形成されるのではなく、政治に関するニュース報道を通じてもたらされるイメージの結果によって形成される。それゆえ、問うべき明白な質問は、ニュース報道内容を決定するのは誰なのかということである。ひどく興奮し政治的な要塞と化した総選挙の環境ではとりわけこの質問がなされねばならない。

　実際に紛れもなく民主的で市民の内発的力を高めようとする政府ならば、「一般の人々」を関心／知識が欠けていることで責めないで、政治知識の提供を通じて市民を「教育する」ことに努めるだろう。〔共同生活の基本的財をなしているものとして知識を把握する〕「知識エコノミー」が、新たな政治的文章法の一部となってきた西暦2000年代では、この教育という概念は絶対正当な概念である。もし知識が力であるなら、政治に関する知識は私たちの基本的民主的権利——投票する権利——を行使させることになるはずである——それはずっと多くの知識を含み内発的力を高める過程である。だが私たちは、どのようにしてその知識を得るのか？　たとえオンラインニュースサービスが、政治ゲームでいっそう重要な役割を果たすようになってきていても、大半の私たちにとってこの問いに対する回答は、テレビ、ラジオ、新聞といったマスメディアニュースによるというものであるが、その際、量がより多ければ実際に質もより良いのかという問題は、まったく未解決のままである。一方では、過去20年以上前から市民消費用のメディアマテーリアルの提供量は、急激に増大してきている。それがはじまったのは、CNN24時間ニュース放送の草分け的開始とそれに続いたケーブル、衛星の発達、さらに下っては最近のオンラインニュースと時事的サービスであることは間違いないが、この爆発的急増は選択肢の増大なのだろうか、それとも同じものの量的増加なのだろうか？（グローバルメディアの意義に関するすぐれた検討については、アラン（Allan 1999）およびバーカー（Barker 1999）参照。両者は同じ *Issues in Cultural and Media Studies* のシリーズ所収である）。

　一方で大半の政治家たちは、すべてのニュースメディアでは客観的情報とい

う立場から転じてより娯楽志向へという**タブロイド的転換**[用語31]が増大していると考えているが、彼らは（驚くには及ばないが）不幸なことにこの転換に遭遇している（Ross 2002参照）。他方で大学関係の批評家たちも政治家と同様に、このようなニュースの娯楽志向への転換傾向に心を痛めているが、その理由は一般の人々の民主的判断行使能力にこの傾向がインパクトを及ぼすという点にある（Hallin 1994、Negrine 1996、Wheeler 1997）。フランクリン（Franklin 1997）は、**快適装置化したニュースを表現するのにニュースザック**[用語8]という造語をしたが、この語はニュース産業に生じていると思われる事柄を伝えるのにふさわしい雰囲気を的確に表している。そのニュース産業の場では、一般の人々にとって（明白に）興味（interest）のあるニュースストーリーが公的な重要性（interest）をもったニュースストーリーにとって代わってしまっている。それは微妙な、しかし重要な転換であり、単に語義上の転換ではなくイデオロギーに深く根ざしたものである（Keane 1991、Blumler and Gurevitch 1995）。

3　メディアと民主的責任

　解明すべき根本的難問として、ベネット（Benett 1997）の問題提起は要点をついたものである。つまりニュース産業は政治的利害が競合するなかで何とかして政治的「世界」を構築しているが、その世界は二面性を備えるという難問である。その二面性とは〔ニュースで構築される〕ニュースランドスケープを横断して「正当性」を保持することと同時に、一般の人々の政治理解の基線を形成するうえでも十分信頼できることである。問題は、何がニュースであり、何が真実であり、どのストーリーを掲載・発表し、どれをそうしないかを決定するのは誰かということに違いない。そのときの重要な争点について包括的な合意は、実際にあり得るのか？　グローバルな資本の勢力が爆発的に大量なニュースを放出すれば、ある意味においてはおおかたの一致した意見がかなり増大するだろう（Barker 1999）。だが、乏しい資力の所有を基礎にしていると、視点もおおかた同じで、ニュース報道範囲の持つバイアスもおおかた同じであることを意味するから、内容には実際にどんな違いがあることになるのだろうか？　ルパート・マードック[5]の「ニュース・インターナショナル（News International）」という〔異業種企業の合併などによる〕複合企業体（conglomerate）は、強力で当面の問題と関連深い事例を示している。そこでは、メディアの種類の多様性に関係なく政治的表現内容は、単一の所有によって（同一な）ものに限定されている。

教養ある市民を助成するうえでの「問題」に関するもう一つの側面は、次の点である、つまり、低俗なものや選挙の際の勝ち負けの**競馬**[用語14]のようなゲーム的要素を用いてニュースメディア自身を魅惑的なものにすることによって、競合する政党間の政策上の立場の差違を市民に知らせるメディアの潜在的力を、大幅に損なうことである。1996年の大統領選挙キャンペーンに関するリヒターとノーイェスの研究（Lichter and Noyes 1996）が見出した結果によれば、「競馬的」ストーリーが、彼らのモニターしたメディア報道内容（1996年の予備選挙期間中のＡＢＣ、ＣＢＳ、そしてＮＢＣのイブニングニュース）を支配していた。とりわけ候補者に関する報道は相互に相手に関して否定的であったが、そのような報道は選挙民がとくに嫌うことは大半の研究が立証しているところである（Wertheimer 1997、Ross 2002も参照）。リヒターとノーイェスは、候補者自身の政治的言説研究を続行したが、そこで見出した結果では（メディア報道で示された結果と違って）候補者は絶え間なく否定的であったわけではなく、政治広告期間中に対立候補に敵対的な批評の量を1とすれば、自己宣伝という肯定的な事例は6と多かった（1996, p.293）。

　もし「人々」が実際に情報不足であるとすれば、尋ねられるべき質問はそれは誰の責任なのか？である。政治家がその政策を十分に流布しないせいなのか？　メディアの報道頻度が十分でないせいなのか？　もしデモクラシーは教養ある市民の集合に依存しており、そして市民の大半はローカル、リージョナル、ナショナル、そしてインターナショナルなコンテクストを知るためにニュースに注目しているとすれば、メディアが民主主義の過程で重要な役割を果たしていることは明白である。その過程では、メディアが「この〔民主主義という〕システムを作動させるために必要な公共の言説を促進する」とたいていは考えられている（Miller 1994, p.133）。

　だが、政治家が（タブロイド紙のジャーナリズムを非難して）頻繁に嘆いているように、政治プロセスに関する現実の情報は明らかに不足している。しかしそれにもかかわらず、投票箱の前で見識を持った選択をしていると、多くの私たち（といってもたいていは僅差で過半数を占めている程度なのだが）が信じていることは、依然として事実である。この現実によって次の見解が支持されている。つまり市民は異なる諸政党の政策をたとえ詳しく正確には知らないでも、ヤンケロヴィッチ（Yankelovich 1991）の指摘によれば問題となることには「賢い」のだというように、市民はやはりより重要な事態を把握する能力は持っているという見解である。ともかく、〔有権者を対象にした〕数多くの「知識」調査研究が立証しているが、周知の通り諸個人は大量の情報を保持す

ることは得意でない。したがってまさに少数の中心的争点に注意を集中しそれを深く詮索するキャンペーンのほうが、散弾銃のようなばらまきキャンペーンよりも、ずっと記憶され易い（Blomquist and Zukin 1997）。

　依然として議論の余地のある論点も残されている。それは、一般の人々が全体として〔社会全体に関わる〕大文字の政治には、本当にそんなに無関心なのかどうか、また一般の人々が抱いている誰の目にも明らかな無関心とは、誰も彼らの意向に耳を傾けようとしないのにどうしてそれをわざわざ表明しなければならないのかという信念の単純な反応なのではないか、という論点である。ダンレビーたち（Dunleavy et al. 2001）が指摘しているように、少なくともイングランド人の抱く基本的人権と政府権力の濫用に対する関心は、1995年当時より2001年のほうがより高くなった。それは少なくとも〔保守政権のもとでどん底まできた現在、これからは〕「事態は良くなるだけだ」（「新しい労働党」[6]のキャンペーンスローガン）という呪文に対する制約を意味している。権利と正義のような基本的争点に強い憂慮を寄せて〔社会運動などに〕関与している無数の市民が世界中にいることは、2003年のイラク攻撃に反対するグローバルなキャンペーン、行進、デモが改めて立証している。このような一般の人々の要求は、アメリカと英国の政府に対して2001年9月11日（9．11）の悲劇的事件に情緒的ではなく理性的な反応をとることを、同様に要求したことに引き続いて生じたものであり、政治エリートたちに次のことを重ねて思い起こさせている。それは、現実の政治に参加し関与しており、また私たちが指令はしていないのに「私たちの」名において諸行為が明白に行なわれたことに憂慮している一般の人々が、数多くいるということである。9．11の直後から諸メディア、とくにアメリカのニュースメディアには、何日も、何週も、そして何ヶ月も公然とした歪曲と一方的な報道が広汎に見受けられたが、それへの反響として、広汎に流布しているウェブサイトのアドレスと一緒に、〔主流とは別の〕数多くのオルタナティブのニュースサイトが立ち上げられた。それにより異なった見方が明確に表現され論議されることが可能となった（たとえば次を参照。www.fair.org、www.redpepper.org.uk、www.autonomedia.org、www.zmag.org、www.aclu.org/safeandfree/）。

4　メディアと社会統制

　一方でニュースメディアは、24時間中しかも曜日を問わず私たちとともにあるが、その議題設定力は、危機の時（4章参照）にも、一国の総選挙の時にも

決定的な重要性をもっている。今や共通の理解となっていることであるが、価値観や信念を積極的に変える（たとえば浮動層の投票者を変えることなど）メディアの力は、どの争点が重要かを選挙民が知るうえでの力に比べれば小さい（Iyengar 1987、Entman 1989、Ansolabehere et al. 1991、Norris et al. 1999）。とりわけ諸研究によって、ニュースメディアは一般的に、前提となっている事柄の正しさを問題にしたり選挙結果にインパクトを与えたりするのではなく、市民が自分のいだく見方を確認したり偏見を補強するものとして理解されている。しかしメディアは、単に人々の見方に枠組みをはめるフレイマー（framers）や議題設定をするアジェンダセッター（agenda-setters）[1]である以上に、重要なものではないか？　メディアは単なるフレイマーやアジェンダセッターなのではなくて、クック（Cook 1998）が示すように、選挙で選ばれたわけでもない「媒介項」の一種であるにもかかわらず、統治装置に本来根ざした一部として、また自ら固有の力を持った政治的アクターとして、作動しているのではないか？　クックのモデルによれば、ニュースはメディアと統治機構との協力による「協同製品（co-production）」と見なされている。なぜならジャーナリストは意思決定と政策決定への重要参加者として作動しているからである。産業としてのニュースメディアは、統治の中心に位置する政治的力として作動している。その作動の道筋・原因は二通りあり、一つは政治とメディアの間には親密な関係が存在し、両者は互いに他方の情報源となっていることで、もう一つは有権者に対するメディアの影響力である。

　ニュース編集室内の文化（Allan 1999）とニュースが「作用する」道筋とは、たいていの場合次のことを内容としている。つまり政治プロセスの報道と表現とはルポルタージュが少なく解釈のほうが多い、ストーリーとイベントは分解されて要約しやすい部分になりもっともと思われる背景が創り出される、この背景の元で、また政治家、一般の人々そしてメディアの間の複雑なシステムとなっている関係内で、情報は提供されているという内容である。だが、出来事を端的に反復して伝える環境に囲まれ、人々はチャンネルを切り替えたり、サイトをサーフィンしたりする頻度が増してきている。これの意味するところは、ニュースストーリーから複雑さや背景説明が稀になってきたこと、それに替わってニュースは違いの著しい一連のニュース項目からなるものとなり、それに若干の詳細と説明が付け加えられたものとなったこと、このような詳細と説明はレポートの終わりまで付き合うのを嫌がる〔オーディエンスであるメディア記号の〕消費者に提供されていること、という諸点である。

　しかし、メディアにアクセスすることを可能にしてもらえしかもアクセスへ

の援助を受けている人は誰なのか、耳を傾けて聴いてもらえる人は誰でそれを拒否されている人は誰なのか、信頼できる情報源として信頼されているのは誰で社会からその存在が気づかれもしないままでいる人は誰なのか、こういった人が誰なのかを見分けることはすべて、私たちの政治的世界と民主的参加に向けての私たちの潜在的力とを理解しようとする努力と関連する問題として、提起されるべきなのである。ストーリーとイベントの選択と提示、情報源とすることまたその引用は〔必然的に大きな全体の一定〕部分にとどまるが、その部分が、**ソープオペラ**[補足6]のように構築される世界認識を産み出す。政治家とジャーナリストが、「だましだまされの二拍子」の細心の注意を要するダンスを最後まで踊りきる時、両者は物事そっくりに「ありのまま」を語るよう、終わりのない努力をしてそれぞれの相手を誘うことになる。両者による〔ダンスのような〕表現は一定の犠牲が避けられないが、それはある種のリアリティチェック〔が必要になる〕のである。そのチェックによって一般の人々は、特定の政治的議題のもつ特殊性を明確に把握することが実際にできるようになる。現実の (real) 政策とその優先順位をめぐる真に迫った (real) 情報は、たいていの場合「真実 (the truth)」を追究し「調査」報道をするジャーナリスト (investigative journalist) と統治の代弁者との間の闘争地帯に落ち込む結果をもたらす。その代弁者は、一般の人々に対して正しい「方向性」をるると語ることへの不安と、なすべきことをしない不作為の罪や罪なことをしてしまう作為の罪に自分たちや同僚たちを巻き込むことを避けたいという切望との、両方を抱くのである。

5　政治広告と説得の力

　政治的競争者や政党が、ニュースメディアの絶え間ない介入なしにメッセージを徹底できる方法は少ないが、選挙のようなイベントの期間でとくに政治的アクターはメディアに対して「反則」というお決まりの叫びを挙げることができるので、政党の選挙放送やその他の直接的なあるいはカメラを通してさらには公開の演説スポットでの〔選挙時の〕政治広告は、メッセージ徹底の数少ない方法の一つである。このような活動に対するキャンペーン資金献金の割合は、1952年のまさに第一回のテレビ政治広告以来、年ごとに増加してきている (Jacobson 1992)。1992年選挙では全キャンペーン予算の60から70%を広告費が占めている (West 1993)。興味深いことには、キャンペーン中の単一政党による選挙放送のインパクトは、衰退を味わってきている。それはテレビニュー

スや時事番組を通じて提供される政治的説明のほうが〔単一政党の選挙放送に比べ〕、より公平な政治説明形態であるとする有権者の期待が増しているからである（Harrison 1992）。たとえばスキャンメルが見出したところによると、視聴者はリモコンでの選択を与えられれば、「……**前の番組と同じチャンネルを見ていた視聴者**[用語48]の内、平均して4分の1から3分の1の人は、政党（選挙）放送がはじまるとスイッチを切ったり、チャンネルを変えてしまう（Scammell 1990, Scammell and Semetko 1995, p.19からの再引用）。

しかし言うまでもでもなく、一般に信じられているこの公平性は、根拠もないのに絶対的だとされている神話としての「真実」でもある。なぜならジャーナリストは今や政治家の演説や熱心な推挙の言葉をありのままに報道するのではなく、解釈を下すことを決まり切ったこととしているからである。ましてジャーナリスト的と言うより脱構築的傾向であるとして絶えず**ロビーハック**[用語55]を非難している際の政治家自身の嘆き悲しむ嫌悪については、このことがいえる。だが、政党選挙放送は、過小評価されるべきではない。スキャンメルが注意しているところによれば、スイッチを切ってしまう傾向もあるにもかかわらず大半の人々は、総選挙キャンペーン期間中に少なくとも一つの政党選挙放送を見ている。こうして政党選挙放送は、「……放送に対する政党による独占的コントロールの唯一の機会として依然として存在しており、新聞広告や看板のポスターのような政党によるどんな直接的な広報よりも、ずっと多くの全国的オーディエンスを獲得している」（1999, p.39）。

非難広告

オーディエンス調査では**非難広告**[用語38]に対する否認が一貫して証明されているが（Lau et al. 1997）、その少なからぬ証明にもかかわらず政党は非難広告の有用性を確信しているように見える。そして依然として規則的に非難広告は作り続けられている（Hitchon and Chang 1995）。このようなタイプの政治キャンペーンは、非難の対象にしている政党も重要性をもっているという価値の促進はせず、もっぱら反対党を非難・攻撃する方向に向かっている。それどころか、次のように主張する研究者もいる。つまり非難広告に一般の人々は反感を抱いているにもかかわらず、それは「票を動かす」（Pfau et al. 1992）うえで高度に有効であり、投票意図の変更を促しているという主張である。政治広告が重要であることは、選挙期間におけるその「作用」に関する調査から浮かび上がってきてすでにある種の「事実」となっている。そのうえ広告が有権者の重要な情報源であるという見解を支持する証拠の量は、いっそう増大している

(Scammell 1998)。しかも広告の主要なメッセージを慎重に繰り返すと、滴のしたたり落ちる効果原則によって以後の投票意思決定に、何らかの影響を及ぼすこともあり得ると思われる（Just et al. 1996）。主要メッセージを比較的少数に絞ることは——たとえば1997年選挙の「教育、教育、教育」という労働党の公約のように——政党の「ブランド」の独自性を普及・促進させるのに役立つと思われる。だがすべての政治広告形態のなかでもっとも大きな影響を及ぼすのは非難広告だという命題は、あまり明白になってはいないし、どのスタイルの否定広告のインパクトが最も大きいかも本当のところは分からない。他のことは別にして、一国で有効に作用した広告戦略がどこでも類似した成功を収める保証はないし、アメリカと英国の場合のように政治構造が大きく異なる時にはとくにそうである。たとえば英国では、厳しく統制された政党選挙放送以外は、テレビでのスポンサー付の政治広告は公式にまったく許されていない。しかしこれ以外のコミュニケーションメディアはとりわけ掲示板広告も含めて、正当で論争を深める意図を持って用いられている。

しかし、選挙キャンペーン中に候補者と政党について、どんなメディア伝達内容が許可されるべきかをめぐって深刻な意見の相違があるにもかかわらず、最近三回の英国総選挙では、マーケティング原則と戦略が熱狂的に受け容れられていることが、見てとれた。保守党は否定（非難）広告の力に特別魅力を感じさせられてきたが、有権者の態度に関する限りこの非難広告は保守党に一貫して不利に作用した（Scammell and Semetko 1995、Sancho-Aldridge 1997）。より頻繁に非難広告を用いる傾向のあった諸政党（共和党、保守党、それにその他の右より集団）は、自らの期待に反して、その広告によってもっとも大きな損害を受けたと見られるまさにその政党である。レマートらが行なった1992年のアメリカ大統領選挙の研究（Lemert et al. 1996）における論証によれば、誰が誰を非難しているかにかかわらず、多くの投票者は「非難」広告の価値を認めていなかったが、共和党（ブッシュ）のキャンペーンがとりわけ悲惨な作用をした、それは1992年の選挙だけでなく1988年の選挙でもそうだった。

　　ブッシュは、自分が出した非難広告で自分自身が損害を受け、民主党からでている対立相手を助けた唯一の候補だった。これと対照的に、クリントンの非難広告は、攻撃目標が成功する見込みに対して損害を与えようという目的を、達成したと見受けられる。(Lemert et al. 1996, p. 271)

6　政治広告とその効果

　政治キャンペーン過程の研究から浮上した最もゆゆしい問題の一つは、この広告キャンペーンには実質的な情報が欠如しているということである。しかも広告には「個人攻撃」が多く実質的な政策の違いは少ないという傾向が、ほとんどのオーディエンス研究の説明にもあるという苦情がつきまとっている。メディアのこの広告の仕方とメッセージに反応してオーディエンスはどのように候補者像を積極的に「構築する」のかを、カーンとジャストは調べた（Kern and Just 1997）。彼らが示した知見の一つによれば、女性は否定的な「攻撃」広告のほうにより強く反応し、メッセージ内容を支持せず広告の作り手を非難することによって、〔広告主である候補者を〕ひいきにするような主流の解釈を反転させてしまう傾向が見られた。さらに両研究者が見出したことは、女性と男性というジェンダーの位置が、政治的人物像構築の仕方に影響を及ぼしていること、そのうえにすべての投票者たちは、「候補者像構築に際して否定広告を含む情緒的な広告に大きく左右されていること」であった（1997, p. 111）。さらに話を進めると、ピンクルトンたちの論拠を挙げての主張によれば（Pinkleton et al. 1998）、政治的キャンペーンのメディア報道の仕方に対するオーディエンスの否定的傾向によってメディア利用の減退効果が生じることがあること、さらに転じてオーディエンスの冷笑的な対応が政治の有効性を減退させ、民主主義的理想に傷を付けることが指摘されている。

　ドイツの政治家とその自己提示についての研究において、ニュースオーディエンスは、放送用インタビューの一連の場面を見せられインタビューを受ける人の出来具合を評価するよう求められた（Schutz 1998）。〔その結果〕質問を遮っての攻撃行動や、批判をそらすことや、政敵に対する個人攻撃は、攻撃提示的で自制心欠如とされすべて否定的に考えられたが、他方では挑発に対する冷静な反応は大変肯定的に見なされた。グローバルなコンテクストからみて、この研究は興味深い。なぜなら政治家とインタビューアーとの役割が逆転しており、政治的権威者の公開コンテストと見なされる場で後者、つまりインタビューアーのほうがますます優位に見られてきているからである。しかも投票者を大変不愉快にしてしまうのは、単に政治的「非難」広告だけではない。メディアそれ自身が政治や選挙の解釈枠を一貫して否定的なものにしていることによって、投票者の敵意を増大させている。リーブスとペリイ（Liebes and Peri 1998）の著作は、メディアがどのようにして政治家の信頼性を徐々に低下

させることがありうるかを、明確に示している。〔それには三つの方法があり〕第一には、政治的レトリック（政治についての効果的な話し方、書き方）の正当性を問題にすることを、メディアが自身の務めとすることによってである。第二に、真剣な政治論争を不安定なものにしてしまうことをもくろんで、〔不幸な事柄の報道を延々と続ける〕「不幸マラソン」やメロドラマ仕立てにする戦略を引き受けることによってである。第三に、〔しばしば扇情的記事を売り物にする小型版の〕タブロイド紙のレベルまで論争の質を低下させ、またもや政治的メッセージの効果と真剣さを減縮させてしまうことによってである。バーンハーストとムッツ（Barnhurst and Mutz 1997）の示すところによれば、前記の不幸マラソンを通じて統一的な解釈枠となった〔ある個別事象をより大きな社会全体の問題へと拡大してしまう〕「社会問題」解釈枠（'social problem' frame）が、ニュースとして報告される機会を増大させ、報告された実際の事件や現象を超えて強烈なレベルのジャーナリズム特有の解釈を可能にする。たとえば、路上などで人を襲う強盗のような特異な出来事をより広い、たとえば青年非行のような社会問題として解釈するメディアの枠組みである。だがこのような主張の意味するところは、メディアは何かしてもしなくても、非難されると言うことである。もしメディアがコンテクストや背景を欠いていたら、歴史的あるいは社会的記憶喪失と責められるし、もしコンテクストを提示したら、世間さわがせと責められる。この両極の中間のどこかにある種の真実はおそらく存在する。事態を心得たメディア消費者の巧妙なやり方は、少なくとも自分たちにとってその中間点がどこかを解き明かすことである。

7　ジャーナリストの内省

ジャーナリストは、もしメディアの専門的職業人として遂行すべきものは何かと尋ねられれば、二つの主要な責任を確認することが普通であろう。それは、

1．可能な限り早く一般の人々にニュースを伝達、流布する経路を提供すること。
2．政府の主張を調べ政治家にその説明を求めること。（Weaver and Wilhoit 1997 からの翻案）

私たちの目的にとって後者が重要であることは、明白であるが、ジャーナリ

ストが実際にどのようにしてこの責任を果たすのかについては、曖昧な表現が若干見られるように思える。この期待に反して、ウイーバーとウイルホイットの研究では（1997）、ジャーナリストたちは政治家に反対しながらも、接近することに本当は関心を持っていないと断言している。この研究では、多様なメディアのなかで印刷メディアのジャーナリストが、相手の反対を最もおそれるべきでないとしている人たちである。興味深いことに、議題設定の役割をいっそう引き受けるようになっているという主張には、ジャーナリストは反論している。しかもこの役割はジャーナリストが遂行すべきものとして非常に大切だと信じているのは、ウイーバーとウイルホイットの〔調査相手となったジャーナリスト〕サンプルのたった4％にすぎない。

　特定の政治家や政党を見解の核心説明に招くことを通じて、政治候補者をある程度可視的にしたり特定政党の特定論議のリハーサルをしたりするうえで、メディアは極度に強力な立場に立つ。さらに、テレビは、あまねく浸透しているという大変有利な理由により州（その他の行政区 regional）規模や全国的なキャンペーンの際、政党によって選ばれる頻度が、ラジオや新聞よりずっと大きいメディアである。ゴールデンバーグとトゥラウゴットの10年以上前の報告によれば（Goldenberg and Traugott 1987）、アメリカ上院選挙[用語4]におけるキャンペーン費用の半分以上は、テレビ広告の制作、放送に費やされていた。だが、英国のように選挙キャンペーン期間中の政治「広告」が禁止されている諸国では、キャンペーン費用は、別のメディアに集中する。英国の1997年総選挙期間中、保守党は、党の選挙放送に50万ポンド〔日本円概算約1億1000万円〕（1.8％）に対し、「戸外」（ポスター）広告には1110万ポンド（39％）も費やした。これに対する労働党の数字は、90万ポンド（3.5％）と480万ポンド（18.7％）である（Fisher 2001）。引き続いて2001年の選挙では、現在政権を担う労働党は、より大きな割合の予算をポスターに集中した。それはこれが最も効果的で利用可能なメディアであるという「党の調査結果にしたがった」ものである。約100万ポンドが各ポスターキャンペーンに費やされ、総額で400〜500万ポンド費やされた（Fisher 2001, p.696）。1997年と2001年とでは、金額はほとんど違いがないが、2000年には政党が受け取ることができる寄付金とキャンペーン中に費やせる金額を制限する新たな立法が提出されていることを、記憶にとどめておかねばならない。

8　政治、メディア、一般の人々そして影響

　英国でもアメリカでも、総選挙事象に関する著作はかなりの量に上る。調査研究チームは、選挙に関するメディアの報道と投票者との関係を解き明かすことに努めて、第一に現地調査を、次いで相次ぐ選挙から立ち上がる多様なデータセットの分析を行なってきた。英国ではバトラーとストークス（Butler and Stokes 1974）のような初期の著作において、選挙キャンペーン期間中の有権者の視聴習慣の理解を深めようと試みる方向で、研究が開始されていた。サンダースとノリス（Sanders and Norris 1997）が示したように、それ以降の研究では、バトラーとノリスが提起した一連の最初の調査質問をそっくり踏襲しながら、ニュース報道のバイアスに対する態度の質問のような新たなものを時間経過のなかで加えてきた。社会が移り変わり発展し、政治と政策も変化するにつれ、特定の争点に関する人々の関心もまた変化し、調査研究者も変化した議題に応えなければならなくなっている（たとえばAnsolabehere et al. 1997を参照）。

　しかし、調査研究者たちは、一般の人々がキャンペーンに対して抱く複雑なまた時に相反する側面をもつ態度を立証してきたが、その反面研究者たちは、テレビ視聴が個々の投票者の政党に対する肯定的、または否定的な評価に与えるインパクトに関する知識を、高めることができなかったこともしばしばであったし、それどころか、投票者の政治的選好が何らかの影響を受けるのかどうかの知識を少しも高めることができないことも、しばしばであった。このような状況のなかで、サンダースとノリスは（1997）、明確な意図を持って研究をはじめた。その意図は、1997年の英国総選挙のキャンペーン研究で、政治広告の性格と投票者の政党知覚との間に何らかの因果関係がもしあるとすれば、それを精密に示そうとする試みだった。研究企画に際して、彼らは二つの基本的前提をたてた。

　—テレビニュースは依然として重要な情報源であること。
　—投票者たちは、政党について受容する情報に反応して政治的選好と態度を
　　修正するだろうということ。

この第二の点と結びついてさらに二つの研究作業前提がある。

　—投票者の信念の正当性を問題にするメディアメッセージに持続的にかつ長

期的に接触した後にのみ、重大なイデオロギーの変化が生じる可能性があるが、より限定的な接触でも小さなしかし重要な知覚変化は生じうること。
―「投票意図未定」とか「浮動層」のような一部の人々は、ごく小さなしかし説得的であることが明らかな一連の一寸した情報の結果として、自らの立場を変更させる可能性は、他の人より大であること。

　サンダースとノリスは、次のことを見出した。つまりある政党に肯定的なニュース報道への接触は、その政党に肯定的な投票者の反応を引き起こす、他方否定的な内容への接触はそれと反対の反応を引き起こす。ただ重要なことに、ある政党に否定的な内容が、反対の党に対してより好意的な見方を投票者の間に促進させるわけではない。つまり両研究者が、「副次的」効果と名付けたことの証拠は、見出されなかった。以前アメリカでは、非難広告は非難にさらされている政党に同情的な解釈を誘発するという研究結果が、一部で検討されたが、これに反して英国では、投票者を鞍替えさせるというアメリカと類似したインパクトはなかったことが、示されたことになる。
　同じく1997年の選挙への印刷メディアの関与と投票者の選択に対するこのメディアのインパクトを検討してみると、バーンズ（Burns 1997）の主張によれば、メディア、とりわけタブロイド紙の（タブロイド紙は、より中道的あるいは中道より左派的な片面刷り広告印刷より、かなり大きな発行部数をもっている）ずっと公然とした労働党支持は、労働党の成功に貢献している公算は大であり、ここでも肯定的な報道内容が投票者の政党知覚を向上させているという主張を、信頼できるものにしている。これは取り立てて新しいことではない。しかし次の主張の重みを間違いなく増している。つまりその主張とは、ニュースメディアは、慎重に選択しながら政党に対する肯定的あるいは否定的な解釈枠を当てはめることによって、またメディアのストーリー、傾向性、視点などの選択などによって、投票者の態度形成に一定の役割を間違いなく果たしているという主張であり、さらにそれらによって政党の立場（そして究極的な成功）に対して実質的な影響を与えることがありうるという主張である。もし、政党のキャンペーンが報道し続けられ、その報道を通じてメディアも政党自身と同様の力でキャンペーンのメッセージを調整することになったとしたら――実状はそのように見えるが――、そのときには政治家（そして政党）の成功、失敗を左右できるというメディアの主張は、これから先もなお重いものと受け止めねばならない。〔メディアがもつ〕この可能性の適例は、女性候補に関するメディア報

道の事例である。関連研究量はますます増えてきているがそれらが明白に示すところによれば、女性候補がメディアに出ることは対応する男性候補に比べ少なく、しかも男性のニュース報道のされ方と比べ女性政治家の描かれ方は一般的に異なっており、通常より否定的である（Kahn and Goldenberg 1991、Norris 1997、Lovenduski 2001、Ross 2002参照）。この過小表示には二つの理由がありうる。政党が女性を進んで代弁者にはしない、あるいは女性は紛れもなく語っているのにメディアがわざと登場を無視しているという二つである。この二つのいずれの影響がより大きいかは明らかでないにせよ、過小表示の帰結は、多くの女性政治家が主張していることを一般の人々はあまり考えないということであり、女性たちが選出（再選）される機会に影響を与える可能性を含んでいる。

　諸個人は、メディアから積極的に政治情報を探し出そうとしている場合でさえ、その目標達成はメディアによって妨げられ続けている。それはメディアが、政策の違いを詳しく述べることよりむしろ、競争者のリーグ日程〔のような競争ゲーム〕や誰が誰を最もうまく中傷しているかという〔中傷合戦〕選挙過程報道に固執しているからである。アメリカや、アメリカスタイルの政治を見習う度がいっそう高まっている英国のような国々では、「競馬」のように選挙を解釈するメディアの枠組みが持続しているが、このことは、候補者の特定の政策や争点上の立場に何らかの形で実際に関わる方向ではなく、主要な行為者・演技者であるアクター／政党が相手を出し抜くために用いている手練手管の方向へと、メディア報道がいっそう大きく傾斜していることを意味している（Kiousis 2000）。驚くには及ばないことだが、選挙報道に対して投票者は非常に否定的であるという結果を大半の研究はもたらしている。その理由は間違いなく上記の通り〔選挙報道で政治の〕実質的内容より〔政争の〕スタイルが優先していることにある（Hart 1987、Patterson 1994、Just et al. 1999）。パタソンはかなり冷笑的に、「アメリカ合衆国は、メディアに基礎をおいて全国選挙を構成している唯一の民主主義国家だ」と指摘しているが（Patterson 1994, p.28）、非難に値するのはただアメリカ合衆国だけではない。BBCのベテランの報道記者ニック・ジョーンズは、政治とメディアの関係をきわめて明快に語っている（Nick Jones 1995, p.220）。「与党とニュースメディアとの関係がどんな状態にあるかは、選挙で勝ち残りのチャンスを示す有用な指標であることが常である」。

　メディアが政治キャンペーンで有効な要素を構成し、とりわけ投票行動に影響を与えているということを明らかにする方法は、効果測定の方法がより精密

になる時間経過とともにずっと変化してきた（Ansolabehere et al. 1997）。テレビのような全国的メディアによって宣伝家が誕生する危険性は——口当たり良くパッケージされたメッセージなら何でも喜んで信じる傾向をもった受動的な政治形態が前提にされていたが——、初期効果研究によって最初からそれほどでもないと受け止められていた。これらの研究によれば、メディアの投票行動に与える影響はごくわずかなものであり、投票者がすでに選んだ候補者や政党への荷担を増やす程度のものとされた（Lazarsfeld and Kendall 1948参照）。しかし、その後の研究から明らかにされたことは、多くの調査は調査用具としての感度が十分ではなく、世論調査は特定の「広告」戦略効果を見つけることができないということだった。アンソラブヒアたちの提案によれば（1997）、政治キャンペーン「効果」に関する最近の少なくとも二つの理論が、いっそうの説明力を持つ。すなわち、

——「共鳴」モデル（resonance model）は、投票者が綿密に構成されたメッセージには説得されることがありうるということを事実として仮定する。しかしその説得は特定のコンテクストに限定されるものであり、既存の政治的選好性や政治的メッセージと投票者の期待との一致度に左右される。
——「競合」モデル（competitive model）は、一定の相互関係を認めるものであり、その関係は政治的説得と投票獲得とで展開される「ゲーム」において政治的競合者と批判、反論の重要性との間で取り結ばれる。

　型にはまった知恵では、選挙キャンペーン中に新聞は、放送メディア、とりわけテレビに比べ、詳細な情報源として勝っているとされる。テレビは単に浅薄な情報提供をするにすぎないが、他方新聞は、政治的ストーリーにかなりのスペースを割いており、そのなかには〔政治の〕背景やコンテクストを含んでいて、読者が自分のペースでメディアのマテーリアルを詳しく検討することを可能にしてくれる。この庶民の知恵は、数多くの研究で裏付けられている。その結果では、情報を主として新聞に依存している人々は、主としてテレビに依存している人たちに比べて、（ニュース内容とそのコンテクストに関する）理解、記憶テストの評点がより高い傾向がある（たとえば Robinson and Davis 1990参照）。しかし、この結果において特定のメディアが、唯一の変数なのではない。なぜなら主として新聞閲読をしているメディア消費者のほうが博識で学歴も高く〔その博識と学歴が評点を高める変数になっていることもあり得るから〕、（単純に）新聞がよりすぐれた情報源であるとはいいきれない（Benntt et al. 1996)。

ともかく、新聞／テレビ論議に関するより最近の著作では、テレビニュースは投票者の理解に対して事実上新聞と同様のインパクトを及ぼすことがあると、主張されている（Neuman et al. 1992、Zhao and Chaffee 1995）。これは、〔どのメディアでもインパクトを与えるうえで〕決定的に重要であることが明らかなのはニュースへの接触（exposure）と並んでニュースへの注目（attention）であるからである。広く認められているように、視聴者が〔テレビの〕ニュース項目を注意深く見て実際に伝達された情報を取り入れ処理するには、それなりに十分に動機づけられていなくてはならないが、この点に関する事情は、新聞でも他のどんなメディアでも同じなのである。

〔だがこれは効果の質までも各メディアで同じだということを意味しないのであり〕、言うまでもなく、メディアが異なれば効果も異なる。しかも近年の数多くの研究が示していることには、印刷メディアのほうがテレビより政治知識の獲得とその後の記憶により強く関連している（Becker and Dunwoody 1982、Kennamer 1987、Miller et al. 1994）。その結果「政治の経過を理解するために印刷メディアを利用する諸個人は、ただテレビしか利用しない人やどのメディアも利用しない人に比べて、政治に関する知識は多い」（Strate et al. 1994, p.168）。知識と情報付与という観点からみた〔テレビと印刷メディアという〕二つのメディアの違いの一部は、テレビは高度に視覚的なメディアとして関わっており、複雑な議論を扱うには適さず、競馬競争で誰がうまくやれるかを図式で示すような、容易に提示可能な単純な概念を処理するにはより適しているということである。この社会に関する最も重要な情報源としていっそう広く認識されてきているのは、新聞でなくテレビであるが、皮肉なことに、これは選挙にかけては別だということは明らかである。他の研究が見出しているところでは、選挙に関するニュースメディア報道に対する投票者の態度は、政党支持のレベルによって強い影響を受けており、その結果ある（どれかの）政党の強い支持者が、メディアはとりわけ「自分の」政党に反対する方向に偏っていると信じる傾向がある（Mughan 1996）。

同様に、ピンクルトンとオースティンはメディア利用頻度、メディアの重要性、政治的不満、それに政治的有効性感覚の関係を調べたが（Pinkleton and Austin 2000）、新聞利用と政治に対する低いシニシズム、ニュース雑誌利用と高いシニシズムという結びつきが、報告されている。彼らは、シニシズムという変数がメディアとメッセージの両方ともに相関していることを、見出している。彼らの研究は、興味深いことに、テレビを頻繁に利用する人に比べ新聞が

政治的情報源として最も大切だと信じている人のほうが、遥かに政治に対して懐疑的で否定的であることを、実証している。全体として調査研究者の主張では、投票者の能動的政治参加への統計的に有意な反応は、否定的内容の政治的キャンペーンに対する敵意でなく、メディアに対する不満であるという傾向が示され、彼らの研究における統計的に最も有意な変数は、メディアに対する満足度であるとされている。しかしパーロフは (Perloff 1998)、大半の人々は情報欲求を満たすために、単に新聞、ラジオ、それにテレビという伝統的な表現手段だけでなく、ケーブル、衛星、そしてインターネットのような新しいメディアも利用する複合的な情報源利用をしているから、新聞対テレビという論争は大半が机上のものであると、指摘している。こうして、個々のメディアに個々の効果を固定させようとする努力は、研究課題構成としてとくに実り多いものではない。

　私たちは今や、これまでより以上に大量の印刷、放送による選挙報道を入手しているが、それにもかかわらずこの一斉射撃のような情報から私たちが得ているものは、増えてはおらず、減っていることもしばしばである。今や私たちは、21世紀初頭という不条理でまったく邪悪な状況のなかにいる。そこでは選挙キャンペーンに関するニュースマテーリアルの量と源は、急激に増加してきている。そのなかにはグローバルな到達範囲に及ぶようになったより最近の24時間ニュースチャンネルも含まれている。他方で同時に、候補者たちは実際に何を示しているのかについての「実質的な (real)」情報はますます捉えどころがなくなっている。私たちの知識が増えれば増えるほど理解の度合は減っている、私たちは何を知らないかを十分正確に理解している、私たちは私たちの知識に格差があることの責任とまた政治に対する冷笑的なアプローチがより一般的に増大していることの責任は、政治家ではなく、メディアにあると非難している。そしてこれらの自明の理によって私たちは混乱しているのである (Lasorsa 1997、Capella and Jamieson 1997)。

　一般の人々の政治家への信頼は下降傾向を続けているが、少なくとも30年間メディア産業への信頼も深刻な下降をしてきているので、メディア産業への信頼度調査をすると状況は同じくらい悪い (Patterson 1994、American Society of Newspaper Editors 1998)、新聞はとりわけ疑惑の中心になっている (Meyer 1989)。このように一般の人々の夢が打ち砕かれている重要な要素は、ニュース一般、とりわけ政治ニュースがとくに選挙期間中あまりにも否定的な見解を示す点にあるということは、十分に論証できる (Owen 1997、Klotz 1998)。ジャーナリストが断固とした姿勢で政治的アクターからのメッセージを取り次

ぐように見える時には、何らかの方法で繰り返し一定の解釈用レンズ〔にもなぞらえる装置〕が介在しているが、このレンズはジャーナリストの努力を歪める働きを果たしている。歪められているジャーナリストの努力とは、政治的アクターが真っ赤な嘘をつくのではないにせよ何らかの問題を隠しているのではないかということを示唆するように、何気なく尋問調のスタイルを用いて政治体制側に直接話しかける努力である。〔そうした歪みの作用をする〕解釈用レンズは、娯楽でもある情報つまりインフォテインメント（infortainment）〔＝information+entertainment〕としてのニュースという広汎な現象の一部となっている。

すべてのメディアがタブロイド化の傾向をもっていることは、十分に立証され、政治家と政治体制とによってとくに言及されている。こうした結果ニュースメディアは、自分たちがかなりやっかいな立場にあることに気づく。つまり一方では、本人の申し立てによると（そして自分自身で自分の根拠としているところでは）「大衆（mass）」であるオーディエンスの卑怯な欲望に迎合し、他方では、同じオーディエンスから率直な報道を彼ら／私たちオーディエンスに提供していないと厳しく非難されている。この両者のうまい中間点はあるのだろうか？　キオシスは、冷笑的な記事の数や記事の全体量が増せば逆に新聞への信頼度が減るという両者の負の相関を、「ブーメラン」効果[7]と呼んで指摘しているが、その著作のなかで彼はこの効果が間違いなく存在していると主張している（Kiosis 2000）。だが彼の提唱は、調査標本が限定的性質をもつという前提に立つ仮説的なものである。そのうえで彼は、一般の人々が抱いているニュースメディアに対する質の悪い知覚と戦う一つの途は、メディア側が自分の報道習慣を改めることだと論じている。

市民がとりわけ選挙状況のなかで民主的過程に貢献していると、自分から申し立てている重要な一つの方法は、世論調査への参加である。しかしながらこの方法に、意味がある何かを表現するうえで有用性と信頼性があるとすることには、まだ広く疑いがさしはさまれている。ラヴラカスとトゥラウゴットは（Lavrakas and Traugott 2000）、アメリカというコンテクストにおいて選挙中の世論調査は、少なくとも選挙戦の強力な武器として政治家から考えられていると、主張している。たとえば、彼らの指摘によれば、反－クリントン側の扇動者たちは、クリントン支持で一貫している世論調査がおそらく慎重に熟慮しても不正確だと信じている。そのうえ共和党のレトリックは、とりわけその世論調査の信頼性と投票を変えさせる世論調査の潜勢力とを損なう方向に向けられた。しかし、共和党員たちが「教育」しようと努力しているその一般の人々

は、世論調査に対応しているのと同一の人々なのだから、〔世論調査の〕信頼性を台無しにしようとするこのような戦術は成功する見込みがなかった。ともあれ、(政治家とメディアにとっての場合とは対照的に) 選挙民にとっての世論調査の重要性は、今日しばしば再検討されているし (Lewis 2001参照)、これまでもされてきた。それは、一般の人々に関する世論調査データの最も初期の評価によって、〔世論調査の〕世論感知度のレベルが高いこと、世論調査の有用性に対して好意的な傾向が一般的であることが示されて以来、続いていることである (Goldman 1948参照)。

9　世論調査と効果

しかし、世論調査に関する知識を持つことは、世論調査データを用いて自分の意思決定過程で知識を増すこととは、かなり異なる。しかも続いてなされた諸研究では、自分自身の意思決定過程で知識を増す際の世論調査情報の有用性に対して、投票者側にはかなり相矛盾する態度があることが立証されている (Goyder 1986、Roper 1986、Miller 1991、Dran and Hildreth 1995、Nightingale and Ross 2003)。世論調査の「効果」に関連して大きくみれば二つの仮説がある、つまりバンドワゴンとブーメランである。

- —バンドワゴン命題[7]は、つぎのように主張する。一般の人々がある党の側が他方より有利だとみれば、一部の人は成功が明らかな勝ち馬〔バンドワゴンつまり楽隊馬車〕のほうに飛乗る。こうして予言の自己成就[7]を達成する。他方負け犬側の党の支持者は、信用ができなくなり投票に出かけることをやめてしまう。
- —ブーメラン効果[7]は、このバンドワゴン命題と反対の傾向を提案する。つまり強いほうの党が悦に入ってしまい、負け犬側の党支持が増える。

明らかに、この両方の命題が等しくしかも同時に正確ということはありえない。しかも、一方が他方に比べより正確であることを見分けることができる世論動向は存在しない (Denver 1989)。いずれにしても、世論調査というものは「すぐれた」ものだという一般的見方が人々の間に存在しているように見える。たとえ、このような見方の基礎に、世論調査の方法論と企画に関するただしい理解が必ずしもないにせよである。しかしその代わりに、世論調査は、適正な方法によってデータを得てきたとして、またデータは「事実に即してい

る」として、一定度の信頼を得ている。あるいは、おそらく一般の人々は、世論調査データの正確さは実際のところあまり気にしていないが、そのデータが一般の人々の多様な政党に対する広範囲にわたる評価について手短に何事かを語っており、しかも政治家はその語りによる世論に注目を強いられるといわれている事実に、より大きな関心を寄せている。だがクルーは、まさにそのバンドワゴンとブーメラン効果の両方が原因で世論調査企画の正確さには問題があると、力説している（Crewe 2001）。彼は、2001年の総選挙を含む数回の選挙において、英国労働党の支持基盤が引き続き過度に膨張していることをじっくりと考えて、次のように主張する。

　キャンペーンの間ずっと保守党に対する労働党の優位度の真の値は、約10％であると仮定すれば、無作為標本に基づくよく練られた企画の世論調査なら……労働党は７％から13％の差で有利である。労働党の勝利は有望だが、必ずそうだとは限らない。労働党が過半数の票をとることは明らかだが、地滑り的な勝利ではない。勝負が見ものの選挙で結論が定まっているものではない、などと報告するだろう。（Crewe 2001, p.664）

　言い換えれば、〔世論調査に基づく予測は、バンドワゴン効果で敗者側の投票を減らし、ブーメラン効果で勝者側の投票を減らす影響があったかもしれないから、もし予測がなかったとすれば〕、労働党と保守党の支持者はともにもっと多いと判明したかもしれなかった。そしてまた勝敗の結果は変わらなかったとすれば、勝利の規模にはまちがいなく影響が及んだであろう。労働党の過半数は、1997年の179から2001年の167へと減少したにしても、相次ぐ選挙でこれほどの大勝をするとは、〔おそらく選挙予測の後のバンドワゴン効果が働いて大勝になったために〕予測ではしめされなかった（Norris 2001a）。クルーからみれば、若干の例外はあるが、英国世論調査機関の根本的問題は、世論調査で労働党支持を一貫して過大表現していることである。この調査方法上の癖には、いくつかの理由があるが、そのうちで主要なものは、保守党支持を「認める」ことを調査相手がためらう傾向がより大きいこと、それと並んであるいはそれとは別に、保守党支持者の間では世論調査への協力拒否率がより高いことである。
　一方で、世論調査は選挙雰囲気感覚をもたらすうえで、間違いなく重要であるが、あまりにも多くの決定的理由で大々的な過ちを犯してきたために、大変権威ある予測とはされえないでいる――その最近の好例は2000年の大統領選戦

でアメリカのいくつかの都市において出口調査[8]が大失敗したことである。世論調査に関するフレッチャーの著作が示すところによれば (Fletcher 1996)、世論調査には無数の欠陥があるために、それを用いても民主的活動に必ずしも役に立つものではない。──〔欠陥の例を挙げれば〕個人の選好強度を考慮するうえでの欠陥、知識豊かな意見も乏しい意見も同じように信頼すること、単一の争点をそれだけ切り離して検討する傾向などである──結局、世論調査利用は、実際の効用をもたらさない。これほど否定的ではないが、類似した考えを提唱するハーブストによれば (Herbst 1993)、世論の代用として世論調査データを利用すると、広いが深くないコミュニケーション形態をもたらす。つまり深く掘り下げたことはごくわずかだが多くの事柄の表面をなぞったデータを産み出す傾向がある。そしてもし、選挙キャンペーン中にメディアの政治的ストーリーの解釈枠で、政治家や候補者が不利な扱いを受けたら、世論調査専門家たちも、自分たちのデータがある種の偽物語りの基礎に思いがけずも流用されて、同じように不満を抱くことになる。データができる限り信頼性と真実性を確保するように世論調査会社が注意をはらった場合には、とりわけそうである。ブロートンは次のような考えを提示している (Broughton 1995)。つまりニュースメディアが単純化に固執する結果、多くの世論調査データに付随する微妙なニュアンスは、センセーショナルな原稿作成に熱心なジャーナリストたちによって無視される。そしてこの傾向は、世論調査の投票行動予測に不信感を増すという事実を助長することになる。だが、世論調査の肝心な点を見失うことに巻き込まれているのは、単にメディアだけではなく選挙民自身も巻き込まれているようである。なぜなら世論調査の面接で投票意図を尋ねられた時、必ずしも真実を語ろうとしないからである。

　出口調査の支持者たちは（たとえばMerkle and Edelman 2000)、世論調査企画の改良によって信頼性 (reliability) の向上が助成されるだろうと主張しているが、他方では、何回か引き続いている選挙で調査に無回答者が増えているから、妥当性 (validity) の向上を可能にする方法を見出すことは困難になっている。だが重要なことは、（政党自体が契約している世論調査に対して）メディアによって行なわれている世論調査は、諸見解の寸描を独自の形で間違いなく提供していることである。ただしこれらの調査に人々は加わることには積極的だが、実際にしようと意図していることを必ずしも反映はしていない。それでいながら、世論調査はある種の次元でより大きな政治的様相について諸意見を合成した形ではあるが、一般の人々が政治的論議の場で発言し、意見を述べることを可能にしている。〔保守党党首の〕ウイリアム・ハーグの前メディア補佐

官、アマンダ・プラッテルが「秘密を漏らす」ビデオダイアリーで思い起こしていることは、メディアが労働党の地滑り的勝利が差し迫っていることを強調しているにもかかわらず、保守党の「作戦司令室」はキャンペーン期間中かなりの自信を持ち続けていた。それは『ガーディアン』紙が、トニー・ブレアの圧倒的で明白な支持を示す世論調査を発表するまで続いた。その時点までガーディアン世論調査は、絶えず両党がほぼ互角であるという結果を示してきた。そして他ならぬあの世論調査が、きわめて投票日そのものに接近した日にキャンペーンチームの終焉のはじまりを示したのだった (Platell 2001)。ラヴラカスとトゥラウゴットは、人々の気持ちを明確に示すことができるのは唯一「確実な」世論調査のみだと、注意深く主張しているものの、世論調査というシンボルのもつ力を少し高く評価しすぎているようである。

> メディアが、方法論的に適切な選挙世論調査に基づいて報道をした場合には、メディアは民主主義に対して唯一の最も大きな貢献をすることになる。その貢献を通じて、メディアは象徴的メッセージを伝達するのであり、そのメッセージこそが政治体制の奉仕すべき各市民総体の意思と選好なのである。一般の人々を代表する良質の代表的標本ほどこのメッセージを適確に象徴するものは他にない。(Lavrakas and Traugott 2000, p.4)

しかしながら言うまでもないことであるが、世論調査には限界があるにもかかわらず、時に疑わしい質もある情報でも少ないより多い方がまちがいなくましだと主張することもできよう。とりわけ諸個人が民主的権利の適切な行使を可能にするため、適切な情報入手が重要である選挙キャンペーン中はとくにそうである。世論調査が提示するデータは、ある種の政治体制を容認できるか（否か）を評価し、そうすることで選挙民が時に能動的に政策議題を作ることができるようになる。したがってデータは選挙民と同様に政党にも力を貸すことができる (Meyer 1989、Hickman 1991)。

だが、世論調査には、支持者と並んで批判者もいる。しかも世論調査史の初期から何か意味のあることを示すバロメーターとしての世論調査の妥当性は、問題視されてきた (Blumer 1948)。これは、普及してきた世論概念そのものがもつ移ろいやすく多義的であるという性質、つまり世の本質そのものが小さからぬ原因をなしている (Price 1992、Herbst 1993、Huffington 1998、Salmon and Glasser 1998参照)。世論調査データに対する不信感の重要な要素は、先に検討した点、つまり世論調査の調査相手となった人たちは、政策の違いについ

て本当にどの程度知っているのかという点と関連している（Delli-Carpini and Keeter 1996参照）。とりわけ、この人たちは、意見を求められた時自発的に見解を述べたのだろうか、また意見を尋ねられたその争点について実際に深く考えているのだろうか（Luskin 1987）？

　間違いなく、大半の市民には政治プロセスに対する熟慮した討議（deliberation）が欠けている。だから一部のコメンテーターたちは、より感受性の高い方法追求に希望を託してきたのであり、その方法で一般の人々は、自分の政治的選択をより注意深く考えるよう力づけられてきたのかもしれないのである（Fishkin et al. 2000と、次の節の「デリベラティヴ・ポッル」を参照）。選挙キャンペーン中の〔選挙予測のための〕世論調査発表の禁止は、確かに一貫して要求されてきたし、とりわけ英国ではそうである。早くも1967年には（英国の）「下院議長主宰選挙制度改革会議」[9]は、次のように主張し禁止を支持した（Denver 1989）。世論調査は、投票行動に影響を与え、選挙を単なる競馬のような勝ち負けレースへと貶めて些末なものにしてしまい、重要な利害が関わる争点に最低限の注意しか払わなくしてしまう。だが、英国政府は、今日に至るまで引き続きこの提案を拒否してきた。とはいえオーストラリアでは、ごく最近まで特別の立法があり（放送法 1942 第1.1.6条第4項）メディアの推定力は世論に影響を間違いなく与えるという理由で、メディアによる選挙結果予測と政党のプロモーション報道とを禁止していた（Winter 1993）。

10　次世代の世論調査

　だが、世論調査にかんしては、一般の人々の政治的談話への関与手段という利点を保持しながら、大規模世論調査が持ついくつかの欠点を軽減しようという努力がなされ続けてきた。たとえば、オランダの研究者チームは、表向きは「通常の」世論調査を実施しながら、政策関連情報を導入することによって、〔政策〕「選択」質問紙を発展させた（Neijens 1987）。世論調査専門家たちは、政党間の特定政策上の立場に関して調査対象となった一般の人々のもつ知識を向上させようと意図してはいるが、彼らの「事実」とする陳述にバイアスが入っていないかどうかは分からない。1990年代には、さらに新たな三つの方法が考案された。〔第一は〕市民陪審員制度（Citizen Juries）で、ミネソタ州のジェファーソン・センターで開発されて、英国に導入され、とりわけ「公共政策調査研究所」（Institute for Public Policy Research）で用いられた（Coote and Lenagham 1997）。英国で市民陪審員制度は、全国的規模での参加呼びかけに応

募した一般の「普通の」人々から構成されている。そのうえでこの陪審員たちは、いくつかの陪審団を形成し、犯罪、教育、健康などの特定係争点に関連する「証言」に耳を傾ける。対抗する議論を出した諸個人から証拠が提出され、議長によって処置される。一度すべての証拠提出がすめば、陪審団は聴取した証言内容を検討し、係争点について判定を下すのである。

　〔第二の〕テレボーティング（televoting）は、テッド・ベッカーとクリスタ・ダリル・スラトン（Ted Becker and Christa Daryl Slaton）が創り出したもので、彼らは一組の無作為抽出標本の人々にインタビューし、引き続いて行なうインタビューへの参加を依頼し、何度かのインタビューの間で読む資料を与えた（Slaton 1992）。この目的は、人々がこの「宿題」を与えられたことでよく考え、知識をもっと増やしたうえで以降の議論に参加し、最終的には個人の意思決定に至ることを余儀なくされるかどうかを、明らかにすることであった。

　他方、とりわけ人々の関与を深めるモデルが、テキサス大学でジェイムズ・フィッシュキン（James Fishkin）によって開発された。〔第三の〕これは**討議付き世論調査（deliberative poll）**[用語35]であり、元は1996年の大統領選挙用に確立されたものである。この場合、新たな形式の世論調査では、確率標本を用いて459人のアメリカ市民を呼び集める。その目的は一連の争点について議論させ、異なる諸意見の提出を可能にするとともに、問題解決を目指していくつもの見方の共有促進を図ろうとするものである。この第一回の世論調査は、全国争点決着大会（National Issues Convention：ＮＩＣ）と呼ばれ、アメリカとその他の地域において以後継続する討議付き世論調査のモデルとなった。

　パブリック・ジャーナリズム（Merritt 1995、Rosen 1996）、すなわち、営利取得のためのジャーナリズムに対するものとして公共的利益のためのジャーナリズムに不可欠な根本的特質は、異なる人々の間のいっそうの理解を可能にすることにあるとすれば、討議付き世論調査のより大きな利用に向けての動きは、価値あることにちがいない。比較的小規模の人々が自分の見解を表現しさらに相互に論じ合うことを可能にし、それをもとにしてさらに大きな人々に議論と理解を拡大していく戦略は、在来の大規模世論調査に対して有益で新たな充実をはかるものとなろう。それは民主主義機能の改善に向けたより大きな枠組みの一部である。

　しかしながら、一般の人々によるより熟慮された討議支援への呼びかけは、――英国では、民衆議会（People's Parliament）、市民陪審員（Citizens Juries）、そして労働党政府により推進された（かなり笑いものにされたが）政治的「関心集中グループ（focus group）」などに反映されている――その限界を理解して

抑制されたものとされる必要がある (Price 2000)。一方で伝統的な大規模世論調査は、「賛成」「反対」という一対の単純な測定値に回答を合成し、その違いを削除してしまう傾向があるが、より信頼のおける標本抽出法は、少なくとも標本の代表性 (representativeness) を間違いなく高める傾向をもつ。ハーブストとベニガー (Herbst and Beniger 1995) が主張しているように、無作為抽出法は創案者の主張する代表性への信頼をより高めてはいるものの、大半の世論調査はその構造とコンテクストゆえに、確保しているのはあらかじめ定められた問題リストに対する素早く無分別な反応である。〔これに対して〕討議付き世論調査は対象人数がずっと少なく、〔大規模世論調査と〕類似した代表性確保の主張はできない。だが結局のところ、〔大規模世論調査も討議付き世論調査も〕それぞれの知見に寄せる信頼感は、二つの条件に絶えず左右されるのであろう。つまり一人一人異なる調査解読者のもつ全体的に正しく見る能力と自分自身の見解に対する共鳴と確証を見出したいという要望とである。〔このような限界をわきまえ、適切に利用すべきである。〕

11 積極的投票者

　市民、政治家、そしてメディアの間の関係に関する研究成果でジャストたちが見出したことは (Just et al. 1996)、政治家とメディアの双方から甘い言葉、バイアスや真実の切りつめが進められているにもかかわらず、市民自身はメディアを媒介したメッセージを拒否したり (再) 解釈する力を示してきた、ということである。しかしながら、「市民は候補者像を構築する時、情報環境によって熟慮を払う範囲に違いが出る」ので (Just et al. 1996, p.233)、政治プロセスに関する異なる情報源にアクセスしたり、関心を向けることは、投票の最終意思決定をするうえで大切であった。言い換えれば、情報と知識が豊かな市民は、投票意思決定をするときより多くの情報源をもっているか、少なくとも利用している。だが、情報源は増えても似たり寄ったりのことをいっている状況を産み出すメディア産業の複合企業化を所与のものとすれば、ここでいう「より多くの」(more) とは、必ずしも〔質的差異を伴った情報源の増大という〕差異 (different) を意味しない。ジャストたちの成果で興味深い知見は、市民たちが政治候補者の評価をする際の基礎は、候補者の政治的帰属でなくむしろ個人的属性であることがずっと多く、しかもこれらの評価が主にマスメディアによって利用可能となった多様なコミュニケーション形態を通じてなされている、ということである。

しかし、このような〔情報源の量的増大はあっても、情報の質的多様化は必ずしも伴わないという〕明白な反対傾向の併存があってもそれは、意思未決定の投票者にとって問題となったりその兆候となるということとは必ずしも結びつかない。事実〔テレビ番組などで時事解説をする〕コメンテーターのなかには（Marcus 1988、Hochschild 1993）、新しい思想を受け容れやすい市民は、新たな情報を取り入れ、それを熟考、評価しそして考え方を「変える」力を持っており、その存在は民主主義社会の適切な機能がまさに要請するものだと、指摘している者もいる。予断をもった意見を疑問視する可能性を含んだ新たなデータを無視することは、硬直的思考と慣性を単に助長するだけである。ミラー（Miller 2000）の見方によれば、豊かな知識を持ったこのような意思決定は、元の立場と相容れなくても討議と熟慮に基づくデモクラシー（デリベラティヴ・デモクラシー）[10]の理想の実践である。だが新しい観念を「受け容れやすい」ということは、政治的な反対傾向を併存させているということと同義ではない。ジャスト他の研究（Just et al. 1996）を含む大半の研究が、結局認めていることは、既存の見解から脱するよう説得している選挙キャンペーン期間中のメディア広告に多額のお金が支出されていても、投票行動の安定的予測要因は依然政治的党派性である。しかし反面、年上の女性ほど中道の政党からみて右寄りの政党に投票する傾向が強いということが一般に受け容れられた知恵だったとか、たとえジェンダーや年齢のような「評価の定まった」予測要因であっても、もはや有効とは見なされない。それはジェンダー差が縮まりつつあると見えるからである（Kaufmann and Petrocik 1999）。女性も男性も変化の速度こそ違え、もとの立場を離れて反対方向から相互に移行・接近しつつあるように思われる。その理由はいろいろあるが主な理由は、今日の「年上世代」はラジカルな1960年代を経験して成長した所産であることである。

12　能動的オーディエンスとパブリックアクセス放送[11]

これまでの検討の大半は、メディアが普及・促進した政治的メッセージをオーディエンスがどのように消費し、意味づけるかという点に集中してきたし、そのメッセージはジャーナリストが推進したものと政党が推進したものとの両方を含んでいたが、この最後のセクションでは、メディア媒介の公共的／政治的空間にオーディエンスがどう能動的に関与しているのか、を考察する。

伝統的には、私たち市民が政治プロセスに参加する最も普通の方法は、選挙で投票すること、そして先に検討したように世論調査やその他の政治的調査に

関与することである。だが政治家の放送メディア利用が増大することによって、一般の人々は自分が住んでいる選挙区の国会議員に会うより、今や放送（テレビとラジオ）のスタジオ討論の一部として国政の政治家に出会う可能性のほうがより大きくなっている（Coleman and Ross 2002参照）。政治家がより強く望んでいるのも、メディアの専門職業人によって「解釈される」ことがより少なく、しかもより直接的にかつ「自然のままに」より多くのオーディエンスに自分のメッセージを行き渡らせることである。だが政治討論への一般の人々のこのような介在は、ハーバーマス（Habermas 1989）が認めるような**公共圏**[補足4]への民主主義的参加であると、実際に見なせるであろうか？　この問題への解答をするには、二つの制約条件がある。一つは問題となっている番組の特定構造であり、もう一つは参加を目指す競合がどの程度公開されているか、また参加者のバランスがどの程度保たれているか、特定エリートひいきにあからさまに偏っていて一般の人々に〔全体の声を表現するうえで〕支障はないか、ということである。

　テレビ番組の現実は、真意はともあれ、結果は娯楽要素を含んだ情報番組（インフォテインメント）であり、政治プロセスの推進を目指した分別ある人々の「筋の通った」議論ではなく視聴者の楽しみの最大化をねらったものとなっている、という見方をするコメンテーターもいる。だがリビングストーンとラントが主張するとおり（Livingstone and Lunt 1994, p.32）、「論争の構造と統制が見かけ上は欠けていても、情緒的な騒音でなくコミュニケーションによる葛藤を意味することもありうる」。言い換えれば、多様な諸個人からの提示が議論の直線的進行にはなっていなくても、それが必ずしもコミュニケーション不在の真空ではなく、逆にどれも同じように妥当な見解を荒々しく交換していることを意味している、ということもありうる。民主主義のもとでは全員一致は必要条件ではない。必要とされているのは、そうではなくて、異なる諸見解と大多数が受け容れ可能な決定との尊重である。オーディエンス参加番組に関する著作のなかでリビングストーンとラント（1994, p.179）が示しているところによれば、番組に関与している一般の人々をニュースの題材として扱うのかそれともゲーム番組への参加者として扱うのかによって無関係ではない二つのジャンルがあるが、この比較的新しいタイプの番組はそのどちらのジャンルも混在している。それゆえ彼らが示していることは、このオーディエンス参加番組は〔二つのジャンルの間に成立している〕「間ジャンル」であり、権力を持ったエリートと市民との間の関係（そして両者の相対的地位）の再考を余儀なくするものである。

電話によるラジオへの参加番組『エレクション・コール(*Election Call*)』が、2001年の英国総選挙キャンペーン中に放送されたが、この参加者に関するコールマンとロス (Coleman and Ross 2002) の研究では、電話をかけた大多数の人たちは番組に関与したことに大変満足していた。もっと一般的にいえば、この番組は純粋の政治討論に「普通の」人々をいつもと違って実際に関与させたが、この番組のそのような貢献に、この人たちは肯定的であった。オーディエンスの変化の受け容れやすさは、概して男性より女性の方がわずかに慎重であったが、この番組に参加して満足したことの一部は、尋ねたかった問題が放送されること（そして尋ねたことが真剣に考慮されること）へのアクセス〔接近・参加〕の機会が与えられた点にあることに間違いない。それに加えて市民としての立場から、その日肘掛け椅子に座っているどの政治家に対しても、多くの場合表面的ではあるが、少なくとも回答をしようとさせる強制力を持った。多くの通常の投票者からみれば、政治家たちは、過度になれ合い過度にこびへつらっている番記者たちからあまりにも受け容れられすぎているので、質問から「逃げ切る」ことがよくある。だが政治家にインタビューする記者からみれば、これは記者たちが望んでいる結果ではなくて政治家たちが意図的に展開していることなのである (Williams 1980、Moyser and Wagstaffe 1987、Puwar 1997)。事実ラング夫妻の主張によれば (Lang and Lang 1983)、ウォーターゲート事件のスキャンダルの時[12]、関連の政治家を倒したのは、まさに公然と人目にさらされた不法行為だったが、公然化の背景には、ことの成り行きがテレビで放送され、メディアの入念な調査と、それに続く摘発があった。同様にその10年後のクリントン元大統領の女性スキャンダル「モニカ・ルウィンスキー」事件の「真実」をメディアは容易に屈しないで追求し、そして納得できる話を語ることができないビル・クリントンの明白な無力をテレビが暴露し、その結果彼の不名誉と違反がいっそう広く一般に知れ渡ることとなった。非常に驚くべきことは、引き続く何世代かの政治家たちは、ジャーナリストたちとの良好な関係が変わりなく続いているのは自らの信望が揺るぎないときのみだということを、悟っていないことである。

　以上のように、パブリックアクセス放送は、公共的フォーラム〔公開討論会や討論番組〕を企画・放送することにより、民主主義的機能を確かに実現している。そこでは、政治家の意思決定に対してではないかもしれないが、おそらく聴衆であるオーディエンスの投票意思決定に対しては、一般の人々の見解、意見が少なくとも潜在的に影響を与える可能性がある。このようなフォーラムは、国民の意向（鼓動 puls）をチェックするうえで政治家の役に立つ場であ

り、「政治の外にある」権力の基盤を構成するものとしての〔国民の意向の〕足取り（ペース pace）であると理解できる（Heller 1978）。コールマンとロスの研究（2002）における番組『エレクション・コール』への参加者たちが信じたのは、番組は二つの理由で民主主義に貢献したということである。一つには扱った諸問題の範囲の広さと内容の多様性によって、もう一つは人々は「言いたいことを言い」、政治家に説明させたことによってである。このような番組では少なくとも、諸見解が交換され熟慮されうる場が提供されている。ただその交換の基礎は、一対一のバラバラな一連の相互作用からなる、かなり直線的な基礎であり、合意を達成しようとする明示的な意図は不在である。目標はむしろ、一般の人々と政治家との間の対話を促進することであり、それによって少なくとも後者が前者のいうことに耳を傾けて、フレイザー（Fraser 1990）とムフ（Muffe 1992）のいうように、解決よりむしろ相互作用に向けて最小限の基準の批判を実現することである。これはある種の環境の下で可能な最善の所産である。その環境とは、審議する地位は政治的エリートたちがいつも支配しているが、市民はちょっとの間、オーディエンスではなく少なくとも積極的活動家（activist）になることが可能な環境である。

13　結　論

メディアが政党や政治的プロセスに関する一般の人々の信念（beliefs）に影響を与えることができるということをどの程度まであなた方が信じるかということは、次の条件に左右される。一つは原因と結果について、またあなた方がエイジェンシー[補足2]であること、そして行為を起こすことについて抱いている、より一般的な通念は何かということであり、さらにはあなた方が個人として簡単に見分け承認することがないうちに影響を受けてしまう可能性があることを、どの程度まで信じるかということである。これまでの何章かで見てきたように、政府やその他の政治関係者が供給するものを含め、オーディエンスに与えるメディアメッセージの効果は、研究者たちの大きな課題であり続けてきた。つまりメディアは何らかの効果をもっているのかどうか、もしそうならその効果とは何かなどの課題である。メディアの政治的メッセージが一般の人々の知覚や投票行動に与える具体的な影響に関する見方は、大ざっぱに言って二つに大別される。数多くの政治的コミュニケーションの学者が提唱するところによれば、このようなメッセージとキャンペーンは、変化には最小限のインパクトしか与えないが、既存の傾向を確認させ揺るぎないものにする効果は、間

違いなくもっている。

　したがって政治的コミュニケーションとその発信者のもつ効果は、ある種の儀礼的確認の演技行為であり、実在するというより象徴的なものである。政治的な演技者でもあるアクターたちが予測可能な諸議論の統一を図り、お決まりの反対は規則的にテレビ放送されるが、多くのメディアの消費者たちは自分の政治的信念という安全地帯にすでに入り込んでいる。新たな情報に接したり異なる政党によって推進される新たな政策に反応して明らかに立場を移行することもあるが、政党の方向づけをする政治家より一般の人々の政治的信念は通常より永続的である（Butler 1989、Butler and Kavanagh 1997、King 1997）。

　他方で政治家とその顧問たちは世論調査専門職業人と並んで、異なる効果を提示している。つまりたとえ土壇場でも巧妙なキャンペーンメッセージで、投票に関する決定的に重要な信念の移行を、したがって行動の移行を少なくとも浮動層で勝ち取ることができる、というものである（Gould 1998、Holmes and Holmes 1998、Finkelstein 1998）。

　一般の人々の信念に政治的コミュニケーションが実際に及ぼしているインパクトは、おそらく〔メディアの効果を及ぼす力が〕全能と無能の連続体のどこかに位置しているのであろうし、それぞれの人で異なるのであろう。政治ニュースが扱う範囲と一般の人々との関係は、高度に複雑なものであり、完全無欠の視点から構成された影響に関する単純理論で容易に律することができるものではない。そのうえ少なくともいくつかの選挙研究は、全能－無能の二元論を超える分析を展開している。パブリックアクセス放送と並んで政治家と一般の人々が関わるその他の機会もあるが、両者に関する研究文献は増人してきている。それらの文献が示すところによれば、多くの市民たちは政治プロセスに対して政治家より大きな関心を寄せているだけではなく、メディアも一般的に認めていることであるが、民主主義的プロセスにより積極的に関わるように提供されたメディア空間の価値を、市民は十分に理解している。それゆえ、一般の人々の変化をもたらす内的な力を高め政治参加の権利を援助することによって、メディアは民主主義社会において積極的役割を遂行することが可能である。正当な根拠に基づいて言うが、メディアはこのような機会を十分には提供していないと考えられる。

6章 ファンとしてのオーディエンス
——アイデンティティ、消費、相互作用性

Fan audiences: identity, consumption and interactivity

　共同体が拡大するにつれ、そして人々の反応の時間が短くなるにつれ、一群のファンであること（fandom）による消費者の積極的活動の信条はより実効性のあるものとなっていく。ファンは番組を守るため、あるいは不評の展開に抗議するために草の根の人々から沸き上がる力（grassroots effort）をすばやく結集することができるのである。(Henry Jenkins 2002, p.161)

1　イントロダクション

　「オーディエンス」は、メディア研究者によって過去数十年にわたって概念として形成されてきた。その概念は、受動的な愚か者から相互に作用しあう批判家へと変化した。さらにこれとある程度類似した変化は「ファン」の形態にも見出される。すなわち、オーディエンスの場合と同じ様に、ファンにも同様な矛盾が含まれているということである。この章ではファンであるということが何を意味するかを、オーディエンス研究者の観点から、またファンの観点から、さらに時々ファン研究者の観点から探求していく。とくに、ファンを魅了してきた様々なジャンルについて議論し、ソープオペラのようなとくに女性に焦点をあてたファンのテクストや「女性の映画」のような女性向けのメディアについて考察する。重要なことは、特定のテクストに関するファンの知識や興味がどのようにして産業そのものに利用されているかというその方法について検討することである。その検討によってファンは自分たちが消費しているまさにそのテクストの作り手になるのである！

2　想像上のファン

　これまで、集団や共同体、帰属していることとしていないことという概念は、鋭くとぎすまされ、複雑な問題を抱えるものとなってきた。それは次のような研究動向とともに発展してきた。一つには、メディアによって促進されている伝統的（抑圧的）な固定概念を脱構築するきわめて重要な研究が慎重に着手されてき

たこと(とりわけ Stuart Hall 1988, 1992やその他の人々によって)であり、そして人種、階級、ジェンダーをめぐる**メタ・ナラティブ**[用語49]に向けられた全体的に見て必要で重大な異議申し立てが、規範的社会理論に対する批判を増大することに貢献してきたことであり、さらにはグローバルメディアの諸過程の正体を暴くことが、ポストモダン・プロジェクトの重要な一部をなしてきたことである。

ポストモダニズムは、多くの貴重な成果をもたらしたが、同時に多少なりとも集合意識[1]を示唆することを潔しとせず、ほどほどに時代遅れの軽視をしてきた。つまり私たちは、幸福に満ちた個別の存在〔という近代〕へと先祖返りしている個人消費者以外の何者でもないというわけである。だが、たとえば「人種」という概念はこの世界全体でまたともに働く行為者にとって、依然として間違いなく意味をもっている。その意味の大きさは、次のような願いの大きさに匹敵している。つまり人種という用語を用い続ければ、誤った正当性を享受してしまう危険性につながるので、「人種」という用語を拒否し、それによって「社会」が個人に関して語る場合の語り方を改めたという、私たちがもつかもしれない願いの大きさである。一群の人々は特定の番組のファンとなっているが、一群のファン層の一定対象、つまりその特定番組に対して、ファンたちは関心を共有していると間違いなく考えているし、しかもそう考えていることの意味は大きい。所属したい、一つの声で語りたいというまさにこれと同様の願望は、エスニックマイノリティのテレビ視聴者や障害のある聴取者のようなニッチ・オーディエンスに関するロスの研究でも見出されている。しかもこのオーディエンス諸個人は、他のすべての属性を共有してはいないのである(Ross 1996, 2002参照)。

確かにファンとファン・コミュニティは、常に変化している状態にある。絶え間なく変化するファンのランドスケープ、すなわちEメールやメーリングリスト、インターネットのような新たに発展したより相互作用的なメディアによって加速され、新しいグループが出現したり解体したりしている。しかし重要な点はたとえ自分自身がファンであることが経験的に「私的」で個人的な活動であり、1人で参加するものであったとしても、ほとんどのファンが自分自身をより大きなファン・コミュニティの一部として見なしているということである。『スター・トレック』[2]や『ジーナ』[3]、『ネイバーズ』[4]など、問題になっている**ファンがつくるモノ**[用語39]への彼らの異常な楽しみ方にかかわらず、ファンは国中に(あるいはアメリカやオーストラリアのソープオペラの人気を考慮に入れたときには地球全体にさえ)何百万もの他の人々が同じテクストから

喜びを得ているということを知っているのである。

「普通の」人々の生のファン体験と文化批評家が生み出したファン理論との間には不協和音がある。その不協和音こそ理論／実践のギャップから立ち現れるものであり、そのギャップゆえに現実世界の意味を明らかにするうえで、学術研究の効用を縮減しているのである。多くの（しかし完全にすべてではない――たとえば Harris and Alexander 1998、Jenkins 1992b参照）ファンに関する学術論文は〔ファンと〕ある一定の距離を置いた関係にある。そこでは「ファン」は研究者にとって完全な「他者」であり、対象として研究され、そしてまた「他者」としてファンを命名する権限は「私／研究者」にある種の優越感を与える。このことはとくにファンではない（研究者の）観点からファンの特徴づけが幾分軽蔑的に曲解された場合に明らかとなる。アング（Ang 1991）が明らかにしたように、研究者たちはしばしば彼らのコミュニティの感覚を拒絶し、オーディエンスという状態（audiencehood）の内側の（ファンの）感覚を考慮に入れ損ねている。なぜなら、その概念は社会的に分離されたものとしてのファンという容認済みの通説に背いているからである（後述参照）。当の研究者がファンではない場合におきるファンに対する学術的な考察に関する重大な他の問題は、「外部者」はいつもファンのきわめて微妙な差異を持つ言説を把握することができないために、とりわけファンが記述したものがもつ繊細な意味の大半は〔分析から〕見落とされるか、無視されてしまうということである（Green et al. 1998）。

3　熱狂するファン

私たちが「ファン」という単語の起源が「熱狂」であると考える時、次の点に留意することが有用である。すなわち、ファンとはポピュラーカルチャーのなかでしばしば悪魔に取り憑かれたようなものであり、常軌を逸したヒステリックなものと見なされるのである。デイビッドソン（Davidson 1973）の主張によると、テレビのファンの行動についての初期の議論は比較的温和なものであった。それは、1970年代、読者にファンクラブに参加したり立ち上げたりさえする方法についてアドバイスやサポートを提供するようなティーン誌の記事に見られた。しかし、1980年代の初頭までには、ファンに対してより悪意の光を当てて見るような論説が出はじめたのである。たとえば週刊誌『ピープル・ウィークリー（People Weekly）』は「感情の空虚さを必死に埋めようとするあまり、一部のファンはアイドルにとって危険なものとなる」（Freedman 1981か

ら引用）という見出しの記事を掲載した。そのような表現はどのようにしてメディアがファンやより「熱狂的な」ファン行動の様式を作り上げていったかの特徴を示している（Harrington and Bielby 1995）。とくに卑猥な興味はファンをストーカーにし、そのようなストーカー行為によって有名人の犠牲者は、絶えず記事の見出しを飾るようになった（Schindehette 1990）。

　ファンとファン文化に対する偏見は、メディア人物評において長い歴史を持つ。ルイスは、次のように提唱している。ファンたちがとくに機能不全に陥るようなコンテクストにおいて、たとえば彼らの「アイドル」をストーキングするような極端な行動にふけるようなときには、ファンの特徴は「……ファン自身が社会から認められず人気のないことが、スターへの妄想にかりたてていると説明できる」（Lewis 1992, p.137）。このように、ファンであることは、個人的なものと、一般的に**スターシステム**[用語24]と呼ばれるものへの集団的で病的な反応として考えられる（Grossberg 1992）。スターシステムは、ファンとして存在するためには、それがポップスターであれ、映画スターであれ、スポーツスターであれ、想像力を捕らえる他の種類の有名人であれ、彼らが崇拝するスターがいなくてはならないという原理に基づいている。

　多くの人々が特定のスターや映画を楽しみ享受するかもしれない一方で、病的なファンのモデルは、彼／彼女を単に特定のスターや連続ドラマを鑑賞する以上のものとして作り上げている。彼らはしばしば「普通の」生活や関係に適応できない、「普通の」人々とは永遠に違う孤立した敗者として特徴づけられる。集会に出るトレッキー（あるいは、より正確には「トレッカー（trekkers）」〔『スター・トレック』の熱狂的な愛好家〕）たちは、そのような活動を自己満足の優越感をもって見なしているような、より分別のある「私たち」によって、たいていこのような視点で見られているのである。時に崇拝の対象を殺してさえしまうストーカーは、そのようなファン行動のモデルのなかにおちいってしまう（Schickel 1985）。マーク・デイビッド・チャップマン（ジョン・レノンを殺した）のような悪名高いファンは、この種の病的な狂人の極端な例として援用されるのである。

4　10代のポップファン

　ジェンソン（Jenson 1992）もまた、ポップコンサートにおいて金切り声を上げ、ヒステリックな10代（たいていは女の子）がシャウトし悲鳴を上げるというような、他の種類の典型的なファンについて明らかにし問題視している。敗

者／幻想者が「普通の」社会からの孤立によって自分の妄想にかられている一方で、ポップファンはそのシーンのなかに留まるために行動し、群衆の**感染**[用語11]を招いている。どのみち、ファンは統制を失っているのだ。もっとも、今は大人になったかつての少女ファンたちは、コンサートチケットやレコード、マニア向けの商品のような製品の購入には必要な条件である営利本位に組み込まれたヒステリーを、その時はそうでないにせよ今では理解しているが。ユーレンレイヒらの研究における匿名のファンは、若い頃の彼女自身に対する搾取を悔やみながら以下のようにふりかえっている。

> 今思い返すと、メディアが私たちに見せびらかした四人の男たち［ビートルズ］への合図にあわせて、何百万人もが一斉に叫ぶことは、営利本位にのせられたものだったし、みっともなかったような気がします。でもその時は、私にとって何かとても個人的なことだったし、たぶん何百万もの他の女の子たちにとってもそうだったんじゃないかと思います。(匿名のファン Ehrenreich et al. 1992, p.99から引用)

女性ファンと男性アイドルに対するより伝統的な見方、つまりそれは前者が後者によって熱狂した性的欲望にかられるというものであるが、これに対する一つの興味深い反論として、ユーレンレイヒらは、性的魅力というものは必ずしもあるいは決して主な動機とはならないと提唱している。前述のビートルズファンについての彼らの研究において、多くの人々が「すばらしい四人」を欲するというよりは、そのグループが例示した自由の体験と権威の無視を求めて一体感を持っていることが明らかになった。「私は彼らの独立性とセクシャリティが好きでそれを私自身にも求めたいです」(匿名のファン 前掲, p.103から引用)。この点で、1960年代のポップコンサートの象徴となった悲鳴や叫びは、戦後の耐乏や抑制された性的なふるまいから解放されることを叫ぶある世代の必死な希望の表現として再評価されうるのである。

過去において、そして現在もなお一部のファンの欲望の対象が間違いなく性的なものである一方で、これは単なる町の噂ではない。そしてクライン (Cline 1992) が雄弁に主張するように、(女性) ファンの男性バンドへの崇拝に対する多くの描写は自分たちの幼稚な幻想をなんとか絞り出そうとする男性ジャーナリストによって書かれたのである。女性と少女たちは次のような指摘に愕然とし、また憤激しただろう。その指摘とは、彼女たちは自分たちのアイドルのサインを手に入れたり「チャット」をするために、ストリップや売春までする

ことを必要としていたというものである。他の種類の魅力よりも（ヘテロ）セクシャルなものを優先させるような分析は、いずれにせよ、たとえば、同性のファンあるいは「同性愛でない」女性シンガーや他のスターに対する同性愛的な熱狂などの実体を十分に取り扱うことはできないのである。

5　文化的な低能者としてのファン

　社会的不適応あるいは倒錯した妄想狂としてのファンという概念化は、ファンは「私たち」とは違うとする研究者／文化批評家の側からの主張によってのみ可能になる。しかし、もしも崇拝する対象がオペラやワイン、あるいはクロード＝モネの絵画だったりしたら、ファンは即座に愛好家あるいは鑑定家と烙印を押され直されるだろう。ジェンソン（Jenson 1992, p.19）が手際よく問いかけたように、「『彼ら』のようなファンと『私たち』のような愛好家」との間にある違いは何であろうか？　その答えは階級‐文化の結びつきのなかに見出されうる。そこでは後者は鑑定家を魅了するハイアートと高級文化を「担い」、前者はファン（熱狂者）を魅了するローアートと低級文化を「担う」。言い換えると、文化様式のヒエラルキー（Levine 1988参照）は単純に別の表現様式を与えられる。モーツァルトの鑑賞は教育され洗練された理解（理性的）を要求するが、メタルのコンサートでは低俗な知性と声量（感情的）だけが必要とされるのである。

　文化資本[用語42]のその他の理論と同様に、嗜好の連続体は「高位」に、つまりフィスクの言うところの「公式」文化がその一端にあり、低俗な「ポピュラー」カルチャーがもう一端にある。しかしながら、これらの社会的に規定された「嗜好」のカテゴリー内では、同種の製品に対する差別が生じている。〔その差別のつけ方は皮肉にも低位と高位の類似性の程度を示している。つまり〕ファン（低位）と鑑定家（高位）との習性は、──これは「本当の」ファン、これは本物の明朝磁器というような──とくに彼らの信憑性を築きたいという欲望において著しく類似している（あるいは同じでさえある？）。また、両者は自分たちの特定の情熱と結びついたモノの収集に対する関心が一致している。もっとも、フィスク（Fiske 1992）が指摘するように、熱烈な愛好者は独占的で唯一のものをより求めたがる傾向がある一方で、ファンのコレクションは量を極限まで増大させる傾向があるが──たとえば、「へい、スーパーマンのコミックの最初のシリーズを2セット手に入れたぞ！」という会話のように。

1980年代に多くの研究の対象とされたファンは、文化的「エリート」側がいわゆる低次元の娯楽に低い価値づけをしようと努力していることをやすやすと理解していた。それゆえ、彼らは、高級文化が表現する語句を流用することによって自分たちの欲する対象に対してより大きな正当性を主張することを試みた（Tulloch and Alvarado 1983）。しかしそれは、オリジナルのテクストのなかにより深い意味を見つけるために自分の専門知識を使うキーツの研究者のような専門家とは異なることを、フィスクは次のように主張している。すなわち、ファンはファンテクストに関する詳しい知識を使って補足的な意味の層をオリジナルの上に押し付けているのである。そのため、おそらくファンと専門家が異なるのは、ファンは注目の対象への敬意が欠如しており、そのテクストと対象を自身の楽しみだけのために流用し、社会の規範を壊す権利があると信じているということである。たとえば、女性ファンによって作られた『スター・トレック』のストーリーの改造版はしばしばカーク船長とスポック副船長とをお互いに性的な関係のなかに置いたり、女性キャラクターをリーダー的な役割に位置づけたりしている（この点に関する詳細は下記参照のこと）。テクストを完全に上書きして潤色しあるいは破壊しさえするような試みが他者に認められなかったとしても、少なくともファン自身の生活には価値を与えるように、矯正と流用という作業をすることが知的に欠けたものではなく妥当であるとファンは主張する。〔他方〕鑑定家の収集品からみればこのように商品をみだりに変更することは、神聖さを汚すばかりではなく、金銭的な価値を著しく下げることになりうる。

　ファンが慣例的にファンではない解説者によって俗物的と描写されていることは、グリッグスが明らかにしているように驚きをもって正確に受け止められる。彼は『ツイン・ピークス』[5]という人気番組の典型的なファン（手紙によるファンも含む）を「……これらの人々は教育されていて、上流階級に属している——これらは大衆からの手紙ではない。区切りのつけ方はすべて正しく、文法とスペルも正しい」（Griggs 1991, p.12）と評価している。他方、低い趣向のジャンルのファンを上流化しようとする研究者もいる。たとえば、熱狂的なファンのいる映画『ジャッジ・ドレッド』（ダニー・キャノン監督 1995）[6]のオーディエンス研究のなかでバーカーとブルックス（Barker and Brooks 1998）は次のように主張している。すなわち、アクション映画のファンはメディアによって描写されるような思慮に欠けた不良ではなく、流血や殺人の流れるシーン同様にそのジャンルの審美的な部分を評価することのできる人々である。

　ガラクタのような芸術[用語10]に対する軽蔑という理由からだけではなく、そ

のような製品を消費することは思慮のないことのように見え、それゆえ別のことに使えたであろう大切な時間の浪費であるという理由から、いわゆる低俗文化と「純粋に」享楽主義に徹するファンは批判者からの非難に長い間耐えてきた。とくにソープオペラのファンは軽蔑されているが、それは彼女らが明らかに幻想と現実を区別できないために嘲笑に値するという理由ばかりではなく、ファンの欲望の対象が単に「悪質な」テレビにあるという理由からであるとブランズドン（Brunsdon 1989）は提唱している。ファン自身も時々このようなことを困惑気味に語るのだろう！（Ang 1985、McIlwraith et al. 1991、Alasuutari 1992参照）。

しかしながら、グロスバーグ（Grossberg 1992, p.51）によるとこのような**文化的優位／劣位**[用語43]の単純な対立項はもはやまったく弁護できるものではない。なぜなら、「審美的な正統性の標準は常に変化しており」、そのためかつて大衆的であったものがハイアートになることもある。そして、くだらないテレビの現代の潮流と世界中の『ビッグ・ブラザー』や『サバイバー』[7]のような覗き趣味的な番組の相も変わらぬ成功を考慮に入れると、ひょっとすると近い将来は「文化」と「趣味」が、低級嗜好の娯楽がとけあうスープのなかへ容赦なく滑り落ちることを目撃するかもしれない。そこで必要とされる唯一の知的作業はもっとも安楽な視点を定めることなのである。

テクストを吸収し破壊するファンの能力はグロスバーグによって「サブカルチャー」なモデルとして表されている。そこで指摘されているサブカルチャーのメンバーは、ファンオーディエンスのなかでも多数を占める受動的な大半なのではなく、その少数部分であり、ファン製品を単純に消費する以上のことを望む個人である。それにもかかわらず、グロスバーグにとって「ファン」と「単なる消費者」を分ける基準を明らかにすることは困難な作業であるし、テクスト／文化様式の性質かあるいはオーディエンスかのどちらかに答えを探し求めることは非生産的であるように思われる。そのため彼はそうすることなく、両者の間の関係と相互作用を分析しており、それによって「感受性」のような文化様式とオーディエンスをつなぎ合わせる特定の結合を説明している。文化様式あるいはオーディエンスのいずれかに焦点を当てずに「感受性」に注目することによって、次のように提唱することを可能にしている。すなわち、ファンを他の（普通の）消費者と区別するものとは、前者にとって、テクストとは本当に重要なものであり、それを通してファンは個人のアイデンティティと（他のファンとの）コミュニティの感覚を得るような明確な重要性が賦与されているものなのである。

さらに、文化様式が非常に重要であるということのみならず、ファンにとって一定レベルで生み出された**影響**[用語5]は、ファンの日常生活の他の側面を決めることを可能にしている。その側面はテクストに没頭する中心にあるものと関連し、また重要性を帯びたものである。重要性の視点からテクストとのこの主たる先入観に関して、ファンであることがアイデンティティを形成するこの過程は、ハイナーマン（Hinerman 1992）によってもまた議論されている。彼が主張するところによると、エルヴィスがまだ生きているということを信じているような極端な崇拝の様式に参加する（ほとんどが女性の）ファンにとって、そのような信念と幻想は、敵意をもった無関心な世界に直面するなかで、個人が自己に対して抱く意識を正当なものとして是認するために役立っているのである。これは社会的に孤立している存在としてのファンの病的な見方をある程度まで是認することになる。しかし、ハイナーマンの理論はより複雑で包摂力のあるものであり、エルヴィスの幻想が女性たちにとって回復機能を果たし、よりよい生活をおくるための希望と自信を与えているということを主張することによって、ファンの〔病的な〕心理に対して有利な解釈を与えている。

　エイジェンシー／行為体としてのファンという似たような方針はデル（Dell 1998）によって行なわれた。彼はファン活動の発展とはしばしば、人々がほとんど制御できない社会や経済環境を変えることに対する先行活動的な（proactive）反応であると提唱している。ハリス（Harris 1998a）が主張するように、持てるものと持たざるものとの間にある差異がより明白になったことで現代社会はより分断されてきた。たとえばこのことは賃金をめぐる論争からも明らかである。すなわち、大企業の取締役たちが自分たちに巨額な昇給を与え、その一方では「労働者たち」は小さいパーセンテイジの増額を得るために苦闘しているのである。このように、ファングループの一員となることは、労働に基盤を置く生活での疎外と、コミュニティに基盤を置く生活での社会的相互作用とのバランスをとるための積極的な戦略として見ることができる。そのような観点から、ドロシー・ホブソンが後に述べる『クロスロード』[8]の研究で議論しているように、ファンにとって個人に本当の満足を与える対象そのものよりもむしろ集団のメンバーであること自体がしばしば喜びとなるのである。

6　ジェンダーとソープオペラ[補足6]

　ソープオペラのオーディエンスに関する研究は半世紀以上にわたっており、

初期の研究としては、アーンハイム（Arnheim 1944）やワーナーとヘンリー（Warner and Henry 1948）などがある。これらの初期研究は、あまり教育を受けていなかったり昇進の可能性がほとんどないような労働者階級の女性のような（ラジオのソープオペラの）「典型的な」消費者について明らかにしている。典型的な消費者とは既婚者で18歳から35歳の高校教育を受けた田舎に住む人々であったが、ヘルツォーク（Herzog 1944）による同じ時期の研究では、すべての階級地位における女性たちがソープオペラを楽しんでいることが見出された（Brown 1994, p.68から引用）。ヘルツォーグのソープオペラの消費者分析は他の研究よりも「ポジティブ」であり、オーディエンスが中産階級の価値観や行動について学ぶためにソープオペラを利用したと提唱した。後の研究（たとえばCompesi 1980参照）では、**利用と満足**[用語54]の手法を採用しているが、そこではソープオペラのオーディエンスを先行研究よりも教育を受けている人々として概念化しはじめた。しかし、それは依然としてソープオペラのオーディエンス（女性）は社交性に欠け孤立しており、そこから逃避するためにソープオペラを見ていると特徴づけていた。

1980年代まで、ほとんどのソープオペラファンについての「主流な」研究は次のような立場を依然として主張していた。すなわち、ソープオペラを視聴する程度と現実世界における社会的相互作用と社交性との間には因果関係があり（Rubin 1985）、更に、ソープオペラを視聴することは社会的不適応者にとって友人の代理として機能するということを提唱していた。しかし、これらのソープオペラファンに対するいくぶん実証主義的で概して厳しい分析には、ある特定の番組への評価を共有した視聴者間の交流が広範囲にわたる可能性があるという現実的な感覚がしばしば欠けていた。この分析上の欠落は不可解なものであった。なぜならば視聴者が他の人々と番組について語り合い、個人的な消費のみならず友人や家族そして／あるいは同僚との番組視聴後の語らいによってもまた与えられる大きな喜びがあり、そのことを明らかにする研究を貫く一本の糸がしばしば存在していたからである。

しかしながらこういった傾向に対して注目すべき二つの例外がある。それはデイビッド・バッキンガムによる英国のソープオペラ『イースト・エンダーズ』[9]の研究（Buckingham 1987）と、ドロシー・ホブソン（Hobson 1982）による『クロスロード』の研究である（以下の議論を参照）。たとえばバッキンガムは若いオーディエンスはニュース番組が作り上げられるという性質をよく「知っている」し、批判的な距離を置くことができるということを主張した。

一方ではキャラクターに対して道徳的な判断を下す喜びがあるが、それはその行為と動機の心理的な一貫性やもっともらしさを信じているということをある程度前提にしている。他方では番組の作為に対して疑問を投げかけたり、冷やかしたりするような喜びがあるが、それはまさにフィクションであるという正しい認識に明らかに基づいているのである。(Buckingham 1987, p.200)

バッキンガムとホブソンはともに、テクストに対する視聴者の喜びは友人とともにエピソードについて語り合うことによって増すだろうと主張した（この点の更なる詳細については以下参照）。

議論の余地はあるが、ソープオペラのオーディエンスが認識されはじめたことについて一つの転機となったのは、女性を対象とし女性によって楽しまれるような、とくにジェンダーの実践としてのジャンルを探求しはじめた研究者の関心の高まりによってであった（Brunsdon 1981、Geraghty 1981、Hobson 1982、Ang 1985）。これによって、「大衆的な」テクストをまじめな学問的な分析の中心として位置づけることが可能となり、また、望ましくさえもあるようになったし、このような変化とともに「普通の」人々の生活におけるポピュラーカルチャーの重要性が理解されるようになった。この時まで、マスコミュニケーションの理論がニュースジャンル（印刷と放送）のような比較的少数のオーディエンスしか引きつけない大衆文化の側面を研究することにほぼ集中してきたことは皮肉なことである。もしも、より多くの女性研究者がソープオペラの分野においてもっと初期の段階で研究をしていたなら、分析のために使用できる文化製品の範囲がより多様になっていただろうと推測することは禁じえないのである。〔この推測を延長すれば〕多分、初期のメディア研究に登場したいくつかの「理論」でさえ、ジェンダー、階級、年齢のような個人的属性の違いから微妙にニュアンスが異なっていたかもしれない。

女性とソープオペラに関する初期のエスノグラフィックな研究の一つは、英国の連続ドラマ『クロスロード』に関して行なったドロシー・ホブソン（1982）の研究である。より日常的な調査方法の重要な出発点として、ホブソンは女性たちの家へ行き、彼女たちの視聴体験について交わした会話や番組への反応を記録した。その調査におけるきわめて重要な要素は研究者と調査対象のコミュニティとの関係である。この時、ホブソンはファンの仲間として同列に並ぶことによって、精通している関心を共有した結果として率直な議論を楽しむことができた。ホブソンは視聴者が番組を楽しんでいるにもかかわらず、見ている

ことを認めることをしばしば気恥ずかしく思ったり、自分たちの罪深い楽しみに対して防衛的になっていることを発見した。彼女たちは連続ドラマへの軽蔑を文化批評家から「学習し」さらにそれを内面化し表現していたのである。

　しかしながら、すべてのファンが自分たちの視聴行動に対して弁解的になっているわけではないし、必ずしも「くだらない」文化を楽しむことに対して自分自身を厳しくとがめ立てているわけではない。ハリントンとビルビー（Harrington and Bielby 1995）は次のように提唱している。ＳＦ物語のような伝統的なテクストに体現される女らしさの規範的な演出に異議を唱えようと努めるファンの行動とは異なり、ソープオペラのファンは、それらが放送されるとき、本来のテクストから純粋な喜びを得ている。性役割の固定観念を打破するために、代わりのストーリーやキャラクターを構築しようとすることとは程遠く、ソープオペラのファンの主な楽しみは物語の筋によって引き起こされる情動や感情を正確に体験することなのである。非常に重要なことは、ハリントンとビルビーのソープオペラファンの研究が個人のエイジェンシーと自主性の重要性を明らかにしたことである。それは、ソープオペラのファンは必ずしも自分の気に入った番組を罪悪感を持って見ているわけではないが、代わりにできたかもしれない、あるいはすべきだった（だけどやらない！）他のたくさんの仕事がある時にのんびりとテレビを見ているという事実のためにいっそう楽しみを深めているのである。

　同じジャンルに焦点をあてながらも別の手法を使った、アングによる『ダラス』[10]の研究（Ang 1985）は次のようなことを見出した。研究に参加したほとんどの視聴者は、その番組が「真に迫って」いて自分たちの生活や経験と一致しているということに気づいたのである。回答者たちが雑誌『Viva』のなかで番組への反応を手紙に書いてほしいというアングの要望に答えたオランダの女性たちであるということを考えれば、オランダ社会の主流の視聴者の生活と『ダラス』の家族によってひけらかされた魅力的なライフスタイルとの間に（もっともな）ミスマッチがあることは実に明らかなことであった。それでは、どのように物語が真に迫っているということの認識を説明できるのだろうか？　ホブソンの『クロスロード』の視聴者のような他のソープオペラの女性オーディエンスもまたストーリーラインの現実性についてコメントし、登場人物の個人的な問題や苦境を同一視している。一方、そのような同一化の様式は彼女たちがしばしば似たような社会環境を共有しうるという点から理解できるのである。しかしながら『ダラス』の視聴者については、これは明らかにあてはまらない。

この明らかな難問に対するアングの答えは「情緒的なリアリズム」の概念を理論化することであった。その結果、オーディエンスにとっての情緒的な喜びとは、個人的な悲劇の感覚を共有することに由来し、家庭の機能不全という馴染み深い演出と結びついた痛みを伴う感情レベルで共感することであった。サウスフォーク（『ダラス』の主人公が住む豪邸）には金色の蛇口と大理石ばりの玄関があったかもしれないが、それにもかかわらずスー・エレン（『ダラス』の主人公ユーイングの妻）には、いばりちらし口汚くののしる夫がいた。このように権力と抑制の普遍的要素は、より貧しい家庭同様に裕福な家庭にもあるものと見られる。そして、家族成員はたとえ彼らが逆境に対処するために利用できるより多くの財産を持っていたとしても、すべての人と同様に人生の浮き沈みによって傷つきやすいのである。マーサ・スチュワートの料理番組[11]における女性の消費に関するより最新の研究（Mason and Meyers 2001, p.801）は似たような傾向を示している。すなわちファンがマーサによって提供された浪費的で贅沢なライフスタイルを賞賛するが、そこでは「家庭にまつわる階級移動の幻想を抱くことによって、実質ではなく見せかけが特別の力を発揮し贅沢な見せかけが階級上昇が達成できないことへの埋め合わせをしている」という傾向である。アングはファンに関して次のように述べている。女性たちは現実と幻想の区別がつけられない文化的にだまされやすい人々ではなく、むしろ特定の文化製品が他のものの代わりとなって与えてくれる喜びを楽しむのと同様に、そのもの自体の本質的な性質も楽しんでいるのである。実際、トーマス（Thomas 2002）は、『モース警部』[12]のような「質の高い」番組のファンはしばしばそのようなドラマに刻み込まれた価値と正確に一体感を持ち、その結果テクストが視聴者自身の個人的な物語の一部になると提唱している。
　1990年代の女性とソープオペラの研究では〔回答者の意識や質問を定形化し〕より構造化された調査形態に回帰すると同様に、**エスノグラフィック・ターン**[用語6]も引き続き行なわれてきた。初期の研究と同様に、研究者はオーディエンスの洗練された脱構築と解釈の能力を信用したいと切望し、受動的なものへと転位せず積極的な関わり（active engagement）の様式として視聴行動と喜びを理解しようとしてきた。ブラウン（Brown 1994）は女性のソープオペラファンの研究のなかで次のことを熱心に主張している。すなわち一群のファン層のネットワークは、性役割についての固定観念や期待に対する批判的な言説に関与しうるような抵抗の場を女性に提供する潜在能力（と現実性）を持っているのである。ブラウンは他の研究者同様、次のように主張している。女性が表向きはお気に入りのソープオペラの筋やキャラクターの展開を議論する過

程は、自分自身や知り合いの女友達の人生についてずっと広い討論を行なうための出発点として、物語のテーマを利用することを実際に可能にするのである。

ソープオペラに登場する人物の境遇について議論することを通じて、自分自身の人生の選択に関する安全なリハーサルを行ないうることは、オーディエンスにとって重要な機能の一つであり、そこでは共有された不運あるいは悪い結末の体験はオーディエンスと登場人物との間に強い一体感を与えている。そのため視聴者は「自分の人生における出来事を批評し理解するためにテレビの物語を使い、それによって自分自身に確かな喜びと、おそらく安心感を得ているのである……」(Wilson 1993, p.86)。

第三のテクスト[用語28]の考えを発展させながら (Allen 1985、Buckingham 1987 参照)、すなわちこの考えとは受動的に表面上のストーリーラインを消費するというよりはむしろ解釈の過程を通して視聴者がテクストから意味を創り出すものであるが、ブラウンはテクストそのものではなく、オーディエンスに意味形成における力の均衡を与えることを試みている。第三のテクスト、あるいは能動的なオーディエンスの受容／反応モデルの概念について重要な点は次のようなものである。すなわち、視聴者／読者は隠された真実を発見することを期待されているのではなく、むしろ彼女〔ファンである視聴者／読者〕自身の人生の境遇というコンテクストのなかで自分にとってそれを意味深いものとするために、自分が視聴しているマテリアルを解釈し作り直すことが期待されているのである。言い換えると、視聴者は自分自身の人生あるいは自分が知っている他者の人生にそれらを結びつけることによってストーリーラインと物語を意味深いものに変えている。そして、ファンに更なる喜びを与えるのは、エピソードを再び語ったり、物語の筋を他者と議論することである。ブラウンが発見したことは、女性が破壊的な楽しみを経験することを可能にしながら、嗜好の取り締まりによってのみならず、男たちによってもまた「受け容れられないもの」と考えられていることを、彼女たちが積極的に楽しむことができる方法なのである。能動的な受容における**エンコーディング／ディコーディング**[用語7]モデルを借用すると、ソープオペラ視聴のような低級な活動の楽しみと評価は、支配的な（家父長的な）社会の言説に対抗する破壊的な行為として考えられうる。女性たちは、自分自身のために特定の文化資本の様式を流用し、それ（この場合はソープオペラ）をエリート的な嗜好の基準の決定者による俗物的支配から救い出し、彼女たちの生活のなかに意味深い有益な活動として再び収めるのである。

女性がソープオペラを見ている時に体験する喜びは、単純にその活動への楽しみとして理解することができる……しかしながら、女性がソープオペラについて話し、自分自身の語りによってテクストを構築する時に経験する喜びとは、しばしば抵抗的な喜びなのである。彼女たちはこの抵抗的な喜びを、文化的な関心事を議論するための境界線をひくために利用するばかりでなく、知識に関する美的ヒエラルキーや男性によって受け容れられた文化資本と支配に抵抗するためにも利用しているのである。(Brown 1994, p.112)

　しかし抵抗の主要な場を構成するのはオーディエンスによって生み出された物語であり、家父長的な現状の支配的習慣に即してより日常的に記号化された主要なテクストそのものではない。しかしながら、研究者のなかには次のように主張する者もいる。すなわち、ソープオペラ自身が破壊的なジャンルであると。なぜなら破綻した結婚、気軽なセックス、予期せぬ妊娠、ドメスティックバイオレンス、そしてささいな犯罪というソープオペラの主要な構成要素は、家庭のなかに染み込んだ結婚の取り決め (Lovell 1981) とよき市民であることのなかに含まれているロマンティックラブという社会的に容認された諸規範とはまったく正反対なものだからである。よって、ファンはソープオペラを、行動の青写真、あるいは少なくとも別の〔行動の〕モデルを与えるものとして、したがってまた人生における模倣による人為的営利を促進するものとして理解することができるのである。
　一方、ソープオペラの扱う「諸問題」が物語上でも通常の「現実」の生活においても解決されるのは、しばしば「容認できる行動」をお馴染みの表現にした場合の魅力を通してである。妊娠した女学生や虐待するパートナーを殺す女性はソープオペラのテクストにおいて祝福されないが、それらを逸脱としておきまりの位置づけをするヘゲモニックな言説の焦点になる。ソープオペラでこれらの問題を扱うことは、未成年のセックスあるいはパートナー殺しを積極的に促進し賛成することではないが、ソープオペラのストーリーラインは社会問題としてそれらを構築してきたものの、それらを「解決する」方法は時々少々無謀なのである。いくつかのソープオペラのテクストは、かなり注意深いアプローチを取り入れ、ゲイ関係のようなあまり「社会的慣習に沿った」ものではないライフスタイルや選択をして工夫をこらしているが、依然として基底には別の規範的なサブテクストが存在し、〔ソープオペラが構築してきている社会問題の〕主題の位置を〔社会的慣習に沿って〕「容認できる」行動の周縁へと追いやってしまっているのである。

7　女性と映画

　テレビのソープオペラの女性ファンに関する分析と同様に、ジェンダーの視点から多くの研究者たちが関心を抱いているもう1つの媒体は映画である。ローラ・マルヴィー（Mulvey 1975）はその画期的な研究において、映画のオーディエンスは否定しがたいほどにジェンダー化され、そのテクストは主に男性の視線のために記号化されていると提唱した。彼女はその研究のなかで、映画のテクストの「研究（work）」と「作用（work）」はオーディエンスが男性主導であることを促進し——そして同時に女性主導であることはほとんどなかった——、それゆえ映画のなかではどのようにして女性を男性の視線の対象として見ることになるかについて論じている。そしてまた男性ヒーローとの同一化へと突き動かされる衝動は、男性と同じくらい女性にも強く見られることを提示し、そのため、すべてのオーディエンスが性的のぞき趣味者の立場に立ち、女優を欲望の対象として商品化していることが奨励されたことを示した。

　他方、女性と映画に関するもっと初期の学術的研究への主要な焦点は、テクスト分析と脱構築（Kaplan 1983、Feuer 1984、Kuhn 1984、Brunsdon 1986参照）にあてられていたが、ジェンダー化した枠組みを通して映画を「見よう（seeing）」とし、「理解しよう（seeing）」とする展開には、テクストや研究者自身の解釈を超えて、マテーリアルに対するオーディエンスの見方に注目しようとする研究者を含んでいた（たとえばGamman and Marshment 1988、Pribham 1988参照）。

　1980年代後半におけるテイラー（Taylor 1989）の研究が精密に追求したのは、「テクスト」が強い支配力をもっているという映画研究者の固定観念と諸理論に内在している危険性を打破することであった。その理論では女性と男性は固定され、逃れることのできない位置におかれ、相互に入れかえられないし、その位置は確定可能な性的特質に基礎を置いているのである。『風と共に去りぬ（*Gone With The Wind*）』（ヴィクター・フレミング監督 1939）の女性ファンについての論文のなかでテイラーは、ジャンルに関しては言うまでもなく、〔一つのジャンル内の〕単一の文化製品に対してもオーディエンスが多様な解釈を与えることができることを示した。彼女はテクストに対する反応の変化を理解するうえで歴史的な特殊性のもつ重要性もまた明らかにした。なぜなら、1980年代後半にインタビューされた女性たちは、その映画が最初に作られた時に見ており、その時と今とでは自分の映画解釈に違いが出る一定の距離をとれ

たからである。

　同様に、ボボ（Bobo 1988）がはっきりと目指したことは、アリス・ウォーカーの重要な原作『カラー・パープル（*The Color Purple*）』のスティーブン・スピルバーグ監督による翻案（映画化は1985年）の黒人女性の体験に焦点を当てることによって、オーディエンスとしての女と男の固定した、単一の位置づけを問題化することであった。黒人女性オーディエンスに関する研究のなかで、彼女は、映画の（白人）フェミニスト分析の主たる批判的傾向とは反対に、多く〔の黒人女性たち〕がテクストに喜びを見出していたということを発見した。これはウォーカーの語り口調が彼女たちにとって本物で生き生きとしたものであったばかりではなく、彼女たちが強い黒人女性キャラクターと同一化することを望み、そのような積極的な同一化の機会が他ではほとんど得られなかったからである。

　そのような研究は意義深かった。なぜなら女性客をテクストによって単に「位置づけられる」ものというよりは、エイジェンシーを持つものとして本来の重要性を与えることによって分析の中心に置いたからである。ステイシー（Stacey 1994）のより最近の研究もまた、「女性が女性を観察すること」に焦点をあてている。彼女は第二次世界大戦中と戦後期（1940年代〜50年代）に定期的に映画に行っていた英国人女性から受け取った何百通もの手紙と質問票を分析した。その目的は彼女たちがその時代のハリウッド映画から受けた喜びを明らかにするためであった。重要なことに、女性オーディエンスと彼女たちが見つめる女性スターとの関係、そして男性視聴者へのアピールを意図した女優を見る女性の喜びについてとくに焦点を当てた研究で、その当時入手できるものが不足しているということにステーシーは気づいていたのである。

8　女性、映画、消費

　とくに女性オーディエンスをターゲットにしたメディアの制作には、長く名高い歴史がある。ストークス（Stokes 1999）が指摘するように、1920年代の映画黎明期ですら、映画産業は映画の観客の大多数を女性が構成しているということを認めていた。これはその時代に制作された映画の多くが女性オーディエンスを魅了するために作られた一つのジャンルであり、それはとくに女性キャラクターが優位のメロドラマやロマンスであるということだけでなく（Lynd and Lynd 1929、Haskell 1987参照）、より慣例的な広告枠と同様に化粧品のような女性向けの製品を映画自体のなかに戦略的に配置することを通して、映画撮

影所が女性消費者を広告主に「差し出す」ということも意味していた（Eckert 1978）。そのような映画が女性を対象にしていることを明白に認めることは、当時の10年とそれに続く10年間、多くの広告表現のなかに見ることができる。そのような映画の一つのキャプションは「女性の皆さん！　男性操縦法をお教えしましょう！」（Stokes 1999, p.49から引用）という呼びかけを使い、恋人を獲得し、彼を離さずにおく方法を女性たちに見せるという映画の意図を明白にしている。

　フラー（Fuller 1996）は、ハリウッドが（たとえ真実であると証明できないにせよ）女性が映画のオーディエンスの大多数を構成していることを認識したために、女性の映画は主に映画情報と関連した抱き合わせ広告が配信されるという仕組みになったことを提唱している。そのため、近日上演の映画のオープニングと映画著名人が出席するイベントは、ファンの雑誌や女性誌に映画評論とともに続々と掲載されたのである。そのため、明らかに産業自身が、フラーが映画の主要な「とりとめのない装置」と評するものに焦点を当てることによってビジネスの利益を永続させたのである。その装置とはマテリアルと製品を促進する広告であり、女性たちに非常に人気のあるメディア様式を目指していた。この時、オリジナルの作品やファン雑誌の販売にとってはむしろ皮肉な衝動が、すなわち映画産業自身もチケット販売の様式に含まれながら、女性たちを広告主に「売る」ことが、ファン独自のそれぞれの目的を満たすためにメディアを流用してきたファン自身によって見事に破壊されたことは興味深い。私たちが6章で議論したように、ファンの雑誌（マガジン）、あるいは同人誌（ファンジン）は、その製品を売るために産業によって販売促進される媒体から、ファン自身によって完全にコントロールされる媒体へと形を変えていったのである。

　20世紀初頭の数十年間にわたってハリウッドは女性オーディエンスを魅了してきたが、世紀末の数十年間では劇的にそうではなくなった理由を分析し続けることは、この章や本で取り扱う領域を超えているが、この事実は難問を解く糧となる。アン・トムソン（Thompson 1991）が『Variety』誌の論説のなかで、なぜハリウッドは制作費もより安く、成功の際の収益もより高いのに、女性に強くアピールする映画の制作を控え続けたのかと問いかけた時、映画会社の経営者から一連の回答を得た。しかし、その根底にある傾向は次のようなものであった。すなわち、制作会社は今、主要なオーディエンスとして25歳以下をターゲットとしており、それは男性が女性を中心にした題材を見るというよりは、若い女性が男性向けの映画をより好んで見ていると信じているからである。このように、（映画選択決定を通しての）購買力は今、女性より男性にある

と考えられている。

　しかし、少なくともある制作会社の経営者は、あまりまともでもないし儲けにもつながらないが、業界にとって幸運なことに「積極的な」結果を興行面で依然として生み出す他の要因がある、と主張している。その要因の一つは、映画会社の多くの年配の男性経営者がアクション映画のような男性向けのジャンルに取り組むことを好んでおり、その理由は彼らの嗜好から必然的に男性主導になるというものである（Thompson 1991, p.191から引用）。この見解はもっともである一方、疑問を投げかけるべき非常に明らかな問題を含んでいる。それは、なぜ1920年〜30年代の非常に多くの男性支配的で保守的な制作会社のシステムが主要なオーディエンスとして女性をターゲットにしたにもかかわらず、より多くの年配の女性経営者がいる現代の業界が露骨なまでに女性を無視しているのかという疑問である。

　クレマー（Krämer 1998）によれば、期待できる答えは『タイタニック（*Titanic*）』のような映画の興行面での成功にあり、それは女性向け映画の商業的魅力をより分かり易く理解できるとしている。しかし不運なことに、クレマーがこの薔薇色の未来を提唱して以来その兆候は決してよいものとはいえない。2002年に北アメリカで総利益を上げた映画のトップ５は、『スパイダーマン（*Spider Man*）』、『スター・ウォーズ（*Star Wars*）』、『ハリー・ポッター』、『ロード・オブ・ザ・リング』（この二作は２章の訳注〔12〕）、『サイン（*Signs*）』であり、いずれも注目に値するほど強い女性主導ではなかった！

9　ファン、ファンタジー、サイエンスフィクション

　研究の重要な関心を引きつけてきた他のジャンルは、サイエンスフィクションとその他のファンタジーテクストであった。もちろん、多くのメディア研究者は多くのテクストが広く多義的なものであり、よって多数の異なった解釈に開かれているということに賛同しているが、しばしばファンを引きつける、あるいは少なくとも学術的な研究者に興味を抱かせるようなファンを引きつける種類のテクストは、一定の特徴を共有している。それは、英国の『コロネーション・ストリート』やアメリカの『ダラス』のような長期の連続ドラマがたくさんのファン集団や言行録、同人誌を生んできたテクストであると同時に、議論の余地はあるが、『スター・トレック』から『ジーナ』へという、多くの支持と継続的な興味をファンたちに構成するサイエンスフィクションのテクストであったということである。

フィスク（1992）の言葉を用いると、ファンタジーテクストは他と比べてより「生産者的」である。なぜならば、とくにその非現実性が〔かえって〕より広範囲にわたる解釈を可能にするからである。それらは不一致（inconsistency）、矛盾（contradiction）、両義性（ambivalence）を抱え込んでいて、それが信頼と物語における数多くの切れ目をもたらし、したがってファンは無数のやり方でその切れ目を満たす気になるのである。たとえば、ペンリー（Penley 1991）が行なった『スター・トレック』の女性ファンについての研究のなかで、彼女は次のように提唱している。ファンタジーのジャンルはファンにかなりの自由を提供している。なぜなら、現実の生活での問題〔への対処の仕方〕を非現実のコンテクストのなかで予行練習をすることができ、ファンタジーが理念と「現実」を試すための安全な手段となるからである。ファンタジーやサイエンスフィクションのテクストのファンにとって（そして研究者にとって）もう一つの魅力は、物語が「メタ多義的」〔多義性自体が多義的であること〕な性質をもつことである。たとえば、『スター・トレック』は未来派、仲間あるいは幸せな家族の一員にとって〔それぞれ異なる複数の〕読解の立場の多様性を認めており（Jenkins 1992b）、文脈上のみならずキャラクターの次元においてもすべての人に何かを与え、異なる形の同一化を奨励する。それゆえ、男性ヒーローの登場人物カーク船長に同一化すること、あるいは番組の作家の想像力を賞賛すること、あるいは善が悪を打ち負かすことの単純な喜びを楽しむことが可能となる。ある種の狂信的な信仰が『スター・トレック』の物語にあるとして、ジンドラ（Jindra 1999）はその番組の多くのファンにとって、悪に対する善の勝利への本来の主張、科学の発展や技術の革新を強調することは、よりよい未来への彼らの積極的な希望を表明していると主張している。

　それは、まさによくある「素朴」な「善の」表明であり道徳的な（道徳を説くような）人間性を繰り返すモチーフであり、ジンドラのファンオーディエンスにとって、「多元的で、しばしば無意味なポストモダン世界における手本」を与えるものであった（前掲，p.218）。しかし、『スター・トレック』について重要な点は、ファンが特定の道徳的価値に敬意を表することではなく、むしろ、ジンドラの言うところの「民衆哲学（folk philosophy）」という、よりよい未来に対する展望への誘惑なのである。このことは、結局、本当にたいしたことはなく、今風に言うならオールド・ファッションな番組に対するかなり過大な要求に見える。番組制作者であるジーン・ロデンベリー自身が実践的な

ヒューマニストだったという理由から、そのような用語を使うことは可能であろう。ストーリーラインは単純に言えば、人類は自分たちの未来をコントロールできるし、しなければならないという彼独自の素朴な哲学と理念を強調していた。

　もちろん、ヒューマニズムが伝統的な宗教信仰を単なる迷信として明白に拒絶しているという理由から、ここにはあるパラドックスが存在しており、『スター・トレック』のファンのなかには番組をいかなる宗教的なつながりからも遠ざけたいと強く望む人々もいる（Sandra and Hall 1994参照）。もっとも、このことは「宗教」の概念を極端に狭い定義にはめ込んでいるが（Greil and Robbins 1994）。しかし、一部のファンが一つの完全な哲学と世界観の基礎を成すものとしてヴァルカンの「教え」を流用してきたやり方（Jindra 1999）は、娯楽のテクストのなかにより深いメッセージと意味を見つけようとするファンの欲望の興味深い例である。しかしながら、マーサレック（Marsalek 1992）が以下のように述べているように、包摂を基盤にし、すべての人にとって人生をよりよいものとすることを目的にする哲学にはかなり魅力的なのである。

　　『スター・トレック』の宇宙はＩＤＩＣ——無限の組み合わせのなかの無限の多様性（Infinite Diversity in Infinite Combinations）——というヴァルカン哲学に包み込まれた多元主義の祝典である。『スター・トレック』は自己決定、自由、平等、個人の権利への献身を提言している。「エンタープライズ」の乗組員たちは、宇宙を理解し、問題を解決し、人類の状態を改善するなかで、理性や科学、論理……を使うことに献身している。（前掲, p.53）

　英国の番組『ドクター・フー』[13]は似たような様式を持っている。ツローとジェンキンス（Tulloch & Jenkins 1995）は、彼らのサイエンスフィクションに関するオーディエンス研究の一部として、性質の異なる二グループの間で『ドクター・フー』に対するオーディエンスの反応を探求した。一つのグループは「準」サイエンスフィクションの集会に出席し、専門的／技術的で、大学院／プロフェッショナルな背景を持つ人々からなり、もう一つのグループは大学が基盤となっている「文芸的な」サイエンスフィクションのクラブから構成されている。

　広い見地で見ると、ツローとジェンキンスは、前者は既存の技術知識を考慮に入れた、特定の効果や装置、そしてストーリーラインやアクションが現実的

であった程度にとくに興味を持ったと提唱している。しかし、これらのファンはまた、テクストにおける物語の洗練や、知識の転移を通して負け犬を救済する「ドクター」の慈悲深い取り組みという教師にふさわしい素質にも興味を持っていた。一方、「文芸的な」グループは「オリジナル」作品への彼らの知識（すなわち、後のサイエンスフィクションシリーズへの歴史的言及である）をそのとき影響を与えたテクストを批判するために使用しながら、サイエンスフィクション番組のなかで次々に展開する内容やコンテクストにより強い関心を抱いていた。

　研究者たちを驚かせたこの後者のグループの『ドクター・フー』シリーズに対する愛着は、彼らがテクストを「魅力的なもの」として解釈していることに基づき、そしてまた、サイエンスフィクションのジャンルのなかで、連続ドラマを見られるようにする主要な「疎遠にする」装置として脚本に含まれたユーモアの賞賛に基づいているように思われた。結局、ツローとジェンキンスは、『スター・トレック』や『ドクター・フー』のようなサイエンスフィクションのテクストはたくさんの異なるレベルにおいてファンオーディエンスと関わっていると主張している。このように多様な理由から、彼らが主張する興味そして／あるいは背景に基づいてファンの「タイプ」を分類しようとするとき注意が必要なのである。

10　ファンと文化生産

　単にオーディエンスの一員であるというだけで、私たちすべてが意味や喜びを生産するためにテクストと関わる一方で、ファンはしばしばこの関与を一歩進んだ段階へと発展させている。すなわち彼らはハリス（1998a, p.4）が説明するように「内容とのいっそう強い関係をもつ特化したオーディエンス」となる。時にはファン・コミュニティの内部において、そして時にはより広い範囲でファンたちが流布しているテクストを生産し続けるとき、フィスク（1992）はこの過程を「影の文化経済」と名付けている。文化を経済システムとして表現するブルデュー（Bourdieu 1984）にしたがうと、個人とは「投資し、かつ資本を蓄積するもの」である（Fiske 1992, pp.30-31）。言い換えると、文化資本とは私たちの預金残高であるというよりはむしろ、私たちの社会的地位を維持し、あるいは高めるために使う教育のような資産の一様式である。そのテクストを単に「消費する」以上のことをしたいと望むファンはしばしばファンのモノを作ることに向かい、それはストーリーであったり、歌であったり、ウェブ

マガジンであったり、あるいは画面上のキャラクターを体現することでさえあったりするだろう。たとえば、企業は時々そっくりさんや、歌のものまねコンテストを主催するが、そこではファンは自分たちが愛着を持つ対象を単に崇拝するだけではなく、実際それになりきる機会を得るだろう。

　しかし、より一般的なものは脚本のような彼ら独自の題材を書き、あるいは自分たち独自のストーリーや画像を作るファンである。消費者／制作者となるなかで、そのときファンは受動的な信奉者であることを止め、むしろ進取の気性に富む共同作業者となる。ファンの理論がしばしば分析の選択においてあまりにも制限されていることから、ジェンキンス（1992）はテクスト消費者である特定の仲間としてのファンを区別するものの一部は、一定の方法で彼らの文化的活動、とくに彼らの「制作〔生産〕（production）」が社会的に組織化されもてはやされていることであると主張している。すなわち、

　　ファンは意味と解釈を作る。ファンは手作りのものを作る。ファンはコミュニティを作る。ファンはオルターナティブなアイデンティティを作る。いずれの場合も、ファンは支配的なメディアからのマテーリアルを利用し、それらを自分たち独自の興味を満たし、喜びを促進する方法で使用する。
　　（Jenkins 1992, p.214）

　重要なことに、ジェンキンスにとってファンの文化生産は多層的であり、彼らの特定のファン・コミュニティの関心に役立つ方向にしばしば向けられている。しかしその生産活動からファンの対象にファンの心のなかで「起こっている」ことの象徴を必ずしも読み取ることはできない。そのような製品がなしうることは、おそらく、一つの目的のために作られたマテーリアルをまったく別な目的に役立てるために作り変えて人間の想像力の多様性を示すことであり、それは車輪を作り変えて別のタイヤをあてはめるようなものなのである。脱構築し再び組み立てるために、あるいはそれらを装飾するために、あるいは類似しているが適切なテクストを作ることさえするために、ファンがテクストを流用することは、ファンの文化生産の一つの重要な特徴なのである。この「再生」行為は「……起こったことの代わりに起こりうる、あるいは起こるべきことを提示」（Baym 1998, p.124）しながら、ファンがファンのテクストを批評するより創造的なやり方の一つなのである。

　もっと極端なことには、ホブソン（1982）が初期の英国のソープオペラ、『クロスロード』のオーディエンス研究のなかで議論しているように、ファン

はアーティストあるいは連続ドラマが彼らの過度の（狂信的な）信奉や支持によって「自分たちのもの」になると信じていることである。たとえば、「私たちのベット」（ジュリー・グッドイヤーという女優によって演じられた『コロネーション・ストリート』の登場人物ベット・リンチのこと）のように、特定のキャラクターを説明する時、ファンはしばしば所有格である「私たちの」を使用する。ファンは崇拝する対象と自分自身の間に距離をおくことを許さず、テクストと非常に強く関わり熱中している。そして彼らは特定のキャラクターを脚本家よりもよく「知って」いて、そのためより本物の筋を書けると信じている（Fiske 1992）。このように、ファンの批評にはしばしばファンによって提供される代案となる物語の筋が付随し（Hobson 1990）、その物語は時には特定の筋の展開における劇的な可能性を大げさに語ってみたり、時にはより控えめな代案を提供したりしている。

　おそらく、もっとも長く続いているおたく的な文化生産の様式はファンの雑誌、あるいは同人誌として知られているものである。たとえば、早くも1973年には88種類の異なる『スター・トレック』の同人誌が流布しており、いったん映画が映画館に現れはじめ、テレビ番組が配給されると、さらにまた（新しい）オーディエンスの仲間が作られ、そこでさらに多くの同人誌への投稿家が生まれ、1980年までにピーク時には400以上のアマチュアの出版物が現れた（Jenkins 1995）。このような「同人誌」の進化は比較的荒削りで洗練されていない手書きのチラシから、オフセット印刷やプロのように作られたモノを経て、現在利用できるウェブが基盤となっているマテーリアルへと発展してきた。もっとも、初期のモデルはいまだに流布しているが。しかしながら、制作の形態は変化したかもしれないが、内容の点からみた同人誌の本質的な特徴は相変わらず同じであり、崇拝の対象についてのフィクションとノンフィクションの書き物を混合して、しばしばもとの筋書きと物語を作り変えて完全に異なった意味合いを持つまったく独自の物語を作り出している。

　サイエンスフィクションのファンが書いた文章にとくに焦点をあてながら、ベーコン＝スミス（Bacon-Smith 1992）は次のように提唱している。すなわち、その書き手と編集者は圧倒的に女性であり、女性が優勢を占めるオーディエンスのためにそれを書き、制作しているのである。ジェンダーはここでは重要である。なぜならジェンキンス（1992a）が主張するには、女性ファンが特別の文化生産、たとえば『スター・トレック』をめぐる生産に関わっているときに行なうことは、元の番組においてはほとんど完全に無視されてきた、自分たち独自の女性的な関心に語りかけるように、物語への意欲とキャラクターを

発展させるためにテクストを作り変えることである。さらに、ファンの文章は女性が建設的で創造的にファン文化に関わることを可能にする。このような理論的解釈は、サイエンスフィクションの同人誌にとってはほぼ確実に真実である。その理由はこの特定のジャンルにおける主要なファンのコミュニティは、とくに集会参加者の場合は男性が優勢であるからである。

よって、女性がある程度の支配力を発揮し、テクスト自身を楽しむこと以外でファンの立場から喜びを得ることができる一つの場所は、テクストを結合して得られる自分自身の文化生産を通じてなのである。『スター・トレック』の女性ファンにとって、テクストにおける彼女たちの喜びは、番組に登場する女性キャラクターについての見解が異なるので、しばしば複雑なものになっている。番組言説上ではしばしば平等を強調していたが、ほとんどの女性の登場人物は男性の主役に対する引き立て役のお飾りにすぎず、性的対象とされる彼女たちの地位はミニスカートと体の線を強調するユニフォームに身体を包んだ体の装飾によって強化された。

しかしながら、性差別をしているという非難をはねつけて、『スター・トレック』ファンの連絡係の一人、リチャード・アーノルドは、番組の哲学は主要キャラクターのジェンダーよりももっと重要であると主張した（Arnald 2001、Lalli 1992, p.321から重引）。しかし、ジェンダーと役割という少なくとも二つの点で、これがいくらか口先だけの横柄なコメントであると主張する人もいるかもしれない。皮肉にも、女性が権力のある立場に置かれたときは、いつも宇宙人としてのコンテクストであり、よって「善」である「エンタープライズ」の乗組員に対しては常に「悪」の立場にあった。他の状況では、とくに男性キャラクターとの関係において、より独断的で、あるいは攻撃的でさえある傾向を見せた女性たちは不自然で、彼女たちの「真の」フェミニンな自己を失ってしまったかあるいは抑圧してしまった存在として描写されたのである（Jenkins 1995）。

女性によって書かれたたくさんのファンのフィクションは、これらのジェンダーの偏見を破壊し、女性を元の状態に戻して書いている。それらは文字通り、同僚とのロマンティックな関係を作りながら、勇気や才能、リーダーシップといった彼女たちの可能性を物語化することによって行なわれている。これらの〔主流とは〕別の物語を書くことが彼女たち本来の自己を解放するための喜びを与え、より公平な社会を構想するばかりでなく、同人誌やオンラインの配信を媒介にしてこれらの物語を共有する（さらにその後に議論する）ことは、「家庭に閉じこもった孤立からコミュニティへの参加へ向かう」動きを表して

いる（前掲, p.203）。よってファンのフィクションは単なるテクストの破壊と改変以上のものを表しているので、それらはまた自尊心への革命的な影響を与えることが可能となるのである。

しかしながら、ファン・コミュニティの解放の可能性が、彼女たち独自の創造的な産出物の重要性を消し去っても、女性たちを被害者の牢獄のなかに閉じ込めることはないというベーコン＝スミス（1992）の主張には、注意を払う必要がある。ギラン（Gillian 1998, p.184）はこれら女性の香りが漂い、女性が操作する場を「未開の領域」、「……テクストの再解釈がなされうる女性が中心となった文化領域」と表現し、重要なことにそのような活動は、支配的な文化産業から離れたところで生じているのである。そのため、たとえ女性（そして男性）ファンが退屈で慣習化した生活を送り、ファン・コミュニティの歓迎の抱擁に慰めを求めようとしたときでも、彼女らの参加とは単なる慰めのためばかりではなく、刺激とエイジェンシー／行為体にもなり得るのである。

セルトー（de Certeau 1984）にしたがって、ジェンキンス（1992ａ）はこれらの文化的流用の活動を説明するために「テクストの密猟（textual poaching）」という用語を使っている。しばしば「現実」には決して書かれることはないが、ファンは番組や連続ドラマの物語を、キャラクターを進化させ念入りに仕上げるための単なる踏切板〔足がかり〕として使用している。ファンは解放と啓蒙の領域を通じて語る人間関係とストーリーラインの修正によって、資本の側の規範がもつ制約された社会習慣に異議の申し立てをすることができる。しかしながら、そのような正統から逸脱した文章に彼ら独自の協定と限界がないわけではない。ファンが運営している特定のファン・コミュニティの周りに発展してきた慣習に概して執着し、以前のファンが書いたものやすでに成文化された明白な展望をもとに築かれているのである。ブラウン（1994）は、とくに『スター・トレック』関連のもので同人誌のなかに女性によって書かれた女性ヒーローの一連のストーリーのタイプについて明らかにしている。たとえば「マリー・スー」の物語は船橋で他の仲間に加わる強引な若い女性をめぐるものであるが、争いを解決し、世界を救い、最後には死んでしまう。「レイ・スポック」や「レイ・カーク」の物語は説明する必要がないだろう！　これらのような「痛みと癒し」の物語はたいてい中心人物が思いやり深い仲間によっていたわられることを売り物にしている。

男性についての物語、とくに『スター・トレック』からとったカークとスポックという登場人物のものは、ほとんど常にホモエロティックな欲望と充足についてのものであるが、それは「スラッシュフィクション（slash fiction）」

という広いラベルの下に一まとめにすることができる。「スラッシュ」という語の起源は同性同士の性的関係を表すのにハイフン記号を使う傾向から来ており、いつもそれだけには限ったものではないが、歴史的に男性と男性の性的、情緒的関係に焦点を当てている (Jenkins 1992a)。興味深いことに、ソープオペラの場合、一見消えてしまったり、「いなくなったり」、あるいは死んでしまったかのようにさえ見えるキャラクターが再び登場する可能性を残すためにわざと結末をつけずに放っておくのと同様に、同人誌の筋書きやキャラクターもまたこのような未決着の手法を好んで用いている。この手法は、ある書き手が他の書き手によって書かれたキャラクターや物語を数ヶ月、あるいは数年後に再び蘇らせることを可能にする。

　文章形態を通じた文化的な（再）生産のテーマの変形は「フィルキング (filking,「マニアックな替え歌」という意味の俗語)」によるものである。この言葉は、ファンの音楽制作を表現するためにファンによって作られた造語であり、普通はキャラクターになり代わって演奏される歌を考え出すことを意味している。しかし、ファンの文章とは違って、フィルキングは個人の活動とは対照的に集団のためのものである。それは、サイエンスフィクションのファンの下位様式（サブジャンル）として発達し、そこではその歌が「サイエンスフィクションの集会に集まるファンによって集団で非公式に」歌われることを目的として作られた (Jenkins 1992a, p.217)。重要なことには、フィルキングの中心となる要素はファンの地位を、とくにファンでない（部外者）との関係において具体化しようとすることへの関心である。ファン文化を異様で奇妙な、逸脱したものと位置づけるエリートの言説を巧みにパロディー化し、フィルキングの歌詞は平凡で退屈が主流である社会の画一性を歌い、灰色の平凡さの支配力に対立させて、ファンを、快楽と喜びを調達し、消費する者として並置している。

11　集　　会

　集会 (conventionまたはcon) はファン活動の大規模な場であり、ファンが定期的に集まり互いに交流するための主要な仕組みを提供している。ほとんどの集会は様々な要素を内包しており、そのなかには「フィルキング」のために割り当てられた時間同様、映写や、ファンが制作したマテリアルを配布したり、仮装大会のホール、ゲームルーム、アートギャラリーや小売販売のアウトレットがある (Jenkins 1992a)。ポーター (Porter 1999) と彼女のファンにとって『スター・トレック』の集会に出席することにはほとんど他に絶するよ

うな性質が伴っている。そこでは番組にまったく同じ程度に心酔している他の人々に会うことができ、この共通の関心によってそれ以外の点ではまったく異質な集団の個人を一つに結びつけることができるのである。階級、人種、ジェンダーにおける様々な意味を負った差異が集会のコンテクストのなかで、非常に無関係なものとなるだけでなく、それが掲げる平等主義の夢は（少なくとも参加しているファンの想像力のなかでは）、たとえば『スター・トレック』をめぐる言説が期待させる、望むべきより良い生活となって表れるのである。

　1990年代中頃の北アメリカにおける数多くの『スター・トレック』の集会を観察し、ポーター（前掲, p.246）は、そのようなイベントに出席することは、「宗教的な巡礼を世俗的に継承すること」として考えることができると提唱している。言い換えると、出席者はただ「そこにいる」ということに深く重要な意味を付け加えている。それはあたかも、その集会が、おそらく超脱の抽象世界の具体化として、また生きたものとして経験されうるのであろう。重要なことではあるが、多くの『スター・トレック』ファンが経験しているように、たとえ親しい家族からさえも、嘲笑的な扱いを受けているという個人レベルで考えるならば、そのようなファンの興味が正常であるばかりでなく、歓迎され受け容れられるような世界に身を置くことのできる機会は明らかに魅力的である。集会というコンテクストにおいては、ファンは弁解なしに『スター・トレック』を自由に愛することができるし、まったく同じように感じている他の多くの人々と出会うことができるのである。このように日常の孤独で変わり者としての習慣を、積極的で包括的な集団のアイデンティティを共有することに完全に置き換えることができるのである。

　しかし、もし集会に出席することが「真の」自己を表現することを可能にするならば、それはまた、完全に異なる他者となる機会を与えるものでもある。それは、集会への出席や休日にパートナーなしで外出することが普段とは異なる、多分もっと大胆なペルソナを作り出して出現させることを可能にするのと同じことである。それはまさに『スター・トレック』集会のリミナリティ（意識の閾）［用語53］、すなわち擬似現実としてファンタジーを讃えることである。このことは変化した状態を受け容れることを奨励し、そこではとくに新しい装いが普段抑圧された性格を表現することを可能にするのである。ターナー（Turner 1977）が主張しているように、（『スター・トレック』集会が与えるような）意識の境界に似たコンテクストが個々人に自己の全人格を表現することを可能にするのである。それは行動や相互作用に関する標準的な規則が過度に限定する環境のなかで生活したり仕事をしたりするための要求によってしばしば

妨げられ表現できなかった全人格なのである。

12　ファンの将来像

　現在台頭しつつあるインターネットの技術は、ファンが自身のファン行動を実践する際に歩調の切り替えをもたらしている（7章、インターネットとオーディエンスの広汎な議論参照）。1990年代に、多くのファンが熱狂的にサイバースペースに移動し、非常により広く常に拡大を続けるサイバーファン・コミュニティの間で、議論や記述、考えを共有するというその媒体の潜在能力を急速に具現化した。コンピュータを基盤とするファン集団──1994年に設立されたUsenetのrec.arts.tv.soap（r.a.t.s）──における初期の、非常に成功を収めたベイム（Baym 1998）の研究において、r.a.t.sは当初からソープオペラのファンを無教養だと決めつける伝統的な見解に挑戦していたことが主張されている。ほとんどのr.a.t.sのメンバーはr.a.t.sを仕事で使う教養のある専門家であった（Nightingale and Ross 2003参照）。そのようなインターネットファン・コミュニティはまた、インターネットを取り巻くジェンダーの固定観念にも挑戦している。なぜなら、ベイムの研究ではr.a.t.sのメンバーの75％が女性だったからである。

　ファンに関する他の研究と同様に、ベイムの研究もまた、女性がインターネットのファン・コミュニティに関わることから得られる楽しみの多くは、コンピュータが媒介するものではあるが、社会的言説や相互作用の機会であるということを発見した。r.a.t.sにおけるファンの会話を「観察する」ことによってベイムは、彼女が目撃した相互作用は、メンバーの様々な満足が包含される目標の達成という観点から分類できると提唱している。「……それは潜在的な地位と評価を備えた行動の場を作り出し、通常は私的で社会情緒的な問題を公共の議論にする機会をおそらくほとんど挑発的なやり方で作っている」（前掲，p.113）。

　ファンと、また、コンピュータが媒介するコミュニケーション（CMC）とファンをめぐる議論の多くが、ファンサイトは楽しみの関与の場であるということを示す一方で、マクドナルド（MacDonald 1998）は純粋な仲間意識を推論することへの警告を発している。『タイムマシーンにお願い（クァンタム・リープ）』[14]のファンに関する彼女の研究は次のことを明らかにしている。番組の女性ファンは自分たちだけの個別のニュースグループを作るように強く勧められたが、その理由は、他の（男性）メンバーが彼女たちの位置づけの「ばから

しさ」、すなわち主要な男性キャラクターの肉体的特質に対する興味と、主要人物の人間関係についての長く複雑な議論に憤慨していたからなのである。興味深いことに、女性だけの（メンバー）リストを推進した女性たちは今、強烈にそのプライバシーを保護しようとしており、彼女たちの安全圏の境界の管理を徹底するために、その名称を定期的に変えている。スコダリ（Scodari 1998）もまた警告信号を発しており、サイバーファンは議論をはじめると同様に終わらせることができると提唱している。

　社会生活の他の側面と並んで、インターネットはファンが相互にコミュニケートしあう方法に重大なインパクトを与えてきた。「同人誌」の最新号が出版されるのを何週間も待つ必要はもはやなく、筋書きの展望や新しいストーリーラインを提案すれば、それに対するフィードバックをたった数分から数時間で受け取ることができる。2000年には『スター・トレック』関連の1200のサイトがあり、少なくとも200のサイトがより現代的な『ジーナ』ファン専門のものであった（Pullen 2000）。そこには様々なマテーリアルが提供されており、そのなかにはファンのフィクション専門のサイトも含まれていた。ほとんどの大手のテレビ局は、最も人気のある番組のための特別なウェブサイトを設け、そこにはチャットルーム、筋書きの要約、主演スターたちの伝記やインタビューが記されていた。

　このようなマテーリアルの多くは、伝統的には公式ファンクラブのメンバーであることを通じてのみ入手できたのであるが、インターネットは、ファンであることの意味をある程度まで変えている。彼らはもはや友達のいない孤独な敗北者ではなく、たまたま『スター・トレック』が好きだというだけの普通のインターネット・サーファーになったのである。プレン（Pullen 2000）が指摘するように、映画産業と放送業界がインターネットのオーディエンスを彼らの商品の主要なマーケットと見なす傾向がいっそう強まり、またそれに応じてその商品販売戦略のターゲットとするようになるにつれ、インターネットはファンであることと宣伝対象であることとの境界をあいまいにしている。『ジーナ』はこの点でよい実例となる。

　『ジーナ』は1995年に公開され、ＭＣＡ/Universal Pictures（アメリカにある大手の映画配給会社）を通して配給されている。この映画はルーシー・ローレスをその名をとって主人公ジーナとして主演させ、レニー・オコナーを彼女の相手ガブリエルとした。この映画は「公式の」ＭＣＡ/Universalのホームページを含む何百ものウェブサイトを生みだし、それはたくさんの『ジーナ』関連のグッズや商品の購入を煽った。プレンは、大部分の『ジーナ』のウェブサイ

トはジェンダーとセクシュアリティの明らかな記号を含んでおり、そのほとんどがレズビアン、同性愛でない女性(ストレートの)、同性愛でない男性の分類に分けられると主張している。ウェブサイトの発展の初期には、この三つのファン集団の間には相互にかなりの敵意が存在していたが、次第にこの敵対意識は消滅したようで、一つのグループのサイトにはしばしば他のサイトと結ばれるハイパーリンクが見られると、プレンは提唱している。

また、番組登場の当初よりもずっと多くの取りとめのない交雑が近年には見られる。現在のところ、レズビアンのサイトは普通、ジーナとガブリエルの関係を扱う番組の観点に多くの焦点を当てているか、あるいはしばしばごく控えめに「サブテクスト」と表現されているものに焦点をあてている。もっとも、この関係は多くのヘテロセクシャルなファンにとってもまた同様に重要な要素ではあるが。しかしながら、おそらく驚くには値しないと思うが、公式サイトでは「サブテクスト」が話題に上ることはまずない。たとえ、掲示板にはファン自身が二人の主要登場人物の性的な相性を論ずる書き込みが寄せられ、しばしば激しいやりとりを通じて「彼女を支持する派」と「彼女を支持しない派」とに分かれているとしても。研究者たちがオーディエンスについて考察し研究してきたやり方をインターネットが変化させ続け、また今後も変化させていくであろう様子についての更なる議論は、7章を参照のこと。

13　結　　論

この章はファンという特殊なテクスト消費者に焦点を当ててきた。それは「ファン」がどのように概念化されてきたかを検討してきたものである。検討は一般的な社会的レベルとメディア研究レベルとの両面にわたっており、前者ではファンは大半が逸脱し、異様で、時には危険な存在とされ、後者では研究対象の中心とされてきた。これまで（そして他の場所でも）議論されたファンとファン文化についての重要な研究の大部分はエスノグラフィックな手法を用いているが、それはファン自身の観点からの意味生産、すなわちファンが自分たちの興味の対象にどのように作用しあい、どのようにテクストの物語を破壊し、自分自身や他の人々の楽しみのためにそれらを作り変え、ファンの文化が「解釈するコミュニティ（interpretive communities）」（Fish 1980の議論に従って）として機能するかを探求するためである。

ファンとファン・コミュニティに関するオーディエンス研究におけるエスノグラフィック・ターンについての重要な点は、研究者がテクストそのもののみ

ならず、視聴者や聴取者の日常生活における他の活動や楽しみのための触媒として、どのようにテクストが使われるかを探求することに関心を寄せているということである。それは意識的、あるいは無意識的に、オーディエンス受容に関する、より**実証主義的な**[用語21]、あるいは微妙な差異をあまり表さない説明に向けられてきた批判に応えようとしているのである。それはまた、ファンオーディエンスがテクストとそして自分たち相互の間に持つ多層的で複雑な関係を正確に示すことによって、(無批判で操られた消費者という)ヘゲモニー、(未分化の「マス」オーディエンスという)均質性(homogeneity)、そして(消費をバラバラに分離した活動として注目する)単一性(singularity)という諸仮説を打ちくだこうと試みているのである。

　重要なことは、エスノグラフィックな研究はメディア消費を個人的、家庭的、そして社会生活のより広いコンテクストのなかに位置づけようとしていることである。そのような研究は視聴や聴取行動の動態性(ダイナミクス)を示し、文化消費と同様に文化生産をもまたしばしば内包する解釈の過程で作動している、通常は不可視の戦略を目に見えるものとして提示しようとしているのである。ここでは消費者は制作者でもあり、読者はまた書き手でもある。このようなモデルはただ受動的で鈍感なのではなく、内発的力があり創造的なオーディエンスという概念化を促進する。自分自身の家庭においてオーディエンスと共同し、家庭環境のなかで社会的交換に注目し、遠隔地との微妙なパワープレイを観察し、チャットルームでの細いつながりが発展してゆく様子を見て、家庭生活におけるメディアの位置を探求することによって、特定の社会生活における特定のメディアの重要性(の可否)についてより明白な様式が浮かび上がってくるのである。

　読者／受容者の関係の「内側」に深く入り込みたいという要求があるために、大部分のエスノグラフィックな研究は小規模にとどまっており、あまり多くないサンプルをもとにしてより多くの人々へと一般化する明白な企てはなされていない。しかしながら、結果として得られるデータの豊富さと、結果よりもその過程を通じて明らかにされる洞察は、(様々な異なった)オーディエンスととくにファンに対して(様々な異なった)テクストがもつ意味についての理解を広げるうえで、重要な手がかりを与えてくれるのである。ヒルズ(Hills 2002)が説得力豊かに指摘するように、ファン研究は救いがたいほど矛盾の多い研究であり、ファン文化は互いに浮かれ騒ぐための広場のみならず一人きりの思索のための場もまた提供できるのである。私たちはファン・コミュニティの概念を理想化することもできるが、他方そのヒエラルキーの構造の性質の強

制力も認識しているのである。ファンは商品化に対して抗うことも逆にそれを強化することもできるのである。ファンに関するいくつかの著作の見解はいくらか非現実的傾向を帯びている（この傾向に対する有用な批判はMoores 1993を参照）。とくにオーディエンスが法人の資本と家父長的な利己主義の残酷な犠牲を強いる巨大な力を自分自身の目的に合わせて乗っ取ることが実際にどの程度可能なのかに関しては。しかしながら、〔エスノグラフィックな研究に関して投げかけられているそういった批判や限界にもかかわらず〕対抗的な読みの行為やファンが関与している文化生産の様式を明らかにすることは、依然として説得力を持ち、魅力的なのである。

7章 新しいメディア、新しいオーディエンス、新しい調査研究?

New media, new audience, new research?

1 オーディエンスの反撃

　オーディエンス研究は、過去50年以上のながきにわたる道のりを歩んできた。それは、政府によるプロパガンダの奴隷のような受動的でだまされる消費者という初期のモデルから、リアルタイムで海を隔ててカルカッタの友だちと「話し」、Eメールの添付文書で『ジーナ』の制作チームに別の筋書きを書いて送るケンタッキー州の『ジーナ』ファンという能動的なモデルへと変遷してきた。先行する各章では、オーディエンス研究の社会的コンテクストと視座が非常に多様であることを明らかにしようとした。それと関連して、放送人から世論調査者、文化批評家といった特定の人々にとって、特定の時点において、特定の目標に役立つために、「オーディエンス」に〔その意味が〕充当される仕方が異なることを明らかにしようとしてきた。20世紀の後半にオーディエンス研究は質量ともに大いに変化し、「オーディエンス」という概念そのものも、受動的なまぬけ者から相互作用的な演じ手へと変化していった。インターネットが日々の生活と文化の広範囲にわたり取り入れられ、トーク番組とリアリティＴＶ番組が爆発的に膨れ上がるとともに、オーディエンスについての考え方にとってもっとも重要な転換が生じたのは、間違いなく1990年代にほかならなかった。

　1980年代を通じて文化理論家たちは、次のことを明らかにしはじめていた。消費者がただ単にメディアからのメッセージを受けとめるのではなく、文化的生産物に埋め込まれた支配的なコードに対して能動的に折衝したり、それに抵抗したりすることを明らかにしはじめたのである。1990年代には、視聴者参加型のトークバラエティ番組がジャンルとしての地位を獲得し、そうした番組においてオーディエンスは、自分たちがメディアのなかで見たり、読んだり、聴いたりした事柄について一般の人々に向けて発言するだけでなく、自分自身がスターになるような番組へ参加するよう促されるのである（Livingstone and Lunt 1994）。視聴者参加型クイズ番組はすでに人気のある番組構成であったが、『オープラ・ウィンフリー・ショー』の思いもよらぬような成功（後に

は、その名の起こりとなった司会者の親しげな魅力を表すために「オープラ」と縮めて呼ばれた）は、おおまかに「告白系番組」として知られるようになった、まったく新しいジャンルを引き起こしたのである[1]。そうした「告白系番組」では、「普通の」人々が、もっとも悲惨な人生体験を詳しく話したり、もっとも自堕落な幻想について告白したり、もっとも当惑させるような逸話を暴露したりすることで、互いに競い合っている（Decker 1997、Illouz 1999、Wilson 2001）。

　オーディエンスの主体とオーディエンスの客体とが、突然にして入れ替え可能なもの、つまり一方が他方でもあるものになった。これら「本当の人々による娯楽」のもっとも最近の現れが、リアリティＴＶ（Fetveit 1999参照）であり、1章で指摘したように、その典型例が『ビッグ・ブラザー』のような番組である。それらの番組では、素早く有名人へと駆け上がっていくことと引き替えに、偽りの親密さが繰り広げられているせまい人間関係を、オーディエンスたちが覗き見趣味的に眺めたり、聞き耳を立てたりしている（Cathode 2000、Sigismondi 2001、van Zoonen 2001）。『ビッグ・ブラザー』のような番組は、誰がゲームに留まり誰が失格選手のベンチへと格下げされるのかを決めるために、オーディエンスの参加を必要としている。だから私たちはオーディエンスとして、見せ物の消費者であるとともにゲームのプレイヤーでもあるのだ。このジャンルのすべての番組がこのようなオーディエンスによる相互作用の要素を取り入れているわけではないが、『ビッグ・ブラザー』の制作チームは、オーディエンスは通常の30分間の番組提供が与える覗き見趣味的な機会を楽しんでいるだけでなく、より多くの数の人たちが、24時間作動しているインターネットのウェブカメラを検索していることを、素早く理解したのである（Roscoe 2001も参照）。

2　ウィアード・ワールド
　　　──相互作用性とオーディエンス

　『ビッグ・ブラザー』が例示しているように、そのジャンルの発展は技術における変化と並行して起こっており、技術上の変化こそが、オーディエンス研究のあり方を再焦点化し再形成してきたのであり、今後もそうし続けるであろうことは確証をもって言える。マクウェル[2]が述べているように、急速なペースの技術変化は革命にほかならないものを予兆しており、「典型的なオーディエンスの役割は、受動的な聴取者、消費者、受信者やターゲットであることを

止めることになる。その代わりに、探索者、コンサルタント、ざっと目を通す人、応答者といった役割すべてを含み込むことになるであろう」(McQuail 1997, p. 129)。ワールド・ワイド・ウェブ (WWW) の発展とそれが徐々にマスメディアへと変貌していく過程によって、私たちはオーディエンスとメディアの双方について再考することを求められている。それに伴って、世界のもっとも遠く離れた部分においてすらサイバーカフェ、テレセンター、地域に拠点を置く諸施設が発達していることは、WWWというメディアのマスオーディエンスを引きつける潜在能力が非常に大きなものであることを意味している。ただ単にチャンネルを選択したりテレビを切ったりする力を発揮するという能動的なオーディエンスではなく、より本当の意味において相互作用的なオーディエンスとなるように活気づけるべく、聴取者・視聴者が電話で参加するラジオ番組やテレビのトークショー、その他のオーディエンスを中心に据えたプログラムがはじめたことは、インターネットへと引き継がれ、目を見張るような結果をもたらしていった。

　インターネットが大きな飛躍を可能にする一対一コミュニケーションとは、リアルでするとともにバーチャルな時間で互いに「話す」ことである。そこではEメール、チャットルームやニュースグループでの送信／応答の様態が、二人もしくはそれ以上の人々の間の普段の会話の順序取得を模しているのだが、その様態はますます速度を高めながら拡張していく。私たちの目的に照らして言えば、特定のメディアオーディエンスやファン、たとえば『スター・トレック』や『ジーナ』、さらにはメロドラマというジャンル全体のオーディエンスやファンは、互いに向けて「話す」ことができるのである。つまり、お気に入りのエピソードや登場人物についてメッセージを送ったり、それらの情報について質問したり、さらには新たな筋書きを書いたりすることによって、互いに「話し」合っているのである。そして、インターネットは、ファンオーディエンスに利用されているほとんどのメディアサイトが共通言語として英語を使用しているものの、それがグローバルな基盤を有するという点で「オーディエンス」の再考を意味するだけではない。インターネットユーザーはこれまでにない多元的なアイデンティティと人格を有する傾向を持っているので、「オーディエンス」を構成しているアイデンティティそのものが簡単に乗っ取られてしまう (Barnes 2001)〔この点において、「オーディエンス」の再考を迫っているのである〕。ベイム (Baym 2000) はインターネットがファン集団を生み出したのではないと指摘したが、インターネットの発展はファン共同体が増殖し、地理的な境界を越え出て行くことを促しただけでなく、もっともマイナーで無

名な番組、映画、テクストのファンでさえもが、互いに連絡を取り合い、自分たちの欲望の対象についてコミュニケートすることを可能にしたのである。

　もちろんのこと、ファンたちがただ単に互いに話し合っているだけではない。メディア産業は「普通の」人々の創造的な活動が営利上役立つことを理解しているので、オーディエンスに話しかけたいと願っている。ジェンキンス（Jenkins 2002）は、自分たちが従事する共同作業を通じてオーディエンスたちは、娯楽産業においてより大きな力を獲得しつつある、と指摘した。ウェブサイトを稼働させ、自分たちの創造的な活動を発展させ展開する能力によって、ファンたちはメディアを取り巻く景観において大きな存在となったのである。ジェンキンスは、こうしたファンたちの力の増大を三つの傾向に帰属させた。それらは、第一にファンたちが利用可能な新しい道具、第二にＤＩＹ（Do It Yourself）的な制作を高めるサブカルチャーオンラインの存在、第三に水平的統合[3]を好む経済的な傾向性、である。娯楽産業における外注化と下請け化の活動が、創造的な調査・開発と製品試験とにファンたちが関わることを促すようになったのである。

　　娯楽産業の水平的な統合と、それによる相乗効果が生み出す創発的な論理とは、メディア生産物を介して知的財産が流通することに依存している。メディアを超えた販売促進は、こうしたメディアのフローに付いていくことができ、また付いていこうとする、より活動的な見物人を想定しているのである。（前掲, p.10）

ジェンキンスは、ファン文化を破壊的でなく対話的な、イデオロギー的でなく感情的な、対決的でなく共同的なものとして描き出した（前掲, p.13）。そして、ファン文化とは、**サイバーカルチャー**[用語17]についてのピエール・レヴィによる進化論的でユートピア主義的な理論によって予見された「知性の共同体（intelligent communities）」の事例であると主張した（Levy 1997）。

　レヴィは、生活をより容易にするために人間によって開発されたテクノロジーが、人々の自然界への適応を変えてしまうことに魅了されていた。レヴィの説明では、テクノロジーの目的とは、生き物・物事・メッセージ・人間集団などをコントロールすることである。レヴィは、現象学に準拠した古代の原則――それは大衆統制実施のために考案された総体全体に関する原則であったが――から存在のもっとも根源的な次元――遺伝子ごと、原子ごと、ビット〔情報の最小単位〕ごと――において組織化されたコントロールに焦点を置く分子

的な技術にいたる統制技術の進化の過程を跡づけた（前掲, p.41）。人間集団は技術のなかで進化していくのだから、テクノロジーが人間の創造性を発揮するための空間を実際に作り上げていく〔とレヴィは考える〕。レヴィは、デジタル文化における知ることの多様なあり方を特徴づける空間の蓄積を説明するために、ここでもまた進化論的なモデルを発展させたのである（前掲, p.175）。

　レヴィは、2000年の時点において知識空間は、人々が「多様な知識のすべて」と関わり合うことを可能にするものになっている、と提唱した。レヴィは次のように予想している。アイデンティティは、〔固定した〕「所属」によって明らかにされるのではなく「分散し漂流するノマド的なもの」になり、意味は「意味付与がなされる世界のなかに取り込まれる」ことによって作り上げられ、私たちが居住する空間は「集合的な生成」と歩調を合わせながら変化していく能力を所有した「形態変容する」ものになり、時間は主観的に、そして相互に「リズムを調整し同調させる」ことによって経験されることになるだろう、と（前掲, p.175）。レヴィの著作を簡単に眺めるだけでサイバーカルチャーについての彼の複雑な考え方を説明することは、到底できない。だが、ここでは彼の著作を、ファンと熱狂者たちが関わり合うネット・ワークの重要性を説明するためのコンテクストとして紹介したのである。レヴィの理論は、サイバースペースにおけるファンやその他の人々の活動を根拠づける目的で、さらにまた利益のためというよりも、それ自体として楽しまれ、そこで生み出される知識が増加していくことが楽しまれるような共同作業への彼らの愛着を説明する目的で用いられてきたのである。

　オーディエンスを研究する際に興味深い特別なタイプのネット・ワークは、共同作業である。ジェンキンスは、インターネットの「ＤＩＹ文化」としてそのことに言及したが、そうした共同作業は、**シェアウェア**[用語19]の哲学とサイバーカルチャーに広く行き渡っている情報の自由へのコミットメントのなかに大切にしまい込まれている。インターネットとの関与のもう一つの次元は、ネットとの関わり合いのために多元的な人格が作り上げられることである。マルカム（Markham 1998）が明らかにしたように、インターネットの匿名性は様々な形で用いられる。それは、他者と関わり合う機会を広げるための道具から、インターネット上でいまだに残る秘密の「強固な保持」を攻撃するための能力をこっそりと探し求めることにいたるまで広がっている。

　バンクス（Banks 2002）は、彼が関わっているゲーム開発会社が、潜在的なゲーマーたちに情報提供や開発アドバイスを求めるうえで、共同作業の主導権の範囲がどれくらいであるかを探求した。この範囲のなかには、「データの採

掘人（この場合であれば、鉄道狂の人々）」と操作の専門家（ゲームに熱中する人々）の双方からの情報を、整然と集めることが含まれていた。バンクスは、今日ではゲーム開発者が製品開発の過程で——開発の革新的な段階と同様に商品マーケティングの段階においても——ゲーム狂の人々から支援や協力を得ることは、ごくありふれたことだと説明した。〔支援や協力を得るために〕ゲーム開発者たちは、彼らが提案する製品開発に興味を持ちそうな人々に馴染みの深いサイトを、積極的に繋いでいく。開発者自身はまた、熱心なゲーマーであり、開発者であり、ゲーム狂でもあることが多いので、彼らはサイバースペースのオピニオンリーダーのような存在として振る舞い、発売に先んじてゲームのことを誉め上げたりするのである。

　この共同作業プロセスはプレイヤーの多様な利害関心を認識しており、その目的は、ゲームをする経験をお互いにもっと楽しいものにするために、プレイヤーたちが採用する主要な役割をゲームのなかに取り入れることにある、とバンクスは説明している（前掲, p.198）。バンクスは、これらのアイデンティティには「消費者、制作者、マーベン、共同体のリーダー」が含まれると指摘した。一人のプレイヤーが同時に、これら様々な人になることができる。こうしたアイデンティティのいくつかは、ゲームそれ自体によって生み出されるが、いくつかのものは、典型的なプレイヤー／熱狂者／制作者としての活動に関係している。たとえば、バンクスは二種類の熱狂者——ゲーム狂と鉄道狂——が制作過程を手助けするうえで協力を依頼されると指摘している。このことは、ゲーム開発者としての企業の知識と経験とともに、二つの異なるタイプの知識がゲームのなかに取り入れられ、融合されることを可能にしている。鉄道狂たちは、現実味のある「皮膚」〔＝外観〕を開発することでゲームを視覚的にさらに変更可能なものにし、見た目において、より本物らしく、より面白いものにするうえで必要とされる電車についての詳細な知識を開発した。それに対してゲーマーたちは、ゲームをより刺激的なものにするようなリズム、難易度、展開についての知識を提供した。ゲームそのものとの関わりは、新たなプレイヤーに対して支援と導きを与える「マーベン」（専門家あるいは鑑定家）を生み出す。フィルターサイト[4]は企業もしくはゲーマーによって立ち上げられたものなので、そのようなサイトは、ファンの間で共同体が築き上げられ、共同体のリーダーシップが発展していくような場所になる。それゆえ中心的なゲームサイトは、ゲームそれ自体の利益になるように特殊専門化された「オーディエンス」へのサービスを提供する、サテライトサイトの設立を促すのである。

バンクスが注意を向けたネット・ワークは、複雑に専門分化したものである。制作者、ゲーマー、熱狂者たちは、製作過程にそれぞれに異なる技能を持ち込む。熱狂者が持つ知識は、ゲームを刺激的で面白く引き込ませるものにするうえで、いつでも有益とはかぎらないし、何が良いゲームを作り出すのかに関するゲーマーの専門的な知識は、ゲームに付きものの現実主義への要求と必ずしも合致するわけではない。したがって共同作業のプロセスにおいて、ときとして企業はゲーマーと熱狂者双方との微妙で難しいコミュニケーションのやり取りへと巻き込まれていく。制作会社が下した独創的な決定が、共同作業をしている協力者たちを苛つかせたり戸惑わせたりするかもしれないから、〔協力者たちの〕企業への不満が長引かないようにするために、フィルターサイトにおいてトラブル解決をする必要が生じるであろう。まさにこの社会的コンテクストにおいて、ジェンキンスがオーディエンス関与の感情的性格として記述したことが、もっとも顕著になっている。なぜならば、人々は面白がらせてくれないような製品とは関わり合わないだろうから。

　メディアの消費者がメディアの制作者になるそのほかの制作領域で注目される──〔このメディア消費者＝制作者たちが〕再び、誰がメディア研究の対象であるのかを再考するように迫るのであるが──のは、インターネットニュースの領域である。この結論部分を書いている時点（2003年）において、イラクでの戦争がちょうどはじまった。戦争前と戦争中に、戦争に反対する人々は、アングロ・アメリカのプロパガンダ・マシーンのひどく騒がしい宣伝を和らげるために、別のニュース源が利用可能になることを熱望していた。伝統的なメディアは、ジャーナリストの活動を中立で透明なものに見せ掛けることで、自分たちの意図を隠している。ジャーナリストが誰であり、紛争のどちらの側から彼らは報じているのかということはニュースの配信になんの影響も及ぼさないかのように、報道は表現されている。読みやすいものを作るという意図のなかで、ニュースメディアは制作過程を不可視なものにして、できあがった製品から制作のすべての過程を消し去ることを目指している。これは「専門職業人（プロフェッショナル）の実践」と呼ばれるものである。しかし、プロフェッショナリズムは知識の制作過程とその利用者とを分離し、オーディエンスを、報じられた出来事の周縁にいるものとして、ニュース創作者たちの外側に位置づけている。既存の主流メディアが情報をコンテクストから切り離し、オーディエンスが〔報道過程に〕加われないようにしているが、そのことはメディアによって操作されているとの感覚を高める格好の材料となっている。ニクラス・ルーマン[5]は以下のように提唱している。

インフォメーションの選択に特化したシステムのコード化とプログラム化からは、自然と動機への疑いが発生してくる。(Luhmann 2000, p.38 = 2005, p.63)

ルーマンは複雑な議論のなかで、ニュースメディアはその本質からして報道する出来事についての疑念を作り出すと述べた。オーディエンスがニュースメディアに依存していることが、いくつかのパラドックス〔つまり一般に受け容れられていることに相反する説〕を生み出す。たとえば、ある出来事についての説明が多ければ多いだけ、人々は自分たちが利用可能な情報について不確かに感じる。より懐疑的に人々がなればなるだけ、人々はメディアに正解を求めるようになる。そのようにして、不確かであることがメディアへの依存の高まりを生じさせているのである。主流のメディアは、通常とは異なる状態や大変動に見舞われた状況に形を与え、理解できるものにする意味の網の目（ウェブ）を維持している。しかし、直感に反することではあるが、メディアはそれを「ニュース」とすることで情報をコンテクストから引き離し、そうすることで、報じられた出来事を現代の歴史として再コンテクスト化するのだ。そのようにして、誤った表象が長いこと生き続けることになる。どのようにニュースが制作されるのかについてより多くのことが知られれば知られるだけ、見えないもしくは隠された真実があり、なんらかの種類の操作が起こっているに違いないとの確信が高まっていく。操作に関するこの確信は、ニュースの作られ方と、何事かを知るうえでオーディエンスは利用可能なニュース生産物と関わらねばならないという事実によって引き起こされる。このようにルーマンは〔ニュースメディアと人々の関係について〕主張した。メディアの意味の網の目は儚い人間存在の記憶よりも永続的で浸透力があり、メディアの文書記録はほとんどの個人の人生期間よりも長らえるものである。それゆえに、インターネットはニュース環境に対して新たな可能性を持ち込んだ。それは、ニュースが専門家たちによってではなく、オーディエンス／一般の人々によって作られ得るという可能性である。

近年における「スクリーンの裏側」のニュースを見つけ出そうとする別のアプローチが、支持を獲得しつつある。それは、またしてもインターネットを取り巻く社会的コンテクストにおいて生じている。ネット・ニュース狂の人々が、既存の主流メディアの自己満足を意識的にかき乱そうと試みている。独立系のネット・ニュース環境のもっとも魅力的な側面の一つは、それが包括的であることだ。その包括性は、オーディエンスの受動的な立場を捨て去り、それ

を参加によって著作物を作り上げていくモデルと置き換えようとする、ネット
を用いた働きについてのラディカルな考え方に基づいている。そうしたネット
を通じた作業の良い例が、公開出版運動である（たとえばwww.indymedia.org／
またはwww.kuro5hin.orgを参照）。「公開出版」のサイトは、参加者／オーディ
エンスによって提供されるニュースを記録し、表示するようにデザインされて
いる。この参加型の著作性をインターネットという状況下における有機的共同
体の再活性化として捉えたい誘惑に駆られるが、独立系のネット・ニュースの
可能性を生み出した技術的進化についてのレヴィの分析は、それとは異なる説
明をしている。ネット・ニュースのオーディエンスはマスオーディエンスであ
り、彼／彼女らはグローバルに分散している。彼／彼女らは、自分たちのロー
カルな知識に基づき、出来事を目撃した者の立場で、ネット・ニュースに参加
している。ネット・ニュースは、都市に基盤を置いたクラブ、学生団体、政治
的／宗教的な集団とネットワークで繋がれている。

　「公開出版」運動は、主流のメディアが見過ごしたり無視したりするストー
リーを告げることによって、自覚的に主流メディアの正当性を問題にしてい
る。この運動では、携帯電話や公衆電話、**ＳＭＳメッセージ**（**携帯電話からの
メール**）[用語2]、ビデオフィルム、デジタル写真、手書きのコピーなどを使って
参加者たちが、事件が生じたらすぐにその事件のニュース記事を投稿すること
を奨励している。これらの記事はすぐにサイトにアップロードされ、ほとんど
即座に掲載される。このように出来事がネットワーク環境において「ビットご
とに」をベースとして決まった形になっていくので、記事は多くの場合、非常
に短いものである。公開出版された出来事はいくつかの出来事に関するいくつ
かのバージョンであって、出来事がプロの手によって複製・公開された一つの
ものではない。この出来事の公開出版された諸バージョンは多くの人々の体
験・観察・熟考を経て出来事の一定のパターンを提供可能にする。読者はその
パターンを検証したうえで、自覚的に意味づけ可能となるのである。

　たとえば、「インディメディア」のサイトwww.indymedia.org[6]は、公開出
版が人々に「即座に自分たちの作品をグローバルにアクセス可能なウェブサイ
トにおいて自己出版する」機会を与えることを主張している。「インディメ
ディア（indymedia）のニュースの網は、自分たちの原稿、分析ビデオ、オー
ディオクリップ、アート作品をウェブサイトに直接投稿することによって、
人々がメディアになることを推進するのである」。公開出版サイトを通じてア
クセス可能な論文においてアーニソンは、主流メディアの欠点と関連づけなが
ら公開出版のプロジェクトを簡便に要約した宣言を出した（Arnison 2000）。先

に論じたゲーム開発と比べると、これら独立系のニュースサイトは、主流のニュースサイトのまわりで衛星的な位置を取り、ニュースオーディエンスによる批判的な省察を作り出すべく活発な問い直しに挑んでいると見なすことができる。

　主流のニュース制作のなかにアーニソンが見出した問題は、三つのテーマのもとに要約できる。それらは、メディアの秘密主義、オーディエンスに対するメディアの態度、制作過程の不透明性である。公開出版は、以下のように要約された欠点を是正することを目指すものである。

　１．**秘密性**――主流のメディアとそれらをコントロールしている多国籍企業は、企業の働きや意図についてオーディエンスの無知の状態持続を確保しようとしているものと解されることがある。そのことは、ある種の情報を極秘のものとして扱ったり、戦略的な情報を独り占めしたり、企業が追い求めている長期的な営利上の戦略に関して人々と情報共有をしないことによって、成し遂げられている。この秘密性は、メディアの営利的な本質と直接に結びついており、公開出版が持つ公開性と対照的である。公開出版において参加者たちは、サイトに寄せられた重要な記事について他の人々が情報を与え続けられるよう、情報を手に入れ共有し、投稿を評価するよう促されるのである。

　２．**オーディエンス**――主流のメディアは普通の人々がニュースを作り出す能力を過少評価していると考えられている。そこで公開出版は、サイトを訪れた人々に、彼らが目にした出来事について意味深くコミュニケーションするように、つまりメディアになるように促す。これは主流メディアが制作過程からオーディエンスを排除するのと対照をなしている。主流メディアは、オーディエンスの考えを聞くことを拒否したり、オーディエンスは愚かであるとの神話を維持するためにオーディエンス調査を利用することによって、オーディエンスを排除している。主流メディアによってオーディエンスは誹謗され黙殺されているのと対照的に、〔公開出版においては〕オーディエンスが持つ専門的な知識や無償で協力的な行為の持つ価値が、主流メディアへの代替案として繰り返し肯定されている。人々は、サイトに参加することによって、主流のメディアが間違っていることを証明していると見なされている。

　３．**制作過程の不透明性**――主流ニュースの制作過程は秘密性で覆われており、そのことがニュース・ストーリーの報じ方に影響を与えているとして、批判にさらされている。主流のメディアは、環境保護主義や反グローバル化の運動について否定的な報道をするときのように、特定のニュースに関するテー

マ、争点、トピック、視点を体系的に無視したり歪めて伝え、自分たちの報道が明らかにしていない議題があることを暴き出せないでいると断言されている。公開出版のサイトに積み重ねられる記事は、グローバルな争点への熱心な取り組みを反映しており、その取り組みをめぐって現代の持つ独自性が形成されている。そうした争点とは、グローバル化それ自体、環境問題、危機にさらされた種の保護、人権と自由な言論、ニュースの制作といった事柄である。

　独立系のニュース・ネット・ワーキングの社会的コンテクストにおいて、オーディエンスは中心的な位置へと移行し、目撃したことの説明や「内部の」情報に基づく彼／彼女ら自身のニュース・ストーリーを制作することによって、メディアの花形となるべく迎え入れられる。ニュース項目は、ほとんどの主流の新聞報道と比較して、より密度の濃い応答と、報じられた出来事についてより十分に論証的に情報を与えられたうえでの評価づけを、提供している。オーディエンスはまた、自分たちが何に注意を払うべきかを選択する際に、より厳選する力を持つようになる。このことにもかかわらず、公開出版サイトはそれが稼働していくうえで、いくつかの困難に直面しているように見受けられる。

　「インディメディア」のニュース制作へのアプローチが直面しているかなり重大な問題は、第一にニュースのペースとリズムに関するものである。主流派メディアが、出来事は進行中だがそれに関するニュースは処理された流れとして制作するのに対して、独立系のネットニュースは、報じられた出来事が発生したことと、〔報じる〕参加者が、時間上でもサイト上でも（両者ともにリアルでかつバーチャルである）、今ここに存在していることからパターン化されている。それゆえ第二の問題として、サイトは処理密度が劇的に変動する事態をときには扱う能力を発達させねばならない。〔しかも〕その能力は、オーディエンスでもあり同時に制作者でもある者の関心のレベルと、ニュースとして価値あるコメントを作り出す能力とに結びついたものである。本書3章で指摘したように、主流のメディアは、処理されコントロール可能な接触の流れとして、プログラムのフローと予測されたオーディエンスの連続の双方を作り出す。「インディメディア」サイト参加者はボランティアで自発的な地位にたっているから、〔当事者以外の手による〕ニュースフローのコントロールはほとんど不可能である。ほとんどのサイトは、サイトを防御しそれを稼働し続けるべく考案された、なんらかの制限を設けねばならなかった。第三の問題は、弁別の問題である。つまり、多かれ少なかれ興味深い報告と、罵りや淫らな発言にす

ぎないような報告とを、どのようにして見分けるのかという問題である。

　これら運営上の問題に対して、ドル・オジャ・ジェイ（Jay 2001）は、「透明で共同作業的な編集枠組みに向けた」三つの提案を定式化している。それらは、「フィルター化と編集プロセス」、「より編集的なコメントとより良い評価システムを使うこと」、「サイト訪問者による公開の編集と修正のためのシステム」を含む提案である。ここでの文脈で言及されている評価システムとは、サイトに投稿された記事についてサイト訪問者が下す評価づけのことである。ドル・オジャ・ジェイが示唆している評価のカテゴリは慣習的なもの（有意性、公平性、事実の正確さ、文章、目新しさ、早さ）であり、主流のジャーナリズム実践を支持することを暗示として盛り込んでいる。サイト訪問者がどこに向かうのかを手助けするためにフィルターサイトを設立するとの提案は、編集における権威——サイトという状況の外部では、他の人たちによって維持されているサイトにリンクしている——の位置づけ方の点で興味深い。この意味において、編集の問題に対して提案された解決策は、集権的で管理的なコントロールではなく、よりネットワーキング的なものである。**サイドバーリスト**[用語16]は、特定の討論**スレッド**[用語25]のためのよりいっそう専門化されたサイトへのアクセスを提供している。

　公開出版サイトは、生成の過程にあるサイトである。それは一般に公開された（未完成の）ネット・ワークであり、マスオーディエンスの先導的な部分であるので、オーディエンスとメディアの研究にとって興味深いものである。多くのサイト訪問者とサイトリンクは既存の政治的党派——とりわけ環境保護主義者と左翼活動グループ——との結びつきを示しているが、サイトそれ自体は、参加者たちが「分子的な集団」——流動的な共同体——であるという点において、レヴィが描き出した「内在性」のパターンのもとで活動している。それらの集団は、常に動いており、仕事と楽しみが入り交じった複雑な網の目（ウェブ）を通して、物語、関与、関心と相互活動を追い求めるマスオーディエンスの変わりゆくムードと懸念を反映しているのである。

3　新たなメディア、新たな研究アプローチ？

　インターネットとその他の情報・コミュニケーション技術が提起することは、単にオーディエンス概念を修正して地球上の至るところの街角に住んでいるその技術利用「メンバー」からなる研究可能な集団とするだけでなく、メディア研究の諸方法と諸アプローチの再概念化なのである。オーディエンスに

関して用いられてきたほとんどの調査手法は、インタビューを受け、質問され、観察され、実験されるような具体的な形をとった人間を調査対象とすることを前提として想定してきた。この想定がなされてきた主な原因は、オーディエンス研究が多くの場合において、ローカルな、また大きくても国家という比較的に小さな規模のものであり、非構造的あるいは半構造的なインタビューといったある種の質的な手法を介して、調査者と被調査者との間の対面的な相互作用を含んできたことにある。たしかに、いくつかのオーディエンス研究は、制作者それ自体ではなく手紙や同人誌など消費者によって作られた生産物だけに注目してきたが、ほとんどのオーディエンス志向の研究は、対人関係を基盤としてなされる傾向にあった。しかし、もし私たちの関心の新たな焦点が、バーチャルなオーディエンスであるとしたら、果たしてどうだろうか。たとえ、〔そのオーディエンスが〕サイバーな前面の背後のどこかに人間としての人格を持っているのだとしても。タークル（Turkle 1995）が思い出させてくれるように、オンラインのコミュニケーションが「生身の」出会いと明らかに同じでないとしても、インターネットの使い手たちは以下のような目的でメディアを使うことができるし、また実際そのように使うのである。

　……対面的な状況と同様に、人間のコミュニケーションを活性化する社会的環境を創り出す。しかしながら、物理的にそこに存在していない点が、〔調査の場への〕参加の条件と対人的な応答のための手法の双方を変化させるのである。（Barnes 2001, p.11）

ガントレット（Gauntlett 2000）は、メディア（とオーディエンス）研究は終末へと至る斜陽のなかにあるが、ワールド・ワイド・ウェブの到来によって救済される、とおそらく少しばかり性急に評価を加えた。だが、サイバーカルチャーの研究が1990年代において一つの下位ジャンルとして成長しはじめたのは、議論の余地がないことである。シルバー（Silver 2000）の指摘によれば、技術研究のほかの新しい領域と同様に、サイバーカルチャーの研究は（学者というよりもジャーナリストである）少数の評論家によってはじめられていた。彼らはこの新たに台頭してきた技術を、文化にとってもコミュニケーションにとっても、これまでとは違ったポピュラーカルチャーの側面として考察していた。その考察は、学界がサイバーカルチャーの重要性を把握しはじめるより以前のことだった。シルバーにとって、〔そうしたジャーナリストによる評論に続く〕第二の研究段階は、彼が「サイバーカルチャー研究」と名付けるもので

あり（前掲, p.19）、そこではバーチャルな共同体とアイデンティティを分析することに焦点が置かれた。私たちが今現在関わり合っているとシルバーが提示する段階は、その次のステップとしての「批判的サイバーカルチャー研究」であり、それはサイトのデザインに関する要素やデジタルな言説や統治に関する争点を含んだ数多くの異なる縒糸(よりいと)を包み込むものである。情報・コミュニケーション技術（ＩＣＴ）に対して、記述的というよりも批判的／分析的な立場をとる点で、〔三つ目の段階は〕先行する二つの段階とは異なる。

　そうであるならば、これら新しいオーディエンスを研究するために、私たちは新しいアプローチと手法を必要とするのであろうか。それともこうした新しいメディアを取り巻く社会的コンテクストにおいて研究をするために、「古い」アプローチと手法を適応させることができるのだろうか。インターネットの利用者とオーディエンスに関して、どのような種類の調査研究が企てられつつあるのか。そして、この新しいメディアに関して、本当のところ、どの程度にこれまでとは違った問いが発せられているのだろうか。たとえば、インターネットに基盤を置いた多くの調査が、市場調査会社によってなされている。そうした会社は、サイトの所有者が人気のあることを主張し、より高い広告料金を課金できるように、一定の期間内にどれだけの「ヒット」をサイトが獲得したかを発見したがっている。そうした調査は普通、ログファイルを分析するが、当たり前のことだが「ヒット」の数はそのサイトにアクセスした個々のユーザーの数と同じではない。そして、どのような場合であれ、そうしたデータは、どうしてそのサイトが選ばれたのか、利用者はサイトについて何を好み、何を好んでいないのか、〔利用者は一度サイトにアクセスした後で〕そのサイトへと戻ってくるのかどうか、等の観点からみた利用者のプロフィールについて、ほとんど何の情報も提供しない。

　こうした種類の表層的なオーディエンス利用者研究は、どれだけの人々が特定の局や特定の番組を視聴しているかを測定するために、視聴者パネルを用いて放送業者が行なう調査と似ていなくもない。そうした単純なオン／オフによる測定は、たとえ個人が背景的な雑音としてだけテレビのスイッチを入れているのでなく、実際に番組を見ていたとしても、利用者が抱く楽しみや関与について、ほとんど何も述べることができない。それ〔ヒットの観点からのインターネット調査〕はオンライン・オーディエンスを調査することには関係しているが、〔その調査では捉えることができない〕ブラウジング（決定し、意識を集中したものから、なにかしら興味深いことを見出そうとテレビのチャンネルを次から次へと変えていくことと、似ていなくもない）の現実は、インターネットのメ

ディアそれ自体のアーキテクチャーと言語のなかに埋め込まれているのである。そうであれば、メディアは異なっているが、いくつかの技法は広い意味では同じである。もちろん、調査手法とアプローチそれ自体は流動や変化の影響を受けやすく、哲学的・倫理的・文化的な力関係と同様にメディアの発展への対応において変化していくものではある。そして当然のことながら、衛星放送やインターネットなどの新しいメディアは、より伝統的なメディアに取って代わろうとすることはほとんどない（Baym 1993参照）。その理由は、サイトの所有者たちは多くの場合において、より在来のメディアを所有する人々や制度と同じ集団に属する人々であり、自分たちの〔支配・利用しているメディアの〕帝国の一部分を減らしたのでは、彼らにとって得るところがないからである。

　しかし、インターネットには利用者／オーディエンスからみた場合と同様にテクスト／イメージからみても独自な要素があり、その要素が真に新しい調査手法を必要としていると同時に、本当の意味で新たな研究の機会を創り出している。たとえばミトラとコーエン（Mitra and Cohen 1999）は、ウェブを基盤とするテクストは、グローバルな到達とオーディエンス、**間テクスト性**[用語12]と非線形性などを含んだいくつもの特別な性質を持っており、そうした特質すべてがテレビ番組、写真、新聞などのより伝統的な視覚的なモノの研究と比べて、より複雑な研究デザインを要求していると論じた。「テクスト」それ自体は、ほかの書かれたものや視覚的な製造物とは質的に異なっている。印刷されたページやスクリーンに映し出されたイメージにおけるより厳格な境界と比較して、より伸縮自在な時間／空間の領域において作用するリンクを用いていることが大きな要因となって、「読み手」がウェブに基盤を置いたマテーリアルにアクセスする方法も、また違ったものとなっている。

　利用者／オーディエンスがインターネットと相互作用する様々な仕方は、これまでとは違った研究の考え方を必要としている。というのも、利用者がチャットルーム、掲示板、メーリングリスト、ニュースグループのどれかに巻き込まれるとき、コミュニケーションは巨大な規模のものになるからである。インターネットの規模が大きいために、ウェブに基盤を持つコミュニケーションについての調査研究を計画立案することは、大変に困難なことのように思われる。幸いなことに、いくつもの道具が現在開発されつつあり、その道具は少なくともウェブの小さな部分においてマッピング〔地図として表示する〕を可能にし、特定の会話スレッドの分析を通じて対話の過程を跡づけることを可能にしてくれそうである。たとえば、ウォーレン・サック（Warren Sack）は、ニュースグループに投稿されたメッセージの内容やそれらの間の関係を分析

し、メッセージ、オーディエンス、テクスト間の複雑な関係を示すことを目指して、その結果を図像的に表すソフトウェア「会話地図（Conversation Map）」を開発した。その他のソフトウェアとして「ルーム（Loom）」という道具が、ジュディス・ドーナスたち（Judith Donath et al. 1999）によって、特定のコミュニティやグループにおける個々の利用者の重要性と役割を明らかにするために開発された。そのソフトウェアでは、「コミュニティ」を視覚的に表したイメージのなかに、斑点として個々人の投稿が描き出されている。

　このような種類の道具は、視覚的におそらくより分かりやすい形で、〔オーディエンスとインターネットとの〕複雑な関係を有益に描き出してくれる。この道具によって、それがなければ概念的に捉えることが困難なパターンと相互の関係性が分析可能なものになる。しかしながら、調査道具は本質的に量的なものであり、利用者はどんな人たちであり、そもそもどうしてそこに関わり合うことになったのか、について意味ある説明を提供することはできない。そのレベルを分析するためには、統計的な数字の背後にいる人間との関わり合いがいまだに必要なのである。マップ化の道具は高度に洗練されているけれども、〔量的研究とは異なり〕調査者がより個人的な方法でチャットルーム、ニュースグループ、メーリングリストに参加する研究が数多く存在している（Cherny 1999）。そこでは、研究のための「テクスト」は投稿された会話をハードコピーに印刷したものとなり、そこでの会話において調査者は、自分自身が投稿することで特定の議論のテーマをしばしば刺激するような参加者ともなっている。このテクストは手紙よりもずっと非個人的であるが、それにもかかわらず本当の会話のような感覚と、本当の人物がテクストを「書いている」かのような感覚を伝える。そうした事例においては、現実世界における私たち自身にとってのインターネットの重要性を理解するために、私たちはこれからもなお〔身体性を持った〕人間としての利用者と関わりを持つ必要があるのだ。

4　インターネット・オーディエンスを研究する

　オンラインの利用者と利用者たちがオンライン上に「いる」ことの感覚とを、もっとも包括的に分析したある研究では、調査研究に協力してくれた人だけでなく研究者自身からみても、〔メディアとの関わりを通じてマテーリアルを〕受容することと生産することとの間の境界は、絶えることなくぼやけたものになっていることが見出された。アネット・マルカム（Markham 1999）は〔その研究のなかで〕彼女が見出した知見と見出す方法とを相互に行き来する

再帰的なやり方で、知見と方法との説明を拡張し高度化している（Nightingale and Ross 2003も参照）。その拡張と高度化は、彼女自身を発達させたことは言うまでもないが、インターネットがオーディエンス研究の方法を不可避的に変えるに違いないという考え方は問題をはらんでいることを明らかにした。マルカムの説明は、たしかにコンピュータに媒介されたコミュニケーション（ＣＭＣ、Computer Mediated Communicationの略）の「バーチャル」で脱身体化された本質について魅力的で洞察に満ちたものではある。しかし、彼女による説明は究極的には、身体性を一貫して否認しているにもかかわらず、オンラインの利用者たち自身が、自分たちの現実的で身体化された自己の持つ生物学的なリアリティに関して十分に自覚的であることを私たちに示している。少なくともテクストに準拠したサイトでは（イメージに準拠したのとは異なり）、メッセージの内容の幻想的な側面とは関係なく、ＣＭＣは必然的に現実のテクスト、つまり「生きた」個人が実際にキーボードで書き込んだリアルなメッセージでなければならない。そのことを述べたうえで、マルカムは、個々人は自分のオンラインでの生活がオフラインでの存在とは違うことを知っている、ということに明確に気づいていた。利用者がどのような種類のゲームをオンラインでしようと、〔オンラインにおいて〕どのような外観をまとおうと、どのような種類のジェンダーの形成‐移行を演じようと、彼／彼女たちは依然として、自分たちの人間性を絶えず思い出させる食べたり寝たりといった生活の基本的な機能を、遂行せねばならないのである。

> 利用者たちと話すことで、私は大変に意味深いことを教わった。人々は、自分たちが現実には物理的な世界を超え出ていないこと、彼らの身体は自分が生きる場所であることを知っているのだ。私が会ったすべての人々は、コンピュータの電源が落とされ、身体の欲求が充たされねばならないときが来ることを、ともかくも知っていた。（Markham 1999, p.222）

そのようにしてマルカムのオンラインでのエスノグラフィーは、今日の研究者が考えるべき興味深い題材を、まさに提供している。とりわけその題材は、「伝統的」な調査と比較して、参与と観察との間の境界がさらに曖昧になっている研究状況での調査者の役割に関連するものである。とはいえ彼女は、オンラインで「真実」を手に入れることは、オフラインで「真実」を手に入れることと同様に、非常に慎重さを要することを認識している。たとえば、さらに複雑な状況とは、オンライン調査が消し去ってしまうことによる〔調査をするう

えでの〕環境の一部をなしている手掛かりやきっかけの欠如である。この欠点は、おそらく郵送式質問紙を個人的な関係なしに受け取ることや電話インタビューを実施されることと、それほど異なっていないであろう。というのは、そうした郵便での質問や電話でのインタビューにおいて、調査者が〔調査相手からの〕対人的なフィードバックにアクセスしているのは制限された範囲内であるからである。マルカムが進んで告白しているように、「彼ら（マルカムのオンラインの参加者たち）の言葉の嘘のなさについて二、三週間後から考えたあげく、オンラインであれオフラインであれ、私たちはすべて自己中心的に、また自分が理解できるやり方で、己の経験の意味を理解し、己の人生について物語を語るものである、ということを私は悟った」(前掲, p.210)。別の言葉でいえば、「真実」とはなにかしらの条件下で現れるものであり、確固と固定したものではなく流動的なものであり、オンラインを調査することは、ただ単にその現実をよりいっそうハッキリと鮮明にしているだけである。というのも、少なくともコミュニケーション（単なる情報探索ではなく）に関していえば、インターネット利用に関する言説の多くは、利用者のアイデンティティの流動性にまさに集中しているからである。

　マルカムがインタビューした相手の何人かが主張しているように、オンラインでのアイデンティティは、オフラインでのものと同じくらい現実的なものであり、一人の個人のバーチャルなテクストは、現実世界での声の代替物に過ぎないということなのかもしれない。もしもすべてのアイデンティティと声が構築されたもの（それらが人間という行為体の熟慮の帰結であるときに、そうであるはずのもの）であるのなら、その構築されたものの真実性は「現実」の時間においてと同様にサイバースペースにおいても、幅広い解釈のもとに開かれているものである。すべての人間のコミュニケーションは巧みな策略であり、もし私たちが同時進行的に消費しながら生産し、送信しながら受信しているのであれば、それについての解釈の可能性は際限ないものとなる。もちろんのこと〔多様な解釈を付き合わせ〕最終的に意味を裁定するのは研究者なのである。つまり、広まるのは「私たち」の真実〔としたもの〕である。

　メディアの利用者、制作者、消費者としてオンラインのオーディエンスを調査することは、たしかにオーディエンスとは誰なのかについて、これまでとは異なる理解を必要としているが、私たちにまったく異なる調査方法を用いるように必ずしも要求しはしない。マルカムによってなされたエスノグラフィーのような洗練されたオンラインでの研究においてさえ、主要な調査方法はいまだに現実の時間において、個々の利用者に「インタビューを行なう」というもの

であった。そして、マルカムとインタビュー相手とがオンラインで直接にコミュニケーションをするときには、マルカムは質問をキーボードで書き込み、テクストでの返信が来るのを待っていた。マルカムは、同時並行的に自分の頭のなかで描いていたのと同じ質問を「書いて」いたのであり、インタビュー相手は伝統的な質問／回答の様態で「応答して」いたのである。こうしたインタビュー手法は、最近になってインターネットを介してはじめて可能になったのだが、その様式は非常に馴染み深いものである。疑う余地もなく私たちは、オーディエンスは流動的な状態にあることが普通であるとの確信のもとに、これまでとは異なる21世紀初頭における研究という社会的コンテクストのなかに置かれている。しかし、私たちのＩＣＴへの熱に憑かれたような取り組みが、新しいものすべてが新規であると主張するのでなく、過去に基づいて未来を作り上げるような状況のなかで知識を発展させていくように包括的なものとなるようにしなければならない。

　オンラインにいることは何を意味するのかについての私の理解は、日が経つにつれてより保守的なものになっていく。私はインタビューとオンラインでのほかの人たちとの会話が、至極当たり前で平常なものであることに衝撃を受けた。私はオンラインでの身体と精神に、より不気味な特性やエキゾチックな変変といったものを見出さないことに驚きを覚えた。(……) 身体の超越、サイバースペースでのアイデンティティの分散化、ハイパーリアル等々について書き記している私たち学者は、現象全体を誇張しているのかもしれない。(前掲, pp.221-222)

インターネットのような電子メディアのオーディエンスは、テレビ、ラジオ、映画、新聞などのより伝統的なメディアを利用し、定期的に消費し続けている人々である。インターネットは、調査研究への参加を依頼する投稿や、オンラインでの調査方法の開発によって、より多くのサンプル確保の可能性を少なくとも潜在的には持っている。ただ、オーディエンスにアプローチするために用いられる手法は、質問紙や対面あるいは電話でのリアルタイムのインタビューといった馴染み深い様式になりがちである。たしかにインターネットは、チャットルーム、ニュースグループでの討論、ウェブページの内容やデザイン、ナビゲーションやアーキテクチャーの戦略など詳細な研究を必要とする従来とは違ったテクストを生み出している。しかし、インターネットのテクストの消費者と制作者を研究するに際しては、人間を調査対象と想定して立案さ

れた伝統的な調査方法を頼りにすることを避けることができない。技術の目新しさにもかかわらず、個々人は、情報・娯楽・相互作用といった、まさに伝統的な欲求を満たすためにインターネットに期待を寄せていることを、インターネットの研究者たちは発見した。だが、今日において異なることは、これまで伝統的なメディアによってのみ満たされると考えられていた複雑な欲求の範囲全域を、インターネットは満たすことができるように思われる点である。フラナガンとメッツガーは、およそ700人のネット利用者の調査から、「インターネットは、わかり切った欲求を新たなやり方で満たすための多次元的なコミュニケーションの技術である」と述べている（Flanagin and Metzger 2001, p.175）。しかしながら一般的には、一連の持続的欲求を満たすために、新しい技術はより旧いメディアと似通った仕方で用いられる、と彼らは論じてもいる。そのようにしてインターネットは、少なくともオーディエンス研究の観点から言えば、「古くから」のコミュニケーションが持つ複雑性を切り開く手段となる新しいメディアを提供するものとして、理解できるかもしれない。

　インターネットを、いつでもどこにおいても「望ましいこと」を目指す力としてロマンチックに捉えないことが重要である。初期のウェブ支持者たちは、メンバー成員であることを主張する疑似共同体のみならず、これまでとは別のアイデンティティを「試してみる」ことができる安全な空間を提供するウェブの能力を賞賛していた（Rheingold 1993、Turkle 1995参照）。しかし、スコダリ（Scodari 1998）のようなその後の批評家たちは、ウェブの魅力についてより注意深い立場を取ってきた。とりわけ、利用者の関わりを制限したり限定したりする明示的・暗示的な「規則」が存在することが、人々の懸念を引き起こしてきた。それと並んで、ポルノグラフィックなマテリアルやイメージの利用可能性の高まりも同様に、人々の懸念を引き起こしてきた（Arnaldo 2001、McBain 2002、Taylor and Quayle 2003）。興味深いことに、メディア受容についてのより「伝統的な」研究から生じてきたものであるが、ウェブ利用者についての人口統計的データは、アクセス（NTIA 1999）、関与、内容の点においてエスニシティとジェンダーで明らかな偏りがあることを示している。別の言葉でいえば、ジェンダー・年齢・地理（南北格差）といった個人の諸特性に基づくメディアへの異なるアクセスの「古くからの」形態が、〔ウェブという〕新しいメディアによっても再現されており、そのことが「デジタル・ディバイド」[7]に関する多くの研究を呼び起こしている（Norris 2001b、Katz and Rice 2002、Warschauer 2003）。

　ＩＣＴへのアクセスをめぐる懸念だけでなく、とりわけインターネットの大

部分がコングロマリット化され、企業によって所有される状況下において、内容についての懸念も生じてきている。ここ二、三年の間に、利用者たちが自分たちにとっての懸念を争点として議論するための新たな別のフォーラム〔公開討論の場〕を提供する、数多くの新しいインターネットのサイトが立ち上げられた。それらのサイトは、多種多様なエスニシティごと／ジェンダーごとに細分化されたオーディエンスのために作り上げられたものである（たとえばHarcourt 1999）。そうしたサイトは、6章で論じたファンサイトとともに、女性や女性グループによって立ち上げられた政治的なサイトを含んでいる。それら政治化されたサイトは、団結した（ローカルであり、かつグローバルな）行動、教育、情報／アイデアの共有、キャンペーン運動（Green and Adam 2001、Moran 2002参照）や、とくに9.11以降には、新たな別の政治的見解の活性化（たとえば www.opendemocracy.com そして www.rawa.com を参照）を展開していくうえで、インターネットが持つ可能性を開発することにとりわけ関心を抱いている。

現代におけるオーディエンスのネットでの活動の多彩な特性は、情報時代が「オーディエンスであることが、何を意味するのか」を変えていくあり様を示している。オーディエンスはもはや、メディアテクストの受動的な受信者ではない。オーディエンスたちは、「能動的な受容」というモデルに合わないほどに大きくなってしまった。オーディエンスは、メディアとなること、ネットで活動することを学びつつある。このことは、オーディエンスとしての彼／彼女たちの活動がますます多様になり、娯楽の領域を超え出ていくことを意味している。オーディエンスたちの活動範囲の広さは、サイバーカルチャーの発展が一様ではなく、進行中の活動であることを私たちに思い出させてくれる。ネットオーディエンスの研究は、主流派のメディアオーディエンス研究におけるファンや熱狂者の次元を超え出ることが重要であることを示し、主流のメディア制作との関係に主要な関心を抱く活動に没頭する研究から脱却することを提案している。

ネットでの積極的な活動と共同作業のネットワーキングにおいて、人々が特定の成果を得るために主流のメディアと共犯したり、対抗したり、共棲したりするのを私たちは目にする。〔ネットでの活動としての〕ネット・ワークは、テレビ視聴よりもずっと明確な目的に向けてなされる。これらオーディエンスの積極的な活動は、主流メディアがしてこなかったことを改める点において、ある意味で「添え物」である。しかし、そうしたことをするなかでオーディエンスたちは、支配的な文化のヘゲモニー的な見方の正当性を問い直すように

なっている。彼／彼女たちは、公共圏において流布するものの見方の多様性を高め、制作物や創造的な努力と同じくらいにレトリックや論証を通じて、カウンターヘゲモニーを生み出すことを目指している。メドウズがオーストラリアでの土着のコミュニケーションの事例において指摘したように、レトリック〔言葉を有効適切に用い表現する仕方〕は「オーディエンスのなかから台頭するのであり、そのオーディエンスによってなんらかの方法で正当なものと認められねばならない」(Meadows 2002, p.157)。

オーディエンスであるということは、今日、放送の時代と比べて、さらにずっと能動的で相互作用的である。先行する各章で指摘してきたように、情報化時代は、人々がメディアにアプローチし、メディアテクストと関わり合うやり方に本質的な変化をもたらした。人々が相互作用的なメディアという経験を勝ち取り、とりわけ彼／彼女らが相互作用的なメディア環境において利用可能な、さらに密度の濃いメディアとの関与を楽しむにつれて、既存の主流の放送における制約の多い「包括的」な性質への不満が高まってくることが予想される。相互作用的なメディアが状態を整え、マス・メディアとしての放送でお馴染みの番組編成パターンを劇的にかき乱すという見通しに逆らうのは困難である。

しかし、インターネットはいまだに多くのメディアのなかの一つに過ぎず、マスコミュニケーションという点で言えば——それゆえ重要なことに、社会的な行為に重要な効果を及ぼす力を持つという観点から言えば——、インターネットはまだ初期の段階にあるメディアなのだ。その力が及ぶ範囲は、とくに発展途上国においてはテレビ、ラジオ、新聞といったより伝統的なメディアと比較して、いまだ実質的に狭いものである。デジタル・ディバイドという考え方はいささか誇張気味である——インドやアフリカのもっとも貧しい村々の多くであってもオンラインで繋がっている——が、それにもかかわらずインターネットへの個々の定期的なアクセスは、いまだに主として開発国の利用者によってなされている。そうしたわけで、2000年末の時点で200近い国にまたがる4億人のインターネット利用者がいるけれど、アメリカ合衆国だけですべての利用者の3分の1を占め、アメリカ合衆国、日本、英国、オーストラリア、中国、台湾と西欧諸国を含んだ15の産業化した国全体で、すべての利用者の78％を数えている (Juliussen and Juliussen 2001)。私たちはウェブの有用性を賞賛し、それなしでどのようにやっていけるのかと自問するが、ＩＣＴの成功と将来のあり方に込められている大きな意味は営利中心の利害関心であることを忘れてはならない。技術発展の輪郭は、産業の主要なプレイヤーによって決定

づけられる。ロスコーが適切に述べたように、「新しいテクノロジーはおおくの場合豊かな特性を持っており、幅広い用途に使うことができるのだが、「主流」でない特性が取り除かれた途端に、経費削減の必要性が〔営利中心に沿わない〕潜在的な可能性を低減させてしまうのである」(Roscoe 1999, p.682)。

　もちろん、ウェブが大変に手際よく問題として取り上げるのは、オーディエンス、消費者、制作者、利用者の間での重複は言うに及ばず、それらの間の境界線の曖昧さである。インターネットにログオンすれば、私たちはそのメディアを使っているのだろうか。ウェブサイトをブラウズするときに、私たちはテクストを消費してもいるのだろうか。オンラインでコンサートを聴くとき、私たちは（より大きな）生のオーディエンスの一部となっているのだろうか。テレビ番組のプロデューサにＥメールを送るとき、私たちはモノを制作してもいるのだろうか。相互作用的なウェブサイトを利用するとき、私たちはこれらすべてのプロセスに関与している。おそらく、オーディエンス研究に対してウェブがもっとも深く貢献することは、まさにオーディエンスであることについてのオーソドックスな解釈を再考するように仕向け、時として他者と一緒に、また時として一人で孤独に、異なるメディアの／異なる時点における／異なるオーディエンスのメンバーとして、私たちがどこに見出されうるのかを位置づけるように、私たちをかき立てる点にある。オーディエンスであることは、変わることのない同一なものではない。それは、特定のマテーリアルに私たちが接近するのを可能にするオーディエンス編成のなかに、入ったり出たりしながら移り変わっていくものである。そして、そのオーディエンス編成が、私たちが自らのアイデンティティと環境を作り上げることを促進するのである。

　インターネット、インタラクティブＴＶ、ＷＡＰ電話[8]といったメディアコミュニケーション技術の発展は、メディア内容における移行（たとえば、リアリティに基づいたＴＶ番組）と同様に、オーディエンス研究者に対して、探求すべき刺激的で新たな諸メディアからなるコンテクストと新たなオーディエンス編成を提供している。現在、異なる種類のメディアと異なるメディアテクストを用いてオーディエンスが楽しんでいる〔メディアテクストとオーディエンスとの〕関係性を問い直すことは、「オーディエンス」について新たな観念と考え方を生み出し、オーディエンスの〔一定の条件下で存在する〕状況依存性と〔固定した実体ではないという〕流動性というこの概念に本来伴う特性を、少なからず明らかにするであろう。「オーディエンス」についての広く共有できる理解は単に学術的な構築物に過ぎない〔それほどオーディエンスの実態は多様である〕、とスタイガー（Staiger 2000）が主張するのは少しばかり行き過ぎ

であろう。そうだとすればなおさらのこと、私たちは研究者として、自分の理論的貢献が己の想像ではなく現実のオーディエンスの経験によって確証されるように、オーディエンスを研究する際には社会的コンテクストの詳細な特性に対して鋭い感受性を持つことがまさに必要とされる。私たちはオーディエンス研究の成長を楽しみにしており、その発展に対してこの本が、独自のやり方でささやかな貢献ができることを願っている。

　〔「受け手」と単純化されたかつての〕オーディエンスは死んだ。オーディエンスの長く生きられんことを。

訳者解説　　新たなオーディエンス像の構築をめざして

　本書は、次の原書の全訳である。
　Karen Ross and Virginia Nightingale, *Media and Audiences : New Perspectives*, Open University Press, McGraw-Hill Education, England, 2003．（総頁数が194頁で、Issues in Cultural and Media Studiesシリーズのうちの1冊）。
　この書は、きわめて包括的なオーディエンス論として豊かな成果を多角的に取り込んだ書である。その全章要約は、冒頭の第1章において章の順になされ、さらに各章でそれぞれの要約も付されている。しかしその豊かな内容は、さらなる要約が日本の読者向けになされることにより、その全貌と訳出の意義とがより多角的に示されるであろうと判断し、あえて本書の構成と特質を訳者の立場から簡潔に述べ、訳書刊行に込めた意図と願いを説明したい。

1．本書の構成——私見

　社会、文化事象の解明は、一定の歴史や時代状況を対象とし、特定の研究視座に立脚してはじめてなされうる。メディアとオーディエンスもまたその例外ではない。その帰結として、本書を構成する七つの各章も二つの軸からみて一定の特質を帯びている。一つはオーディエンスの形態・活動分析に傾斜しているか、それともオーディエンスの研究視座検討に傾斜しているかという軸である。もう一つは歴史的検討に傾斜しているか、より今日的検討に集中しているかという軸である。各章はこの二軸からなる平面上のいずれかに、少なくとも相対的にみて、傾斜した位置関係にあると解釈できる（次頁の図を参照）。この図の位置の順に、各章の中心的内容を訳者の理解にしたがって摘出してみよう。

⑴　オーディエンスの現代的三類型
　まずオーディエンスが、現在中心の時点で三つの類型に沿って考察されていることが注目される。すなわち、商品（3章）、ファン（6章）、市民（5章）というオーディエンス像の三類型である。
　A：商品としてのオーディエンス解明（3章）は、視聴率に焦点を当てることによりなされる。視聴率は、オーディエンス向けのサービス提供基準であ

オーディエンスの
〈形態・活動　分析性〉

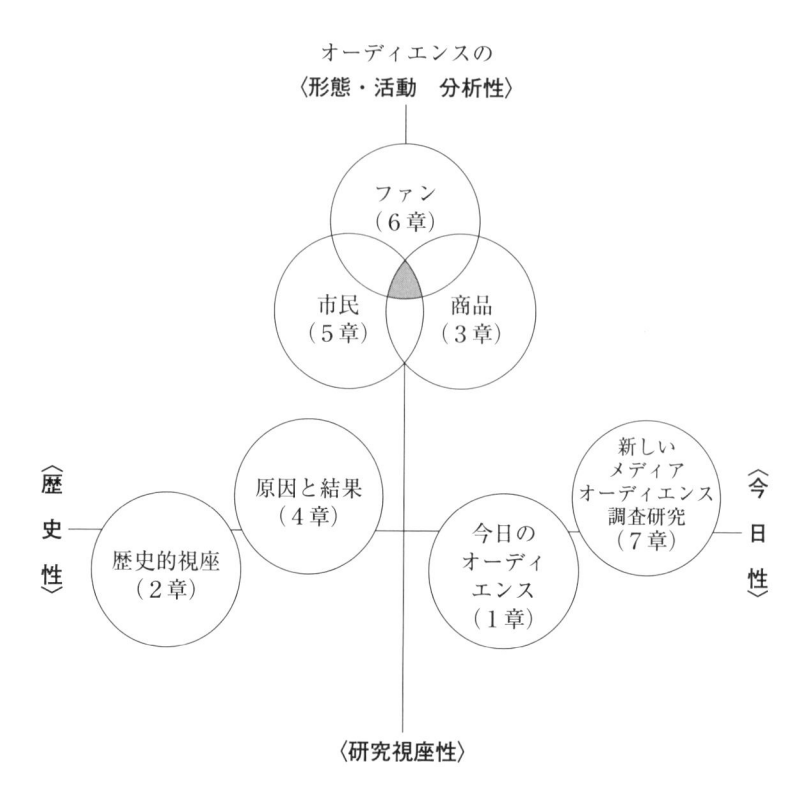

- ファン（6章）
- 市民（5章）
- 商品（3章）

〈歴史性〉

- 歴史的視座（2章）
- 原因と結果（4章）
- 今日のオーディエンス（1章）
- 新しいメディアオーディエンス調査研究（7章）

〈今日性〉

〈研究視座性〉

図　本書の内容構成

り、番組売り込みの価格決定の基礎である。それにより番組編成と制作は、視聴率獲得のための特定階層優先へと大きく傾斜する。さらに視聴率は放送産業上だけでなく放送政策決定上も利用されている。この視聴率への広汎な依存が、オーディエンス像形成にいかなる社会的、経済的、文化的役割を発揮するかが、批判的に問われる。視聴率は、メディアへのオーディエンス「関与（engagement）」がもっている意味形成と生活世界へのメディアの豊かな関わりへの視点を閉ざし、単なる「接触（exposure）」測定を通じてオーディエンスを主として「放送サービスの消費者と、広告主に売られる商品」に矮小化してしまう。その研究基礎は、心理学の行動主義（behaviourism）と政治学の行動論（behaviouralism）にあるとされる。さらにオーディエンスの商品化は、1990年代以降、娯楽、消費情報中心のデジタル化による、より精緻で広汎なネットワーク構築、情報収集・蓄積・分析を通じて、いっそう深化している。

　B：6章の焦点は、「ファンという特殊なテクスト消費者」に向けられる。

その考察を通じてファンは、多元的な構成軸とベクトルをもった集合体であることが解明される。ファンは、映画やソープオペラというメディアジャンルを通じて、低級文化と高級文化との両極を通じて、またジェンダーの力学を通じて構成され、活動する。そのファンは「利用と満足研究」でも示されたように、多様な意味解釈をするが、同時にファン同士の交流を通じて外に向かってはコミュニティを、内に向かってはアイデンティティを形成する。さらにファンは、その交流結果（会話や雑誌制作）により自ら文化生産を営む。この営みはデジタルなネットワーク文化で新たな展開を示している。このファンの消費と生産は、一方で既成の文化的ヒエラルヒーの強制力に荷担し、他方でそれに抵抗するという、アンビバレントなベクトルをもつ。ファン研究にとっても、エスノグラフィーが不可欠で豊かな方法的力を持っていることが注目されている。

　Ｃ：市民としてのオーディエンスは、市民の存在と活動を規定し、あるいは促進する多様な諸条件から検討される（5章）。その第一の焦点は、ジャーナリズムとしてのメディアが抱える責任、あるいはおかれる葛藤状況、現実の役割の摘出にある。第二の焦点は政治広告の影響、効果である。そして第三に選挙キャンペーンの影響研究の小史が英国、アメリカを中心にたどられる。その際の視点も有権者の態度要因、候補者のジェンダー、新聞とテレビというメディア要因、キャンペーン効果研究モデルなど多くの範囲にわたる。そのうえで、「すべてのメディアがタブロイド化の傾向をもっている」というメディアの現状批判に立ち返っている。さらに世論調査の特質と限界を選挙調査に沿って検討した後、「討議付き世論調査（deliberative poll）」を含む次世代世論調査の意義と可能性を探っている。そして最後に、積極的投票者、パブリックアクセスをする能動的オーディエンスの困難をはらんだ可能性の診断をしている。

(2)　視座と形態の歴史的考察

　このようなオーディエンス形態の現状分析中心の三つの章に対して、2章と4章ではオーディエンス形態と研究視座の、より歴史的な考察が展開されている。

　Ａ：まず2章では、身体がメディア化され、そのメディア化と産業化が相互浸透する。それはテクノロジーと市場とを主要契機とするオーディエンスの変動史であり同時にオーディエンス研究史であって、両者は分かちがたく結びついている。その歴史は、身体のメディア化にはじまり、視覚の拡張（写真）、出版資本主義（印刷物）と国民国家の成立、放送と宣伝、さらにはアメリカを

中心にして「パーソナル・インフルエンス」と機能主義的マスコミュニケーション社会学や方法論的個人主義志向の強い社会心理学的研究になって展開した。これに対して英国の「文化的総体のなかの差異」を重視する視座は、異なる研究展開をもたらした。個々のメディアテクストでなくその一連の「フロー」(R. ウィリアムズ) のなかに組み込まれるオーディエンス、あるいは「エンコーディング／ディコーディングモデル」による文化と政治の密接な絡み合いのなかでのオーディエンスへという展開である。そして最後に、グローバル化、メディア化、そして産業化という三つの変動契機が、今日新たなオーディエンス研究を迫っているとされる。

　B：4章は、方法論的視座は行動レベル中心の因果関係、効果研究に、対象はテレビの暴力中心にかなり絞り込んだ、より短期的な考察である。ここでは効果研究発展の跡をマクウェルの研究レビューなどに基づいて紹介した後、暴力番組を原因とし、オーディエンスの一定行動を結果とする因果関係が統計調査の方法から一般化できるかどうかを、数多くの研究結果から検討している。その結果いくつかの放送政策は、一定の因果関係の存在を前提として立案されているのと対照的に、統計的研究の諸成果は、相互に相反するものが再三にわたり見出され、一般化できる一貫した結論はえられていないことを確認している。また実験結果では多くの結論が得られているが、それは細分化した統制条件の下でのものであり、現実生活への適用は困難であるとしている。効果研究における「見ること」と「行なうこと」との間の因果関係解明は、「単純には決着をつけることが不可能な企て」とされる。

(3)　オーディエンス像と研究視座の今日と新たな展開

　A：「今日のオーディエンス」と題される冒頭の1章は主要には、次の三点からなる。第一にそもそもオーディエンスとは何かということである。この問いは、本書全体の問いであるが、その前提、出発点となる規定がまず提示されている。つまりオーディエンスとは本来的に「人々 (people)」であり「人々のいくつかの集まり (groups)」である。オーディエンスはメディアで切り取られた (あるいはメディアと関わった) 細切れの存在ではなく、特定の生活、社会、歴史のなかに位置している人々であるという一見自明の前提が、改めて確認される。この前提は、本書の基底を貫く。第二にメディアと人々との今日的関係である。「リアリティTV」が示すように、人々の日常生活そのものがテレビ内容の一部と化し、人々はそのオーディエンスにもなる。ここではメディアが人々を取り込み (人々がメディアに入り込み)、オーディエンスとして人々は

メディアを取り込む（メディアが人々に入り込む）という入れ子状の相互浸透関係が形成される。メディアとオーディエンスの境界は不明確になり相互に入り組んだ関係のもとで、疑似イベントが進展する。第三に、前二点をふまえて著者たちは、オーディエンス研究におけるメディアイベントの視座を提示する。その視座は、イベントが展開される時間／空間、イベントを構造化する権力、イベントに関わる人々の活動などの諸レベルからなる。この諸レベル構成に準じて、下位文化分析、視聴率分析の視座の系が導かれる。この導出の延長に、インターネット普及に伴う新たなメディアオーディエンス研究の視座も骨格を現すとされる。

　B：「新しいメディア、新しいオーディエンス、新しい調査研究？」と題される最終章（7章）は、1章のこの最終部に対応している。この章の中心は、インターネットとオーディエンス像、並びにオーディエンス研究との関係である。双方向性（interactivity）、およびネットワーク（network）という技術レベルの特質は、相互作用（interactivity）およびネット上でのワーク・活動（network）という社会レベルのコンテクストで考察される。オーディエンスの能動性は、1970年代から80年代にかけて、マスメディア・テクストの解釈レベルで見出されたが、それはさらにメディアが捉える現実場面に参加するオーディエンス（リアリティＴＶやトークショー）で新たな局面を迎えた。つまりマスメディアのオーディエンス（受け手）は、同時に参加者であり語り手ともなった。このメディア受容と生産との境界の曖昧化、融合化は、インターネットによってさらに新たな段階に突入した。ゲーム、ニュース、出版などの領域でのデジタルメディア化である。そこでオーディエンスはネットワーク上で協同する消費者かつ生産者として立ち現れる。ただし、この新たなメディアオーディエンスはいまだ揺籃期であり、営利主導のメディア産業展開からみて、手放しの礼賛も楽観もすべきではない。インターネット上のオーディエンスに対しては、バーチャルなオーディエンスとして再概念化する途もありうるが、著者たちは一定の現実の場で具体的な存在としての人間を研究する質的調査が、新たなオーディエンス像解明にとって今後とも必要であることを強調している。最後に、「受け手」と単純化、矮小化されたかつての「オーディエンス」の「死」と、双方向性（相互作用）とネット・ワーク（ネット上での活動）のコンテクストで台頭してきたオーディエンスの「新生」への期待が語られて、本書は締めくくられる。

2．本書の特質——訳者なりの考察

(1) オーディエンス像の三類型の接合領域

以上のような内容構成の理解をもとに、本書の特質を考察してみよう。図のなかの網掛けをした「商品」、「ファン」そして「市民」の三類型の接合領域は何か。三つの章それぞれの最終部分には、ある種の共通性をもった論述が見出される。「ファン」は、文化消費だけでなく文化生産を営むこと、その営みはデジタルなネットワーク化で新たな展開を示していることが指摘されていた。「市民」にはメディアのタブロイド化の一方で、「討議付き世論調査」、「パブリックアクセス」など政治プロセスの新たな導管が活性化されてきていることが注目されていた。そしてオーディエンスはメディアサービスの消費者、広告主に売り渡される「商品」である反面、ディアスポラなどの共同体において独自のアイデンティティの基礎作りに貢献する物語、文化生産活動を営むことが、摘出されている。それは主流のメディアによる文化生産とは異質な、土着の創造活動があることを示している。

つまりオーディエンスの三類型はそれぞれ何らかの文化生産、積極的活動、相互作用を営む点が指摘されていることで共通している。この積極的活動、相互作用がファン、市民、商品の間で響き合っている。ただし、その響き合いの大きさは楽観できないという論旨も、各章ごとの構成バランスから思い知らされざるをえない。

その構成バランスを思い知らされるのは、各オーディエンス類型は相反するベクトルをもつ点でも共通しているということからである。つまり商品化と脱商品化、意味、記号の消費と生産、アイデンティティ形成とその拡散、コミュニティや社会的ネットワーク形成とそれからの離脱や孤立化などの相反した力学が共通している。結局、三類型が接合する図のなかの網掛け領域は、この活動性と同時に一定方向への傾斜を伴った相反性が渦巻く磁場であると解せる。

(2) audiencesの再概念化

オーディエンス類型に共通する特質をこのように解釈すると、ここからオーディエンスそのものの再概念化が必然的に要請される。audiences（an audience, audience）という英語は、受動性を既定の特質として内在化しているかのように響く「受け手」という日本語ではなく、まさに「オーディエンス」と表現しよう、しなければならないのではないかという要請である。それをさらに突き

詰めれば、オーディエンスとは本来的に「人々」であり「人々のいくつかの集まり」であるという、先に紹介した自明とも解せる、原点としての規定へと立ち返る。

そしてここを出発点にして、逆にオーディエンスとされた人々の具体像を解き明かそうとすれば、これまで「受け手」を取り巻いてきたいくつかの諸概念の拡張、転換がさらに要請される。ある種の「客観性」と同時に社会的コンテクストからの乖離も予想させる「刺激（stimulus）」、「内容（content）」、意味を消去したかのように見える「接触（exposure）」、「送り手－受け手」の因果関係の脈絡にきっちりと収められたかのような「効果（effect）」などの諸概念を超える拡張、転換である。その拡張、転換を示す概念のいくつかが本書のなかに豊富に含み込まれ、使い込まれている。根本にある「オーディエンス」の他に、言語を中心とした「社会的構成」を予想させる「行為体（agent）」、解読とコンテクストをにじませる「テクスト（text）」、メディアと産業との間を直結させる「マテーリアル（material）」、メディアと人々、つまりオーディエンスとの多様な関わりを含意可能にする「関与（engagement, engage）」などである。とりわけ内容、メッセージなど意味の完結、固定、閉鎖にやや傾斜した概念でなく、意味の多様、流動、開放との接合性がより高いと思われる「テクスト概念」が「コンテクスト概念」とともにより強く導入されていることも注目したい。

こうした諸概念の拡張、転換と再定義が単なることばの言い換えではないことは自明である。オーディエンスとそれをめぐる諸概念装置群の新たな導入は、オーディエンス研究の視座転換とそれに伴うオーディエンス研究の新たな展開、さらにはその結果としてオーディエンス像のより実り多い帰結への途を拓く。諸概念の新たな導入は、この途への第一歩である。そしてその第一歩は、同時に新たな研究方法論上の難問、課題との直面を意味していることは言うまでもない。

それと同時に、「効果研究」の関連諸概念とそれに基づく諸研究も、単に変転を経た過去の遺産のみにはされず、その方法的可能性と成果が厳しく限定されている反面、今日に生き続けている視座とされていることも、見落としてはならない特質である。

(3) 研究視座の革新

著者たちが新たな研究視座として提起したのは、1章で示された「メディアイベントの視座」である。メディアイベントという概念も多義的であるが、

D・ダヤーンとE・カッツの研究成果などと日本の現実状況の歴史をふまえ、吉見は次の三つの意味に整序している（吉見俊哉「メディア・イベント概念の諸相」津金澤聰廣編著『近代日本のメディア・イベント』同分館、1996 所収、pp.3 - 30）。

1）「新聞社や放送局など、企業としてのマスメディアによって企画され、演出されていくイベント」。たとえば高校野球など。
2）「媒体としてのマスメディアによって大規模に中継され、報道されるイベント」。たとえばオリンピックなど。
3）「メディアによってイベント化された社会的事件。もともとは偶発的とも見える事件が、メディアの演出技術によってドラマ化される」。たとえばJ・F・ケネディ大統領の暗殺事件など。さらに突き詰めれば、「現実は、もはやメディアの外部には存在しえず、むしろメディアによって構成された出来事＝イベントとしてあらわれるのみ」としてメディアイベント概念は拡張される。ここでは、多数の人々で共有される社会的事象は、ほとんどがメディアを通じるがゆえに、メディアイベント化する。

　吉見の整序に基づくこの拡張されたメディアイベント概念は、周知のD・J・ブーアスティンのいうメディアの製造する事実として、相互互換的に用いられている「疑似イベント」、「イメージ」、「幻影」にもかなり近い。本書のメディアイベント概念も大別すればこの系列の意味を含んでいるといえよう。それだけでなく、本書の著者たちはそのメディアイベント概念に含まれている構造性とオーディエンスのメディア関与性、活動性に注目している。つまり、物語生産に対するメディア産業の支配、その支配を合法化する権力、両者から作り出される時間・空間のなかに人々は巻き込まれ関与し、逆に人々の巻き込み・関与を前提として産業と権力が成り立つという相互依存関係である。この構造性への注目から、メディアをめぐる時間／空間、権力関係、関与などが、オーディエンス研究の課題構成として浮上する。そのうえで、下位文化、視聴率、インターネットへと課題項目は逆に具体化・細分化されていく。

3．訳書刊行に込めた意図と願い

　これまで我が国の個別オーディエンス研究は多様な成果を上げてきたし、それは新たなメディア化が急激に進展する今日も続けられている。多様さの諸次元をかなり形式的かつ乱暴にあえて整理すれば、一つは書籍・雑誌の出版、新聞、放送、インターネット、ケータイなどの諸メディアの次元であり、報道・

ニュース、ドラマ、教育、広告などの個別ジャンルの次元であり、歴史、接触、あまたの効果論、利用と満足、カルチュラル・スタディーズ／リセプション・スタディーズ、テクスト分析、社会情報などのアプローチ、視座の次元であり、家族、ジェンダー、社会参加・運動、地域社会、国際比較などの社会的コンテクストの次元であり、さらには、理論的考察、統計調査、実験室実験、事例調査、エスノグラフィーなどの研究・調査手法と関わる学問のあり方の次元等々である。そこから産出されるメディアオーディエンス像は、少なくとも量的には豊かで、質的にもある程度多様であるが、その反面、諸実証研究の相互比較や、より抽象度の高い知見を目指す経験的一般化は著しく乏しく、混乱と混沌の状況も否定できず、類型性、系統性は言うまでもなく諸結果相互の異同・矛盾と接点、類似、補完、限界、関連などの追究も、一部研究者の努力にもかかわらず、活発とは言い難い現状にある。

　さらにいえば、その明確性追求がいかに困難で大きな課題を抱えているか、そしてその課題のある程度の解明がどんなに大きな知の地平を拓くのかという可能性さえも、依然として不透明である。それは、日本というローカルな場でのオーディエンス研究の歴史と現状を解き明かす批判的・知的検証作業（知を検証・確認するという二重の知）が未成であるだけでなく、著しく不十分であることを意味しているのではないか？（このことは半世紀余にわたる自らの学びの個人史を振り返り自戒を込めて述べている。その個人史の一端を述べさせていただけば、Katz, E. and Lazarsfeld, P., *Personal Influence : The Part Played by People in the Flow of Mass Communication*, 1955. 出版直後の1956年に社会学科の学部生となり、邦訳がない時点でこの書と格闘し、「マス・コミュニケーション過程における小集団の問題」というテーマの卒業論文で、この分野の学び途の入り口に立ったこと、さらにこの *Personal Influence* の著書の内側から矛盾を摘出し、内在的批判をし終えるまでに多年の歳月を要したことなどが思い浮かぶのである）。

　本訳書上梓が意図されたのは、自戒を込めて述べたこのような日本の研究状況のコンテクストのなかにおいてである。少なくとも英米中心のオーディエンス研究の諸成果を豊かに、多様に凝縮し、その全体像の見渡し・俯瞰・包括を目指している本書は、この日本における全体的俯瞰図の貧困の状況を対照的に照らし出している。少なくとも訳者は、日本におけるこの本の類書の存在を寡聞にして知らない。この貧困は、研究の推進と教育の実践との双方に深く関わる問題である。本訳書はこの俯瞰図形成の前進に一定の貢献をなしえるのではないか、というのが第一の願いである。

　全体的俯瞰図の模索は、前掲図（p.208）の二軸に沿って構想されうる。す

でに述べたように、一つはオーディエンスの形態・活動分析と研究視座を両極とする軸、もう一つは歴史的検討と今日的検討を両極とする軸である。この二軸で形成される四つの象限のいずれも緊要性を帯びているが、研究上とりわけ急がれるのは、おそらく研究視座関連の象限であろう。つまり研究者各自の採用する視座構築が、他の視座との関連のもとで自覚的に関係づけられ相対視され、研究者・研究グループ間での論争文化と、研究者個人内での自省が進められることである。

　本書の中軸をなしている視座は、歴史研究の他に、効果研究とエンコーディング／ディコーディング、リセプション・スタディーズである。20世紀前半にスタートした効果研究に対して、後者リセプション・スタディーズは1970年代以降の所産であるが、後者は前者に対して「根底的な批判」となっている（吉見俊哉『カルチュラル・スタディーズ』岩波書店、2000、pp.69〜73）。後者は、オーディエンス研究において、メディアを所与の独立した「原因」に特化せず、行動主義的な「刺激－反応」、「送り手－受け手」の「因果関係」へと脱文脈化することもしない。言語論的視座転換とエスノグラフィーへの方法転換を遂げるとともに、むしろメディアとオーディエンスを社会的文脈に積極的に埋め込み、政治・権力の作動と文化との不可分性・相互浸透性を重視する。一時期両者の接合関係が提起されたものの、依然として両者は接点さえ見出すことが困難な緊張関係にあり、並立可能ならどのようにして並立できるか、すべきかが明確にされなければならないのが現状である。この現実を、オーディエンス研究を進める際に研究者は回避できず、むしろ自覚的に取り組まなければならない関門となっている。その意味でアカデミック・コミュニティ内での論争文化が不可欠、不可避である。既成の成果と並んで、あるいはそれに優先して既成の視座を問い返す、「視座に対する視座」、メタ視座こそ研究の母なる原点であろう。その原点は視座をめぐる論争文化であると考える。

　さらに効果研究内部でも諸モデルが多様に変化し併存している。その様相はMcQuail（2005）で一つの整理がなされている（McQuail, D., *McQuail's Mass Communication Theory*, Fifth Edition, Sage, 2005, pp.453-533）。その最後でマクウェルは、効果立証の追究は将来も続くであろうし、その研究関心消滅の状況を思い描くことも困難であると述べている。

　またリセプションスタディーズ内でも研究展開の諸局面が論じられるとともに（Alasuutari, P. ed., *Rethinking the Media Audience*, Sage, 1999, pp.1-21）、次の諸論点が研究の持続的アジェンダとして列記されている（Livingstone, S., "Introduction : what is the audience and why is it important?", In Gillespie, M. ed.,

Media Audiences, Open University Press, 2005, pp. 43–44)。

1）メディアテクストに含まれた支配的、優先的意味をどのようにして明らかにできるのか。
2）オーディエンスの活動性の範囲を過大評価してきてはいないか。
3）メディア利用のコンテクストを解明すればするほど、リセプションやメディアテクストへのオーディエンスの注目の課題性が薄れていくのではないか。
4）文学研究上のアプローチとクリティカルなアプローチとの違いも重要ではないか。
5）これまでの大半の研究は、テレビ視聴者やニュース、ソープオペラなどの特定ジャンルを中心にしてきた。テレビが新しいメディアと融合した新たなメディア環境下で、既存の研究成果は有意義であり続けられるのか。

このように、オーディエンス研究の視座構築は、新たな局面でまた両視座間、各個別視座内の両面から重い意味を持って問いかけられている。激変続くメディアとその研究の分野で多岐にわたる課題に多様な視座から取り組んでいる多くの研究者の方々にとって、本書がこの問いかけの触発と深化に役立つことを願う。

第二の願いは、教育活動への貢献である。俯瞰図的内容は、薄く広いという欠点であり、同時に長所でもある特質をもつ（厳密にいえば、深い底から上澄みをすくいとる様な、深さを前提とした広さでなければ、究極の俯瞰はなしえないのであろうが、その点は今問わない）。同様に英米中心という内容はアジアの日本とは異なる社会・歴史的文脈での成果であると同時に、比較対象提供という利点でもある。その長所を生かしていく教育活動が、類書が予想されない状況下で、本書を活用しながら教員と学生が一体となった対話・論議を伴って展開することを願うものである。

多様なメディア化の急激な進展は、現代社会と人間を形づくる大きな歴史的潮流であり、そのただなかで私たちは日々の営みを続けている。その今日的時代状況の下で、本書は無批判に受け容れるべき＜正しい＞回答の詰まった正典（カノン）として訳出されたのではないことも自明である。本書が、日本の地において研究、教育を問わず多彩で活発な論議触発の呼びかけの書になることを願う。著者の表現を借りれば、「latest but perhaps not last！」（原書 p.76、本書 p.92）の呼びかけになることを予感し、かつ期待しながら。

4．著者紹介

二人の著者ご自身からの連絡（2005年5月現在）に基づいて、略歴を記す。なお、この共著である本書の各章がどのような分担、協同に基づいて執筆されたのかは、原書に明示はない。しかしナイチンゲール氏と高橋利枝氏との連絡によれば、1～3章をナイチンゲール氏、4～6章をロス氏が執筆し、7章は共同執筆とのことである。

(1) **カレン・ロス**（Karen Ross）**氏**
英国コベントリー大学マスコミュニケーション研究の教授で、メディア・アート・パフォーマンス・センター所長。2001～2004年には、北アイルランドの首都ベルファストにあるクイーンズ大学政治学部の客員教授を務めた。

現在の教育内容は、調査法とオーディエンス研究で、複数のプロジェクトに関わりながら、コミュニケーションと文化における平等の問題や、ジェンダー・ポリティクスなどの研究を行なっている。

主要著書は以下のとおり

・*Women and Media: A Critical Introduction*（with Carolyn Byerly, Blackwell, 2005）
・*Women and Media*（with Carolyn Byerly, Blackwell, 2004）
・*Critical Readings: Media and Audiences*（with Virginia Nightingale, Open University Press, 2003）
・*Mapping the Margins: Identity Politics and Media*（Hampton Press, 2003）
・*Women, Politics, Media*（Hampton Press, 2002）
・*Women, Politics and Change*（Oxford University Press, 2001）
・*Black Marks: Minority Ethnic Audiences and Media*（Ashgate, 2001）
・*Black and White Media*（Polity Press, 1996）

その他にも*International Journal of Media and Cultural Politics*、*Feminist Media Studies*をはじめ、多数の雑誌、図書出版において、編集委員や評議委員を務めている。

(2) **バージニア・ナイチンゲール**（Virginia Nightingale）**氏**
オーストラリアにあるウェスタンシドニー大学コミュニケーション・デザイ

ン・メディア学部の准教授で、メディア・エスノグラファー、メディア研究者である。2003年にはスコットランドのエディンバラ大学、2005年にはイングランドのラフバラ大学で、客員研究員として研究活動を行なっている。さらに現在は、日本でもIAMCRの略称で知られている国際メディアコミュニケーション学会の国際評議員に選出されている。

現在の研究テーマは、カメラ付きケータイの利用、ケータイからアクセスするインターネットサイトによる双方向「コミュニティ」の創出についてである。

主な著書、共編著、論考には以下のようなものがある。

・Studying Audiences : The Shock of the Real（Routledge，1996）
・Critical Readings : Media and Audiences（with Karen Ross, Open University Press, McGraw Hill，2003）
・A Companion to Media Studies（A. Valdivia ed., Blackwell，2003）
・The Handbook of Media Studies（J. D. Downing ed., Sage，2004）〔後者の2004年論文では新たにテレビオーディエンスの四類型を提示している。すなわちpublics, markets, communities, fansである（pp.227〜249），児島補足〕。

5．訳出経緯と謝辞

原書をはじめて手にしたのは、2004年2月3日、新宿紀伊国屋書店においてであった。各研究者がそれぞれの視座、アプローチから独自のオーディエンス研究を営んで産出した諸成果を一書に収めた＜論集＞は、近年だけでも何冊か出版されている。しかし本書の様に、多様なオーディエンス研究をそれなりに包括的、系統的しかも横断的にまとめあげ、二人だけで書き下ろすことに挑戦した一書は、きわめて斬新であった。私はざっと目を通し、訳出・出版する意義と必要性を直感した。

同時にそれをできるだけ早く実現すべきだし、そうしたいと念じた。そのためには、協力者がぜひ必要だった。私には、訳出に最適の気鋭のお二人の研究者がすぐに念頭に浮かんだ。阿部潔さんと高橋利枝さんである。ご存知の方も多いと思うが、阿部さんは公共圏論とコミュニケーション論をテーマに博士論文（東京大学）を完成し、さらにロンドン大学ゴールドスミス校でカルチュラル・スタディーズを中心に研鑽を積んだ経歴をもち、すでに何冊かの書を世に問われている。高橋さんは、利用と満足研究をテーマとする修士論文に引き続き、ロンドン・スクール・オブ・エコノミックス・アンド・ポリティカルサイ

エンス（LSE、ロンドン大学）で理論研究を批判的に摂取し、脱西欧社会論のオーディエンス研究の博士論文をやはり完成させている。お二人とも私からの協力依頼に、ためらいを示すことなく引き受けてくださった。訳出より優先させたい研究プロジェクトをお二人ともお持ちであろうことは、私にとって推測に難くなかった。それだけご快諾はうれしかった。

　出版は、新曜社に伺って堀江洪社長にお願いした。原書を手に取り、私の出版企画案を物静かに聞いておられた堀江社長は、同年6月末に翻訳権取得のお返事をくださった。その素早さに私は喜びかつ驚いた。ここで厚くお礼を申し述べる。

　こうして共訳着手の条件が整い、私たち三人は2004年8月11日本郷で最初に打ち合わせ、検討会をもった。その後もできる限り三人の共通理解を得ることに努めたが、率直に言って本書に対する見方が、三人で完全に一致しているという確認はできてはいない。あくまで本書は、三人の共訳書であり、訳出の責任は分担した各担当者にある。しかし訳出に取り組む意欲は、共通であった。阿部さんは各章に目を通し、訳出用語を中心にいくつか指摘をしてくださった。高橋さんは著者と訳者の橋渡しをしてくださった。発起人で皆さんから暖かい想いを受けている私は、それなりにできることをしなければというある種の責任を感じた。そこで私はすべての原稿を拝見し、大小にわたって気づいた点を蛇足と知りながら、お二人の共訳者に伝えた。お二人とも率直に私からの指摘に目を通してくださり、改稿の努力をされた。改稿は第三稿に及んだ。

　三人の訳稿に対しては井田美恵子さん（NHK放送文化研究所）は、全文を通読のうえ調査と番組編成という放送現場の体験を生かしたうえで、日本語の読みやすさを中心にいくつかのコメントを寄せてくださり感謝している。また新曜社編集部の小林みのりさんは綿密・的確で熱意のこもったご指摘・提案によって、本書の編集・出版だけでなく訳稿改善にも大きく貢献してくださった。ありがとうございました。こうした経過を経て本訳書はできあがった。しかし、訳書には依然として思わぬ誤り、生硬な表現などがあることを恐れる。おおかたのご叱正をお願いしたい。

　さらに私事で恐縮であるが、児島から個人的感謝の気持ちも表したい。

　私が二度目の定年を迎えた専修大学の社会科学研究所は、研究書籍の整備などを通じて一研究参与にすぎない私の研究活動を支援してくださった。また旧制中学、高校からの旧友、小林祐二氏（元大妻女子大学教授、アメリカ文学専攻）からは、いくつかの読解困難な点について教えを受けた。東京大学大学院情報学環・学際情報学府、博士課程の吉田暁生さんは、貴重な研究時間を割い

て私の研究を快く助けてくれた。これらの温かいご支援に心から感謝したい。また息子夫婦（みゆきさん、直人）からは英国事情や時事英語の説明を、娘夫婦（秀樹さん、陽子）からはパソコンのバージョンアップなどのサポートをそれぞれ受けた。つれあいは日々の支援を積み重ねてくれた。

2007年10月24日
陽の光に輝く木々の彩りを望みながら、74歳の秋に

児島　和人

追悼寸言

本訳書出版途上の2007年6月19日に、新曜社社長の堀江洪さんが逝去された。本書出版の意義をご理解くださり、厳しい出版事情のなかで上梓への途を拓いてくださったことに重ねてお礼を申し上げ、同じ年齢の一人として深く追悼の意を表します。

訳　注

1章　今日のオーディエンス

〔1〕オーディエンス（audience, audiences, an audience, the audience）。この概念、用語の詳しい意味内容は本書全体で取り組んでいる問題であるが、とくにこの1章の3節「オーディエンスを人々や人々のいくつかの集まりとすること」と、「訳者解説」を参照。

〔2〕レイモンド・ウィリアムズ（Raymond Williams）1921－1988年。ウェールズの労働者階級出身で、英国ケンブリッジ大学英文学の学位取得、かつ教師という背景をもつ。日常生活様式の総体からなる文化把握（culturalism）やテクノロジーへの関心と文化唯物論の立場は、オーディエンス論に独自の立場を切り開いた。『文化と社会』ほか邦訳文献も多い。

〔3〕ストリーミング（streaming）技術。インターネットなどのネットワークを通じて映像や音声などのマルチメディアデータを視聴する際に、データを受信しながら同時に再生を行なう方式（「ＩＴ用語辞典 e-Words」http://www.itmedia.co.jp/dict/it より）。

〔4〕リアリティＴＶ（reality TV）。人の日常生活、実生活を実況中継して＜疑似イベント＞化した番組形態で、一般から選ばれた出演者たちが外界と隔離された場所で長期間生活する姿を放送するテレビ番組を指す（Ｄ・ライアン『9.11以後の監視』清水知子訳、明石書店、2003＝2004、p.59より）。具体的な番組については、本章の下記訳注〔7〕を参照。

〔5〕エスノグラフィー（ethnography）。巻末の「エスノグラフィックターン」[用語6]および「エスノグラフィー」[補足3]を参照。

〔6〕壁にとまったハエ（fly on the wall）。人類学ではその現地調査において、調査、観察する研究者は、調査対象となる社会と人々からみて、「壁にとまったハエ」に似て、認識の対象として意識されない存在であり、そのことによって調査の客観性が維持できるという伝統的な見解があった。本書でも人類学的な比喩としてこの語句が用いられている。転じてこの用語はドキュメンタリー分野の映画や番組制作にも用いられている。つまりカメラが「壁にとまったハエ」のように被写体から隠されていたり、識別されないようにして撮影されている場合である。ここで問題になるのはプライバシーである

（James Watson and Anne Hill, 2006, *Dictionary of Media and Communication Studies*, 7 th Edition, p.103, Hodder Arnoldより）。

〔7〕『サバイバー』（*Survivor*）。番組開発はスウェーデンで、それを発展させたものが2001年秋からアメリカのＣＢＳで放送され大ヒットした。隔離された土地におかれた16人が過酷な生活を協力して営みながらも、互いの投票によって1人ずつ排除し、最後に残った1人が賞金を得る。第1シリーズは南シナ海の孤島、第2シリーズはオーストラリアでロケが行なわれた。第3シリーズはアフリカ。日本でも『サバイバー』というタイトルでＴＢＳ、ＢＳ－ｉで2001年から放送された。

　『ビッグ・ブラザー』（*Big Brother*）。オランダの民放テレビで放送され大人気となっ

た。2000年時点で、世界20カ国以上にフォーマットが販売され、各地で制作されている。各国で人数や日数、ルールに少しずつ違いがあるが、基本的に、番組のために特別に作られた1軒の家に10数人の男女が数カ月間共同生活をし、視聴者からの投票で1人ずつ追放される。勝ち残った人が賞金（とその家）を獲得できる（重森万紀「世界を席巻するリアリティ・ショー」、『放送研究と調査』ＮＨＫ放送文化研究所、2001.11、p.38, 39, 41より）。

〔8〕この第3節のタイトル原文は次のとおりである。Naming audiences as people and groups. この節はオーディエンスという概念、用語の検討が中心テーマであるので、とくに関連言語を詳しく付記した。

〔9〕メディアイベント（media event）。「訳者解説」（p.214）参照。

〔10〕この一文の原文は次のとおりである。Peolple *are* audiences when they are *in an audience* and *in audience.*

〔11〕クラン（clan）。共通の祖先をもつと信じられている人たちから成る単系的な親族集団（濱嶋朗ほか編『社会学小辞典 新版増補版』有斐閣、2005、p.135より）。

〔12〕受容、折衝、抵抗（accepting, negotiating, resisting）。「エンコーディング／ディコーディング（encoding/decoding）」[用語7]のディコーディングに関する用語である。テクストの指し示す主流となる意味を「受容する」か、一部受け容れるが一部は別の解釈を下して「折衝する」のか、「拒否・抵抗する」のかの三形態をとると、このモデルは類型化している。

〔13〕ピープルメーター（people meter）。本書で用いられている狭義の意味①と、より広義の意味②とがある。

①個人単位の番組視聴を入力し記録するリモコン付きの機械を用いて視聴率測定をする装置・方式のことで、アメリカで1987年に登場した。それ以前は世帯単位にテレビ受信機のセットインユースを記録し視聴率測定する方式（audimeter）が定着していた（M. Young, *Dictionary of polling*, Greenwood Press, 1992, p.149より）。

②世帯視聴率と個人視聴率を同時に調査するシステムで、日記式個人視聴率調査に代わるものとして開発。日本のビデオリサーチ社では関東地区で1997年3月31日より、関西地区で2001年4月2日より、名古屋地区で2005年4月4日より正式導入。世界的にはアメリカをはじめ約40カ国で導入されている（「ビデオリサーチ用語集」http://www.videor.co.jp/rating/yogo/alpha.htm より）。

なお、日記方式（diary）は、文字通り日記式番組視聴記録調査票を用いて、調査される本人が指定日の視聴行動を記入する旧来からの調査方式を指す。

2章　歴史的視座からみたオーディエンス

〔1〕受信許可料（licence fee）。英国ではテレビ番組を受信できる装置を設置したものは、受信許可を受けなければならない。政府からこの許可を受けるときの手数料が、受信許可料（ＮＨＫ放送文化研究所編『ＮＨＫデータブック――世界の放送2005』日本放送出版協会より）。

〔2〕『フランケンシュタイン』（*Frankenstein*）、『ロボコップ』（*Robocop*）、『ターミネーター』（*the Terminator*）。いずれの物語・映画においても、人間／機械の境界融合が主

題として取り上げられている。そこでは、テクノロジーの発達によって人間の能力が飛躍的に高まることが賞賛されると同時に、そのことがもたらす「人間性の危機」に警鐘が鳴らされている。

〔3〕ウォルター・リップマン（Walter Lippmann）1889-1974年。アメリカにおいて活躍したジャーナリスト、政治評論家。主著『世論』（掛川トミ子訳、岩波書店、1987）において、ステレオタイプとメディアの関係が民主主義に対してもつ意味を批判的に検討した。

ハロルド・ラスウェル（Harold Lasswell）1902-1978年。アメリカの政治学者。行動科学的な政治学の確立に貢献した。

〔4〕ロバート・K・マートン（Robert K. Merton）1910-2003年。アメリカの社会学者。機能主義の立場から理論社会学の確立を目指した。順機能・逆機能・顕在的機能・潜在的機能という分類の導入によって、機能主義社会学の定式化に貢献した。全体論的な観点ではなく「中範囲の理論」としての社会学の発展を目指した。主著『社会理論と社会構造』（森東吾ほか訳、みすず書房、1961）。

〔5〕ポール・ラザーズフェルド（Paul Lazarsfeld）1901-1976年。オーストリアからアメリカに移住した社会心理学者・数理社会学者。カッツ、マートンらとの共同研究を通じて、計量的な社会調査の理論と実施に関わった。

〔6〕エミール・デュルケム（Emile Durkheim）1858-1917年。フランスの社会学者。社会的事象を「事物のように」捉える立場から、近代社会学の礎を築き上げた。主著に『自殺論』（宮島喬訳、中央公論社、1985）、『社会分業論』（井伊玄太郎訳、講談社、1989）、『社会学的方法の規準』（宮島喬訳、岩波書店、1978）などがある。

〔7〕焦点面接法（focused interview）。面接を用いた社会調査は、調査票をもとに予め決められた質問をし、その回答を調査票に記入する指示的面接法と、面接の状況に対応して調査対象への質問を自由に変更していく非指示的面接法の二つに大別される。マートンはそれぞれの面接法の長所を活かすべく、焦点面接法を生み出した。焦点面接法は、質問紙調査で尋ねた特定の問いについて、限定された調査対象者に対してさらに深く質問することを目的とする。

〔8〕ブーメラン効果（boomerang effect）。受け手を説得することを目指したコミュニケーションなどにおいて、送り手が意図／予期したものとは反対の効果や結果が、受け手において生じること。本書5章（原書pp.110-111、本書pp.137-139）では、選挙予測報道との関連で「ブーメラン効果」について論じている。

〔9〕エリュー・カッツ（Elihu Katz）1926年-。アメリカ／イスラエルのマスコミュニケーション研究者。ラザーズフェルドとの共同研究などを通じて、マスコミュニケーションを題材とした多岐にわたる研究領域を開拓した。

〔10〕二段の流れ（two-step flow of communication）。マスコミュニケーションによる影響力の発揮のされ方を、コミュニケーションの二段階の流れとして理解する立場。マスコミュニケーションの影響力は、まずはじめに、メディアから受け手が所属する第一次集団のオピニオン・リーダーに及ぼされ、その後にオピニオン・リーダーから個々の受け手へと対人コミュニケーションで伝えられる。マスコミュニケーションと対人コミュニケーションとの接点に注目した点で、マスコミュニケーション研究に多大な貢献を果た

した。
〔11〕マックス・ウェーバー（Max Weber）1864-1920年。ドイツの社会学者。個々人の「行為の意味解釈」の立場から近代社会学の確立と発展に貢献した。主著として『職業としての学問』(尾高邦雄訳、岩波書店、1993)、『プロテスタンティズムの倫理と資本主義の精神』(梶山力・大塚久雄訳、岩波書店、1980) などがある。

　　カール・マンハイム（Karl Mannheim）1893-1947年。ハンガリー生まれのドイツの社会学者。後に英国に移住。「存在拘束性」という視点から社会のあり方と知識のあり方との関連を探求し、後の知識社会学の礎を築いた。主著として『イデオロギーとユートピア』(鈴木二郎訳、未来社、1968) がある。

　　タルコット・パーソンズ（Talcott Persons）1902-1979年。アメリカの社会学者。機能主義社会学の理論的確立を成し遂げた。「構造－機能分析」の観点から、社会の一般理論としての社会システム論を確立した。主著に『社会的行為の構造』(稲上毅・厚東洋輔訳、木鐸社、1976-1989) がある。

〔12〕『ハリー・ポッター』（*Harry Potter*）、『ロード・オブ・ザ・リング』（*The Load of the Rings*）、『マトリックス』（*Matrix*）。いずれも世界的な人気を博した映画シリーズ。ＣＧ（コンピュータグラフィック）を駆使したダイナミックな映像表現が多くの人々の心を捉えた。

〔13〕スチュアート・ホール（Stuart Hall）1931年－。バーミンガム大学のＣＣＣＳ（Centre for Contemporary Cultural Studies）のセンター長を務め、カルチュラル・スタディーズの発展に貢献した。長期間にわたり英国のオープンユニバーシティでの成人教育に携わった。

〔14〕デイビッド・モーレイ（David Morley）1949年－。ロンドン大学ゴールドスミス校教授。*Family Television* などの著作を通じて、エスノグラフィー的手法を用いたメディア研究の発展に貢献した。

3章　商品としてのオーディエンスとその積極的活動

〔1〕シェア（share）。一定時間における全ＴＶ視聴のなかで占めるあるチャンネルまたは番組のパーセンテージ。

〔2〕ＡＧＢ。Audits of Great Britain の略。英国テレビ放送網視聴率調査機関。2004年8月5日、ＡＧＢグループとニールセン・メディア・リサーチ・インターナショナルは「ＡＧＢニールセン・メディア・リサーチ」という名のもとに世界30カ国でテレビ視聴率を提供するジョイントベンチャーを行なうことを発表した（AGB Nielsen Media Research のホームページより）。

〔3〕ＧＲＰ（延べ視聴率）。Gross Rating Point の略。期間中に提供したＣＭの視聴率の和。ＧＲＰ＝Reach×Frequency（ビデオリサーチ用語集より）。

〔4〕リーチ（累積到達率）。複数回放送の番組やＣＭに一度でも接触した世帯（人）の割合（ビデオリサーチ用語集より）。

〔5〕ピープルメーター。1章の訳注〔11〕を参照。

〔6〕消費志向階層（consumerist caste）。消費を非常に重視した生活様式において特権的な地位をになっている一部の人々のこと。固定的な身分制度であるカーストや階級と異

訳　注

なり状況依存的なため、このような訳語をあてた。
〔7〕ロビー活動（lobby）。特定の利益をはかるために議員・官僚・政党などにはたらきかけ、政治的決定に影響を及ぼそうという院外活動。とくにアメリカにおけるものをいい、議会のロビーにおける議員との面会だけでなく、世論の形成・動員までも含める（松村明編『大辞林』三省堂、第1版より）。
〔8〕ニッチ・オーディエンス（niche audience）。既存のマスオーディエンスの一般的なパターンではカバーできない、市場のすき間に位置するオーディエンスを指す。
〔9〕行動論政治学（political behaviouralism）。behaviouralism in political science と同義と考え、この訳語をあてた。行動論政治学とは、政治学を、政治行動にかんする実証的な研究とその成果に基礎づけることによって、その全理論体系を再構成しようとする思想運動とその成果。政治行動論（political behavior）ということもある。第二次世界大戦後のアメリカで展開された行動科学運動ないし行動論運動との提携のもとに、1950年代から60年代にかけて、アメリカの当時中堅の政治学者たちによって精力的に推進され、国際的にも大きい影響をおよぼした（大学教育社編『現代政治学事典』より）。
〔10〕エフトポス端末（eftpos terminal）。販売時電子式資金移動（Electronic Funds Transfer at Point of Sale）の略称で、オーストラリアやニュージーランドなどで広く普及している、スカート・カードやICカードと併用して、多くの銀行やクレジット会社が採用している簡易決済端末の名称。無線システムも導入され、POSシステムとして台湾や中国などでも採用されている。また、ニュージーランドでは携帯電話に「EFTPOS terminal」を搭載した機種や、有料道路利用料金決済専用の「EFTPOS terminal」も登場している（「マルチメディア／インターネット事典」http://www.jiten.com/dicmi/index.htm より）。
〔11〕データマイニング（data mining）。企業内の膨大なデータを戦略情報に加工する行為、企業が蓄積した膨大な生データから、従来のデータベース検索では見出せなかった有用情報、たとえばデータ間や事象間の関連、法則、トレンドの予測などを発見する手法のこと（マルチメディア／インターネット事典より）。[用語34]も参照。
〔12〕ＣＲＭ（カスタマー・リレーションシップ・マーケティング）。customer relationship marketing の略。企業がユーザーと長期にわたって良い関係を築くため、ユーザーが行なった属性、取引や交渉の履歴など過去の情報をあらゆる目的で利用できるようにデータベースを構築して複合的に管理し、その中身や傾向などの二次情報を社内で共有し、経営戦略に活用すること（マルチメディア／インターネット事典より）。
〔13〕マス・カスタマイゼーション（mass customization）。大量生産と同じ低コストで、個々の顧客ごとの要望に応えること（カスタマイゼーション）を試みること。
〔14〕帯域幅（bandwidth）。周波数の範囲のこと。「バンド幅」「バンドワイズ」とも言う。データ通信は搬送に使う電波や電気信号の周波数の範囲が広ければ広いほど転送速度が向上することから、「通信速度」とほぼ同義として用いられることが多い。データ通信の速度が速い（遅い）ことを指して「帯域が広い（狭い）」と言う。とくに、インターネットへの接続に関しては、電話回線やISDN回線など通信速度が概ね100kbps程度以下の接続環境を「狭帯域」「ナローバンド（narrowband）」と呼び、ＡＤＳＬやＣＡＴＶインターネット、光ファイバー、ＦＷＡなど高速な接続環境のことを「広帯域」

「ブロードバンド（broadband）」と呼ぶ。現在のインターネットは狭帯域接続による利用が中心であるため、文字や静止画主体の情報やサービスが普及しているが、今後一般家庭に広帯域接続が広く普及するようになると、音声や動画などを扱うサービスが増え、インターネットは新たな段階に入ると言われている（ＩＴ用語辞典 e-Words より）。

〔15〕ＳＰＡＭ（スパム）。公開されているウェブサイトなどから手に入れたＥメールアドレスに向けて、営利目的のメールを無差別に大量配信すること。インターネットを利用したダイレクトメール（ＩＴ用語辞典 e-Words より）。

〔16〕ボリウッド（bollywood）。映画産業の盛んなインド西部の都市ムンバイ（旧称ボンベイ）のこと。「ボリウッド映画」〔ボンベイ（Bombay）を、映画産業の盛んなアメリカの都市ハリウッド（Hollywood）になぞらえた〕（「goo辞書」http://dictionary.goo.ne.jp/より）。ボリウッドに関するカルチュラル・スタディーズの研究としては Dudrah（2006）の"Bollywood"（Sage）などを参照のこと。

4章　原因と結果

〔１〕マルクス主義者のいうイデオロギー（Marxist ideology）。ヘゲモニーの概念は、イタリア共産党の指導者で、理論家でもあったアントニオ・グラムシ（Antonio Gramsci 1891-1937年）によって独自の意味が与えられた。つまり直接的強制装置としての政治社会と並んで、被支配階級の自発的同意獲得をするヘゲモニー装置を対比した。これによって国家権力のあからさまな強制力を伴う支配に対し、より日常化した権力の作動の過程（ヘゲモニー）とその装置（学校やメディアなど）を、独自の視点から現代における支配の研究課題とすることが可能となった。

〔２〕刺激−反応モデル（stimulus-response model）。刺激に対して反応が起こること、あるいは刺激と反応との結合ができることを基本原理とする心理学の理論モデル。

〔３〕文化変容（acculturation）。複数の文化が接触して起こる文化の変容過程。

〔４〕先有傾向（predisposition）。人々があらかじめもっている意見、関心、態度などのこと。

〔５〕Ｖチップ（V-tip）。青少年保護を目的に、青少年に見せたくないと思われる過度な性、暴力表現を含むテレビ番組を遮断するための装置の総称。アメリカでは1996年の電気通信法改正により、13インチ以上のカラーテレビに組み込むことをメーカーに義務づけた。

〔６〕バルガー事件（Murder of James Bulger）。1993年に英国リバプールで起きた事件。当時２歳のジェイムズ・バルガーちゃんが、当時10歳の２人の少年により誘拐・殺害され、線路上に放置された。

〔７〕プライミング（priming）。本章p.94頁の「プライミング効果」の説明を参照。

〔８〕『パルプ・フィクション』（*Pulp Fiction*、1994年、アメリカ）。次の『レザボア・ドッグズ』と同様にクエンティン・タランティーノ監督による異色のバイオレンス・アクション。アメリカの犯罪小説であるパルプマガジン的なストーリーをコンセプトに、殺し屋たちの話を三つの物語が交錯するように語られる。コメディーあり、バイオレンスありのドラマ。

　　『レザボア・ドッグズ』（*Reservoir Dogs*、1991年、アメリカ）。宝石強盗に失敗して破

減していく犯罪グループの姿を描いたバイオレンス・アクション。タランティーノ監督のデビュー作品（「goo映画」http://movie.goo.ne.jp/index.htmlより）。

〔9〕外生的、内生的諸効果（exogenous and endogenous effects）。研究を進めるには考察の対象となる諸因、諸条件を一定の範囲に限定する必要に迫られる。無限ともいえる範囲が問題にもなりうるからである。その範囲内をシステムとすれば、システム内を内生、外を外生と呼ぶ。ここでは考察の範囲内の効果を内生的効果とし、考察範囲外で所与のものとする効果を外生的効果と呼んでいる。いずれも多様な効果が発生することを自明として複数形を用いている。

〔10〕『クライムウォッチＵＫ』（*Crimewatch UK*、ＢＢＣ放送、1984年より）。犯人の公開捜査番組。事件を再現ドラマ化し、似顔絵、防犯カメラの映像を公開する。ホットラインを設け、市民からの有力情報を求める。番組がきっかけで捕まることもよくある（http://www.bbc.co.uk/crime/crimewatch/index.shtml）。日本ではテレビ朝日「軌跡の扉　テレビのチカラ」が同種の番組とされる。

『アメリカズ・モースト・ウォンテッド』（*America's Most Wanted*、ＦＯＸテレビ）。『クライムウォッチＵＫ』のアメリカ版。犯罪者や行方不明者の捜索などを、全国的に呼びかける番組（http://www.amw.com ）。

※4章の訳注作成には、森岡清美ほか編『新社会学辞典』有斐閣、1993および、古畑和孝ほか編『社会心理学小辞典〔増補版〕』有斐閣、2002などの辞典を参照した。

5章　市民としてのオーディエンス

〔1〕課題設定機能（agenda-setting function）（本文中では類似、関連側面として「議題設定力」や「アジェンダセッター」も言及されている）。マスメディアが一定の争点、問題、トピックスを大きく取り扱うことによって、人々がそれらを重要な争点、問題、トピックスとして認知する傾向が強まるというメディア効果論。社会的現実がメディア・コミュニケーションによって構成されること、また態度や行動でなく、認知レベルでのメディアの効果は強いことを実証的に示した意義が大きいと効果研究内で評価されている。この仮説を示した最初の研究論文は1972年にアメリカで発表され、エンコーディング／ディコーディングモデルの論文は1973年に英国で発表され、両者はほぼ同時期であった。

〔2〕シニシズム（cynicism）。既成の世論、道徳、価値観に距離をおき、社会的諸事象に対して懐疑的、冷笑的な態度をとり、私的世界にこもりやすい傾向を指す。シニシズムは社会批判の可能性ももつが、複雑化する社会状況の下で個人の無力感、矮小感がはびこっている状況の下では、シニシズムが強化され政治的無関心と結びつきやすい（森岡清美ほか編『新社会学辞典』有斐閣、1993を参照した）。なお政治的シニシズムに限定すると、人々を代表する集団への「不信感」が中心にあるとする説がある（Cappella, J. and Jamieson, K., 1997＝平林・山田監訳、2005）。

〔3〕ニカラグア援助。1979年、ニカラグアでは、独裁政権を倒した革命政権が急速に左傾化した後、米国レーガン政権による対ニカラグア経済制裁と反革命武装勢力への援助が行なわれた（www.moga.go.jpより）。

〔4〕シティズンシップ（citizenship）。政治的コミュニティ内で個人に一定の権利、義務が与えられる源となる政治的独自性を指す。その権利、義務の内容は重層的に変化してきており、古典的リベラリズムでは、言論、投票、居住の自由などで、福祉国家体制では、教育、貧困からの救済、医療、福祉を受ける権利などであり、さらに今日独自のグループがもつ文化的諸権利を含む（Barker, C., *The Sage Dictionary of Cultural Studies*, Sage 2004より）。

〔5〕ルパート・マードック（Rupert Murdoch）。多国籍化、グローバル化しているメディア産業界で、メディア王といわれるメディア企業の所有主。その所有企業は、母国オーストラリアをはじめ、欧米、アジア諸国にまたがり、大衆紙、映画、テレビだけでなく、高級紙、さらに21世紀には高級経済紙にも及んでいる。メディアのジャーナリズム性、公正・公共性との緊張関係が注目されている。

〔6〕新しい労働党（New Labour）。市場一辺倒の市場主義と旧式社会民主主義とをともに排しながら、「強い経済と公正な社会」を目指す「第三の道」を掲げた英国労働党のこと。ブレア政権下（1997.5〜2007.6）で新たな政治潮流となった新路線で、次のブラウン政権にも継承されている。

〔7〕バンドワゴン命題（bandwagon thesis）、予言の自己成就（self-fulfilling prophecy）／ブーメラン効果（boomerang effect）、アンダードッグ効果（underdog effect）。楽隊馬車「バンドワゴン」がねり歩くとそれに付き従う人々が次第に増えていくように、勝者と予測されるとその政党／候補者の支持者が増えて予測以上の勝利が実現し、言葉としての予言が予言内容を現実化する、したがって「予言が達成」される過程を指すのが前二者の用語である。「雪だるま効果」ともいう。

逆に敗者、「負け犬」と予測された側への同情が、ブーメランのような「思わぬ」勝利を収めることが後二者の示す現象である。日本語では悲劇の武将、源義経への同情になぞらえて「判官びいき」ともいわれる。なお、「予言の自己成就」と「ブーメラン効果」は、より広く選挙予測以外での類似現象にも用いられる。

なお、選挙予測が選挙の実際の勝敗、当落に影響を及ぼすという、このような「アナウンスメント効果」は、日本の選挙においてバンドワゴンとアンダードッグとが相殺されるせいか、論議はされるものの検証されてはいない。

〔8〕出口調査（exit polls）。投票をすませた有権者に、投票所出口近くで、投票した候補者や政党、争点に関する意見、有権者の基本属性などを質問する質問紙を用いた標本調査。実施方法は、各社で厳密に同一とは言えないが、日本でも広く実施されている調査で、メディアが選挙結果予測の速報と選挙結果の解釈データに用いている。選挙報道上利点があるものの、このデータを用いた速報がまだ投票をすませていない有権者の投票意欲を削ぐ、調査方法が厳密でないなどの批判がある（Young, M., *Dictionary of Polling*, Greenwood Press, 1992を参照）。

〔9〕下院議長主宰選挙制度改革会議（Speaker's Conference on Electoral Reform）。英国で選挙関係の取り決め、改革を正式に調査検討する会議で下院の全政党が参加する（http://news.bbc.co.uk/より）。

〔10〕デリベラティヴ・デモクラシー（deliberative democracy）。現代社会で民主主義を蘇生させる目的で、日常生活での討議、対話を重視し、世論形成過程を活発化し、ジャー

ナリズムとしてのマスメディアの媒介を重視する今日的理論。「審議的デモクラシー」、「協議に基礎を置く民主的政治」などの邦訳もある（林香里『マスメディアの周縁、ジャーナリズムの核心』新曜社、2002、6 章より）。

〔11〕パブリックアクセス放送（public access broadcasting）。視聴者自身が自分の関心と意図に基づいて番組制作の企画、制作の主導権をとり、技術指導、施設利用などメディアを利用した放送のこと。したがって「パブリックアクセス番組」は、テレビ局側が制作を企画し、視聴者を招き、コントロールして、視聴者参加を求める「参加番組」とは異なり、視聴者の番組制作関与が、より積極的・多面的である。

〔12〕ウォーターゲート事件（Watergate Scandal）。1972年米国民主党本部のあるウォーターゲートビルに共和党側人物が侵入し、選挙妨害工作を行なった事件。『ワシントンポスト』紙の二人の記者が、数多くの政治的圧力を受けながらも調査報道を続けニクソン政権との関係を明らかにし、1974年にニクソン大統領は引責辞任した。

6章　ファンとしてのオーディエンス

〔1〕集合意識（collective consciousness）。個人意識を基本としながらそれとは異なった独自の性格をもち、個人意識に対して外在的でかつ個人意識を拘束するところの社会の本質であり、デュルケムがこれを強調した。具体的には社会成員の行為様式を指す（濱嶋朗・竹内郁郎・石川晃弘編『社会学小辞典』有斐閣、増補版より）。

〔2〕『スター・トレック』（Star Trek）。1966年に最初のシリーズがアメリカＮＢＣネットワークで放送されて以来、テレビ番組 4 シリーズ、映画10本が製作された世界的に人気のあるＳＦ番組。

〔3〕『ジーナ』（Xena）。女性戦士が活躍する、ギリシア神話の舞台を題材とした人気のあるテレビ映画シリーズ。1994年以降、2000年の第 6 シーズンまで続いた。

〔4〕『ネイバーズ』（Neighbours）。1986年10月27日にはじまり、2005年10月に20周年をむかえたオーストラリア発の人気ドラマ。オーストラリアのエリンズバラにあるラムジー通りの住人たちの生活や人間関係を描いたソープオペラ。英国でもＢＢＣで週5日、1日 2 回放送されている（ＢＢＣのホームページ、Neighbours のホームページ、Reference.com/Encyclopedia より）。

〔5〕『ツイン・ピークス』（Twin Peaks）。アメリカＡＢＣネットワークで1990年 4 月 8 日から1991年 6 月10日まで放送され、世界的なヒットとなったテレビドラマシリーズ。ワシントンの北東にある小さな田舎町「ツイン・ピークス」でローラ・パーマという少女が殺されるという殺人事件がおき、事件を解決するためにＦＢＩ捜査官のデイル・クーパーがやってくるが、様々な奇妙な事件が次々とおきる（Reference.com/Encyclopedia より）。

〔6〕『ジャッジ・ドレッド』（Judge Dredd）。未来社会の法の番人を務めるタフガイの苦悩と戦いを描いたＳＦアクション映画の大作。ジョン・ワーグナー（作）とカルロス・エズキエラ（画）による英国の同名人気コミックをもとに、『ターミネーター 2 』のウィリアム・ウィッシャーと『ダイ・ハード』のスティーヴン・Ｅ・デ・スーザが脚色、監督には『プレイデッド』のダニー・キャノンが当たった（「goo映画」http://movie.goo.ne.jp/より）。

〔7〕『ビッグ・ブラザー』、『サバイバー』。ともに1章の訳注〔7〕を参照。
〔8〕『クロスロード』(Crossroads)。1964年11月2日から1988年4月4日まで英国ITVで放送されていたイングランド中部バーミンガムのモーテルを舞台とする英国のソープオペラ。悪評であったにもかかわらず、幅広いファン層と高視聴率をとっていた (Crossroads のホームページ、Reference.com/Encyclopedia より)。
〔9〕『イースト・エンダーズ』(East Enders)。1985年2月19日に英国BBCで放映が開始されて以降、人気を博している英国のソープオペラ。ロンドンの伝統的な労働者階級の居住区であるイーストエンドを舞台としている(BBCのホームページ、Reference.com/Encyclopedia より)。
〔10〕『ダラス』(Dallas)。1978年〜91年の13年間にわたってアメリカで放送され、最高視聴率53.3%を記録したソープオペラ。石油で財を成し、牧場も兼ねた豪邸「サウスフォーク」に住むテキサスの大富豪ユーイング一族の物語。富と権力を欲しいままにするユーイング一族を取り巻く愛と欲望、暴力を描いたドラマ。米国ばかりではなく世界的にヒットしたが日本では人気が出なかった。(geocities、super channel、アメリカンTV&海外ドラマ専門情報コミュニティサイトなどより) また、『ダラス』に関するオーディエンス研究としては、アングの『ウォッチング・ダラス(Watching Dallas)』(Ang 1985) やリーブズとカッツの『イクスポート・オブ・ミーニング(The Export of Meanings)』(Liebes and Katz 1990) などが有名である。
〔11〕マーサ・スチュワート (Martha Stewart) の料理番組。アメリカ人主婦のカリスマ的存在であるマーサ・スチュワートの料理番組(マーサ・スチュワートのホームページ、geocities、Reference.com/Encyclopedia より)。
〔12〕『モース警部』(Inspector Morse)。人気の連続ドラマ。英国の作家コリン・デクスターによる警部小説のシリーズからテレビドラマ化された (Reference.com/Encyclopedia より)。
〔13〕『ドクター・フー』(Doctor Who)。英国BBCで1963年〜89年まで放送されたSFドラマシリーズ。主人公の「ドクター」は、地球人ではなく、惑星ガリフレーに住むタイム・ロードと呼ばれるヒューマノイド。官僚的な社会制度を嫌ったドクターは、宇宙へと旅立ち、様々な悪と戦う (BBCのホームページ、Reference.com/Encyclopedia より)。
〔14〕『クァンタム・リープ』(Quantum Leap)。1989年〜93年までアメリカNBCで放送されたSFテレビドラマ。日本では1992年〜93年までWOWOWで放送された。邦題『タイムマシーンにお願い』。タイムマシーンの実験に失敗した天才物理学者サムが、事故で過去に飛ばされ、様々な時代に行き、様々な人の体に入り込み、問題を解決する (Reference.com/Encyclopedia より)。

7章　新しいメディア、新しいオーディエンス、新しい調査研究?

〔1〕『オープラ・ウィンフリー・ショー』(Oprah Winfrey Show)。オープラ・ウィンフリーが司会・進行を務める1986年から続く人気のトークショー番組。アメリカで活躍する俳優が登場し、オープラとリラックスしたトークを楽しむ。その他の「告白系番組」としては、Kilroy, Jerry Springer Show や、Ricki Lake Show などが有名。それらの

訳　注

番組では、「一般の人々」が自らの悩みやトラブルについて赤裸々に語る。司会者を中心にスタジオにいる参加者や電話を通した参加者たちは、取り上げられた相談に関して自分の意見を述べあい、時として感情的な強い口調での口論が交わされる。

〔2〕デニス・マクウェル（Denis McQuail）1935年‐。英国の社会学者。マスコミュニケーションを送り手／受け手の相互作用を介した社会的過程の一環として捉える立場から、マスコミュニケーション研究の発展に貢献した。主著の『マス・コミュニケーションの理論』（初版1983年）が翻訳されている（竹内郁郎ほか訳、新曜社、1985）。

〔3〕水平的統合／垂直的統合（horizontal integration／vertical integration）。同一産業部門内で生産工程の同じ段階にある企業や事業者が統合することを水平的統合という。同一企業内では事業所の統合、同業他社との間では企業の集中・合併を意味し、概して競争抑制効果をもたらす。他方、生産数量、コストなどの適切な設定、取引費用の節約、市場ニーズへの迅速かつ的確な対応などを目的に、生産工程の前後にある分野を統合するのが垂直的統合である。『有斐閣経済辞典』（第4版）参照。

〔4〕フィルターサイト（filter site）。ある特定のサイトで取り上げられている主要なテーマに関連して、さらに議論を深めたり批評したりすることを目的として設けられるWEB上の別のサイト。

〔5〕ニクラス・ルーマン（Niklas Luhmann）1927‐1998年。ドイツの社会学者。パーソンズの構造・機能主義の社会学を批判的に発展させ、社会を自己準拠システムと捉える立場からシステム論として社会学理論を展開した。主著に『社会システム理論』がある。

〔6〕www.indymedia.org　様々な独立系のメディア組織と活動家によって、1999年のシアトルでの世界貿易機構（WTO）会議に対する抗議デモの模様を草の根から報道することを目的として、「独立メディアセンター（The Independent Media Center）」は設立された。その基本的な姿勢は「真実をラディカルに、正確に、情熱をもって告げ知らせるためのメディアによるはけ口」を集合的に運営していくことに置かれている（公式ホームページ参照）。

〔7〕デジタル・ディバイド（digital divide）。社会のデジタル化は、情報やサービスへの普遍的なアクセスと利用を保障するのではなく、むしろ新規の情報技術を使える／使えないことが要因となって、新たな社会的・経済的な格差や分断を生み出す危険性を含んでいる。そうした社会のデジタル化が生み出す格差や分断を「デジタル・ディバイド」と呼ぶ。デジタル・ディバイドは、一国内での格差（年齢、ジェンダー、階層などと関連）としても、世界的な格差（先進工業国／発展途上国）としても、現在深刻な問題となって現れつつある。

〔8〕WAP（ワップ）。Wireless Application Protocolの略で、携帯電話や腕時計などの携帯端末用のプロトコルで、Ericsson社、Motorola社、Nokia社、Unwired Planet社（現 Openwave Systems 社）によって設立された WAP Forum によって策定された（IT用語辞典 e-Words より）。

用語解説(用語) ※和語はアイウエオ順

1．CRM（カスタマー・リレーションシップ・マーケティング customer relationship marketing　企業と顧客との間で確立された関係の重要性を目だたせるマーケティングアプローチ。このプロセスは統計的分析と顧客によってなされた選択を分析するようなソフトウェアのプログラミングの開発によって特徴づけられる。3章の訳注〔12〕も参照。

2．SMSメッセージ　SMS message　携帯電話から送られる文書メッセージ。

3．アノミー　Anomie　社会・文化的な変化の結果として、所属感覚が失われること。そのことによって人間は、やりがいを感じられるような活発な文化的参加をする方途を見出すことができなくなってしまう。

4．アメリカ上院選挙　Senate races　米国国会の上院議員選出の国政選挙。英国国会での下院議員選出選挙に類似している。

5．**影響、情緒**　Affect　このaffectという語は少なくとも三つの意味がある。ただしこの本では主には、個人、文化、そして社会に対してメディアがどのようにして影響（influence）を及ぼすかを述べるために用いられている——その際、感情操作や社会−文化の統制を手段としているが、影響が直接的か間接的かは問わない。この意味に加えて、2章ではその心理学的意味（興奮、喜び、驚き、苦悩、屈辱感、嫌悪、激怒、恐怖などの人間がいだく情緒を指す）で用いられている（用語解説補足1も参照）。

6．エスノグラフィック・ターン　ethnographic turn　調査対象の集団や個人によってつくられる意味に注目した研究アプローチ。通常小集団やコミュニティを、人々が生産する一連の意味を十分に理解するために長期にわたって研究することが要求される。経験〔的なデータ〕に基づいて理論を築き上げるアプローチ。

7．エンコーディング／ディコーディング　Encoding/decoding　テクストとオーディエンスに関する理論の一つ〔S・ホールによって提唱された〕。特定の（支配的）意味を込めてテクストは個人、あるいは人々によって記号化される〔エンコード〕が、その記号の意味解読〔ディコード〕は、必ずしもエンコードした人々の意図どおりにはなされない。

8．**快適装置化したニュース（ニュースザック）**　Newszak　主流の放送によって提供される、人当たりのよいメディアランドスケープを示すためのことばで、スーパーマーケットでのバックミュージック（muzak）にも類似性をもった放送。

9．**カタルシス**　Catharsis　文字の原義に即していえば、浄化すること、純化すること。メディア／暴力論議の文脈でいえば、暴力行為を見ることが暴力行為を行ないたいという負の願望を解消し、この負の攻撃的感情を消滅させ、個人が浄化された感情を持つことを可能にさせることを意味

する。

10. **ガラクタのような芸術** trash aesthetic　映画やテレビ番組のようなある特定の文化的製品に依拠し、低俗な（まるでガラクタのような）価値しか持たないもの。通常軽蔑的な言葉。もっとも一部の映画制作者たちはこの悪趣味の感覚をカルトジャンルに変えようと試みてきた。

11. **感染理論** contagion theory　自分の周りにいる人の行為によって、必ずしも「自然」ではない、あるいは通常のレパートリーにはない方法で行動することを助長されること。

12. **間テクスト性** Intertextuality　一つのモノから別のモノへの横断的な言及。たとえば、ある映画の物語のなかに編み込まれている他の映画やメディア作品に対するジョークや言及について、それらをオーディエンスが既に見ており、その意味を理解できるとき、その映画は付加的な意味の層を持つようになる。

13. **記号論** Semiotics　記号、コード、言説や神話の研究で、メッセージの意味の脱構築を目指す。

14. **競馬** Horse-race　政治選挙のコンテクストで用いられる。その場合の論議の焦点は、相手を出し抜くために〔政党や候補者が採用している〕技の巧妙さに置かれ、どの政党が選挙の勝敗で先行しているか、どの政治戦略が有権者への影響で最も成功しているかが問題となる。選挙キャンペーンプロセスへの焦点がこのように絞られることによって、政策をはっきりさせる論議が妨げられ、選挙民は多様な政治選択肢の違いを知らされないままとなると理解される。

15. **ゲゼルシャフト** Gesellschaft　複雑で、競合的で、成果志向的な社会において経験される所属感覚のあり方を示したもの。小規模の伝統的な有機的社会における所属感覚のあり方を示すゲマインシャフト（Gemeinschaft）と対比される。ゲゼルシャフトは連接的な過程であり、ゲマインシャフトは機械的な過程である。個々人が自ら進んで他者との結びつきを探し求めるようなところでは、ゲゼルシャフトが作動している。個々人が生まれながらにして権利と責任を機械的に付与されるようなところでは、ゲマインシャフトが作動している。ゲゼルシャフト、ゲマインシャフトという用語はどちらもドイツ語であり、20世紀初頭に社会学者のエミール・デュルケムが、近代社会で生じるアノミー現象やアイデンティティ喪失を説明する際に用いたものである。

〔訳者補足〕周知のように Gemeinshaft/Gesellschaft という区分は、ドイツの社会学者F・テンニースが『ゲマインシャフトとゲゼルシャフト』（杉之原寿一訳、岩波文庫）で詳細に展開した概念である。そこでの定義によれば、ゲマインシャフトとは本質意志に基づく関係であり、そこでは諸個人はあらゆる分離にもかかわらず結合し続けているのに対し、ゲゼルシャフトは選択意志に基づく関係であり、そこでは諸個人はあらゆる結合にもかかわらず分離し続ける。前者は信頼にみちた親密な共同体であり、後者は相互に独立した人間たちの単なる併存であるとされる（『社会学事典』弘文堂を参照）。

16. **サイドバーリスト** Sidebar listing　インターネットのサイトの訪問者に向けて提供されるサイト案内のための選択肢。通

常はウェブサイトの端の下に一覧で並べられている。

17. **サイバーカルチャー** Cyberculture　サイバースペースが持つ普遍化するが全体化するのではない性質が作り出す文化を記述するための用語。サイバースペースの性質は、誰であるのか、どこにいるのかに関係なく人々を結びつけることで普遍化するが、そこでのコミュニケーションの様式が、一対一もしくは一対少数であって、一対多数ではないという意味では、全体化するものではない。

18. **左翼的批評** Left criticism　マルクスによる資本主義分析から派生した政治経済学に起原を持つ批評実践。

19. **シェアウェア** Shareware　開発者が著作権を放棄したうえで、ほかの人々が自由に使ったり即興的に作り変えたりすることを奨励しているような知的財産。

20. **自然主義的調査パラダイム** Naturalistic research paradigm　質的な社会科学の研究。あらかじめ存在している人間集団や自然に発生する出来事を調べる。調査人口を集めるためにサンプリング技法を用いることはしない。

21. **実証主義** positivism　内的、動機的、心理学的過程よりもむしろ結果や外的要因に注目するような広い理論的見解。「実証主義」という言葉は、論証できるように「証明する」(触る、見る、実証する)ことができないならば信じることを拒絶するような人々を軽蔑的に評するためにしばしば用いられる。

22. **支配の構造** Structures of domination　政治的、経済的諸制度がその統制をする人々に有利になるように諸資源・富の配分を正当化する仕組みのこと。これにより他のすべての人々に対するエリート支配のピラミッド型階層を永続化することになる。

23. **情報ウェアハウス化** information warehousing　営利目的または公共機関に売るための膨大な量のデータの収集・蓄積・維持。

24. **スターシステム** star system　ハリウッドの(人気から得られる)ストーリーよりも、むしろスターや有名人への興味を描写する方法。

25. **スレッド** Threads　実験的で即興的なオンラインでの議論のための話題。より広範な議論参加者の間で、途切れることなく討論のための主題を作り出していく諸個人によって生み出される話題。

26. **政治経済学アプローチ** Political economy approach　重要な政治・経済的な事柄を分析することからはじめて、そうした政治・経済的事象がどのような社会・文化的な帰結をもたらすかを明らかにする研究方法。

27. **第三者効果** Third-person effects　たとえばメディア暴力による影響を他の人々は受けるが、私たちは賢いからそんなに影響は受けないという見解。

28. **第三のテクスト** tertiary text　テクストの根底にある意味の解釈。個人の経験に応じてオーディエンスのメンバーによって創り出されたり、しばしば他者との会話を通して明瞭に表現されたもの。

29. **多義性** Polysemy　大半のメディアテクストは、オーディエンスによって一つ以上の読解／一つ以上の意味形成をされることが可能な性質をもっている、その多層的な性質を指す。

30. **他者指定** naming/othering　大きな支配力をもった集団が支配力がより小さな諸集団を"自分たち"とは異なる（通例より劣る）"他者"の集団と指摘する権力行使のこと。これが"他者"指定権力である。

31. **タブロイド的転換** Tabloid turn　新聞が情報より娯楽中心に傾斜し、内容の質が落ちてきたといわれている変化のこと。

32. **仲介変数** Intervening variable　「欲求」や「満足」といった観察することができない概念的な要素因。それらは、コミュニケーションによるやり取りに影響を与える〔mediating variable（媒介変数）と区別するために、intervening variableを仲介変数と訳した〕。

33. **ディアスポラ** Diaspora　同一のあるいはきわめて類似の文化的、エスニック上の背景をもった人々が、出自の地理的な場を離れて定着した場所のこと〔さらには出自の場所への志向性をもちながら生きる生き方や社会の連帯をも指す〕。たとえばアフリカン・ディアスポラ。しばしば元の場所、「ホーム」から強制的に移住させられ、離れて生活させられている。

34. **データマイニング** Data mining　公的か私的かを問わず、巨大な情報データベースから情報を検索する過程のこと。3章の訳注〔11〕も参照。

35. **討議付き世論調査** Deliberative poll　会話を伴い複雑な形態をとる世論調査。一般の人々の調査への関与を持続させ、とりうる政策上の立場を熟慮させて、一定の「解決」に近づく。テキサス大学のジェームズ・フィシュキン（James Fishkin）が1996年に提唱した。

36. **培養分析** Cultivation analysis　テレビ視聴量が多い人々は所与の社会における支配的集団の信念を共有する傾向が大きいこと、つまりそういう人々は支配的な行動基準を受け容れるよう文化変容するという理論。

37. **判別分析** discriminant analysis　なされた選択に基づいて判別することに適している変数を明らかにする統計的分析法。
　〔訳者補足〕多変数の測定値に基づいて二つ以上の集団を最も効率よく識別する線形式（判別関数と呼ばれる）を求める多変量解析の一つの方法で、集団数がMの場合には、全部でM－1個の判別関数が求められる。人骨の測定値からそれがどの種族のものであるかといった人類学的問題、さらには性格検査や興味検査によって異なるいくつかの職業や大学の学部学科の適正を診断する心理学的問題、医療検査によって疾病を診断する方式を探る医学的問題などに用いられている（古畑和孝・岡隆編『社会心理学小辞典』有斐閣小辞典シリーズを参照）。

38. **非難広告** Attack ads　自己の政党の長所を称揚するのではなく、反対党を非難する短い放送。

39. **ファンがつくるモノ** Fan artefact　同人誌向けの記事や詩、工夫して創り出した歌あるいはウェブ上のページなどのファンによる産物。

40. **プロトナラティブ**　protonarratives　メディア・メッセージ（とくにニュースやドラマ）を構築するために利用される古風なストーリーの要素。

41. **プロパガンダ・イベント**　propaganda event　真実の一部だけを流布したり、感情的な言語を用いたり、誤解を招くような仕方で議論することによって、特定の行為過程に向けてオーディエンスを説得しようとする試みのこと。

42. **文化資本**　cultural capital　文化的な知識や情報の個人的な蓄積のこと。それらは明白な金銭的価値をもたないにもかかわらず、社会的な地位（階級）や移動、ヒエラルキーの面からは価値がある。文化資本の欠如はしばしば社会のあらゆるレベルで個人が向上するうえで、個人の能力の損失と見なされる。

43. **文化的優位性**　cultural superiority　高級な文化的製品と低俗な文化的製品とを議論するコンテクストにおいて用いられ、前者は後者よりも優れていると考えられる。

44. **文化理論アプローチ**　Culture theory approach　オーディエンス研究の方法の一つ。テクストと言説が生み出される際の文化的な起源、ならびに人々がそこにおいて自らをオーディエンスとして見出すような文化的コンテクストの重要性を強調する。

45. **ヘゲモニー**　Hegemony　権力と支配に関する理論。この理論は、ある社会における支配集団が、イデオロギーもしくは世界についての「正しい」理解の仕方を流布させ、他の人々にそれを支持するように促すと考える。ある社会における人々の間に存在すると想定される、共有された価値観やものの見方の総体（4章の訳注〔1〕も参照）。

46. **包括的な技術**　molar technology　大衆（あるいは諸集合体としてのオーディエンスにおける人々）の行為に依拠し、影響を及ぼすマスメディアのような技術。

47. **ホモロジー（相同）**　homology　内容の要素間の関係に基づく現象間の類似性を提唱すること。

48. **前の番組と同じチャンネルを見る視聴者**　Inherited audience　特定日の特定時刻にある番組を見ていた視聴者が、その視聴雰囲気を「持ち越して」同じチャンネルにとどまって次の番組を見るような気になった場合、その視聴者を指す。

49. **メタ・ナラティブ**　Meta-narrative　人種、階級、ジェンダー、障害、セクシュアリティのような人間の根本的で顕著に異なる特徴に関する誇大理論（grand theories）のこと。それらはいかに社会が機能するかを理解するための積み木を構成している。

50. **メディア化**　Mediatization　出来事を取り上げ、それを多くの人々へと広めるために物語へと作り変えていくこと。それは、情報をコントロールするためにメディアによって実践される方法である。たとえば、写真や音声やビデオ映像を用いて重要な瞬間を捉え、より多くの人々に流布させるためにそれを再文脈化することなどが含まれる。

51．メディアスケープ　Mediascape　21世紀の現代生活を構成する複雑で多数にわたるメディアの諸要素を述べるための包括的用語。

52．メディアにだまされやすい人　Media dupe　識別したりとくに考えたりもせずに読み／耳にし／聴いたことを何でも信じてしまうために、メディアメッセージの影響を受け容れやすい人。

53．リミナリティ(意識の閾)　liminality　ほとんど隠れた、しかし観察可能な識閾〔意識作用の生起と消失の境界〕——「明白な」ストーリー、テクスト、イメージの表面の下にあるサブテーマやサブテクストをしばしば描写するために用いられる。

54．利用と満足〔研究〕　Uses and gratifications　オーディエンスに関する理論の一つ。オーディエンスは自分の目的や楽しみのためにメディアを利用しているとし、視聴者には、自ら活性化しない受動性でなく、能動的な活動性があると位置づけている。

55．ロビーハック　Lobby hack　お決まりのように、議会のロビーで働く一団のジャーナリストを示す、通常は軽蔑的な用語。

用語解説補足（補足）

1．**影響** affect／**効果** effect／**影響** influence／**効果研究** effect study　英和辞典の解説によれば、affect は「時に害を及ぼすという意を含み、具体的結果を示す」のに対して、influence は「全体的な（無形の）影響を与えて人、物の方向や性質を変えさせる」という意味を含んでいる。例文として、「drive while affected by alcohol（飲酒運転をする）」に対して「His speech influenced my thinking（彼の演説を聴いて考え方が変わった）」が挙げられている（『ランダムハウス英和大辞典』第2版、小学館、1994より）。

本訳書では両語とも「影響」と訳したが、このような両者の違いを念頭に置くと、メディアとオーディエンスの研究を主題とした本文中で、「暴力の影響」の原語は多くの場合 violence affect であることが理解されよう。

他方 effectは、cause-and-effect（因果関係の）という成句が示すとおり原因（cause）と直結した「効果」という意味を含んでいる。因みに causeもoccasionとは異なりある結果を必然的にもたらす原因という意味を持ち、そのような＜原因＞（cause）から直接もたらされた＜結果＞（effect）という、両語に共通の一つの文脈が形成されている。このような文脈と密接な関係を持つものとして、本書における効果理論（effects theories）、効果研究（effect study）という場合の「効果（effect）」の特質が理解される。

そのうえで効果研究で扱われてきた「効果」がいかに多様な意味を含んでいるかは、本書で説明されているとおりである。

効果研究史ではとりわけ、(1)送り手（sender）の意図の、受け手（receiver）における達成に即して考えるか（キャンペーン研究）、意図しない影響・結果までも含めて考えるか、(2)行動（behavioural）レベルか、態度・感情（attitudinal/affective）レベルか、認知（cognitive）レベルか、(3)長期的効果を扱うのか、短期的のそれかなどが、効果の主要な類型軸とされてきた。少なくとも日本の20世紀末以降の効果研究では、短期的な認知的効果をめぐる成果が多いといえよう。この研究傾向の一環として、メディア暴力内容が暴力的行動に与える影響は、社会的にかなり問題になってはいるものの、学術上の研究課題とされることは、近年とくに稀である。

さらに本書では、効果（effect）研究と影響（affect）研究を区別し、しかし同時に関係するものとして考察している。それは「効果と影響の難問（effect/affect conundrum）」（訳書p.111）、あるいは「効果／影響問題の領域（area of effect/affect）」、「悪影響を含む効果（effective affect）」（ともに訳書p.116）という表現に表れている。この区別しつつ関連させている研究努力の苦心も、以上のような意味の類似と違いをふまえて理解されねばならないであろう。
〔児島〕

2．**エイジェンシー、行為体** agency／**構築** construct　マクウェルの *Mass Communication Theory*（第3版、1994）における効果研究史から引用しているこの第4局面の内容について、マクウェルの原典に基づいて第3版と最新の第5版（2005）と

で比較してみると、両者は一部の表現などをのぞけば、ほとんど同じである。その点を確認したうえで、第5版に基づき第4局面を見ると、第4局面の中心的特質は、この「構築（construct）」という視点にあると解せる。つまり、主観的意識とは独立に客観的、普遍的本質の存在を主張する「客観主義」、「本質主義」に対して、言語を中軸に現実が社会的に構築されるという視点を強調する「構築主義（constructionism）」における「構築」である。

この訳書で agency の訳出にエイジェンシー、行為体という訳語を流用したが、それはこの「構築」の意味に沿ったものである。つまり、構造から自律した主体にも、それに隷属する被支配的存在にも一律に帰属することをともに排し、「言説実践の過程でせめぎ合う、生きられた場」（上野 2001、p.299）としての行為体、エイジェンシーという文脈に従ったものである。本書で使われている agency がこの上野の文脈にそった専門用語として書かれたものかどうかは、定かでない。しかし全体の論述傾向からして、活動＜主体＞などと近代的自律性を強調した意味を含んだものとして解釈するよりはより適切な表現であろうと、訳者たちが相談して判断した。

なお、マクウェルの原典では、この第4局面の源泉となっている過去の諸研究の多様性とその根深さを指摘し、そのなかで先行する第3局面の強力効果論に言及するとともに、社会運動研究での構築主義の成果にもふれている。しかし、マクウェルの原典における第4局面ではS・ホールやD・モーレイへの言及は見あたらない。

またマクウェルは、本訳書で紹介されているパースの効果の4類型は、マクウェルの4局面と密接に照応すると解釈している。

マクウェルは、4章「メディア理論と社会理論」の一部で「社会構築主義」について概括しているのだが、その際は social constructionism としている。しかし効果論の第4局面では、constructionist ではなく、一貫して constructivist というタームを用いている。マクウェルがどのように constructionism と constructivism を使い分けているか、訳者（児島）は理解しかねるので、本訳書では一様に「構築（主義）」とした（McQuail, D., *McQuail's Mass Communication Theory*, 5th Edition, Sage, 2005 および、上野千鶴子編『構築主義とは何か』勁草書房、2001参照）。〔児島〕

3．エスノグラフィー ethnography ある特定の人間集団の社会や文化を詳細に、かつ網羅的に記録して、文化人類学や民族学などに資料を提供するために発達した活動。当初、＜未開＞あるいは＜野蛮＞と表現された文化的少数集団を研究する文化人類学や民族学で利用されはじめたが、社会学では大都市スラムの若者や各種マイノリティの生活や文化について、参与観察やインフォーマントを通してのフィールドワークを中心に実施された（宮島喬編『岩波小事典　社会学』より）。

エスノグラフィーとは、単なる事例研究や質的研究でも、あるいは定量調査の補完にとどまるものでもない。エスノグラフィーとは、研究対象とする文化における長期間にわたるフィールドワークを行ない、文化を解釈し、記述することを目的としている。オーディエンス研究の分野では、1980年代カルチュラル・スタディーズの研究者らによって、文化人類学的手法が取り入れられ、ソープオペラや家族とテレビに関する「オーディエンス・エスノグラフィー」が行なわれた。これらのオーディエンス・エスノグラフィーは、部分的にアメリカのコミュニケーション研究における

実証主義や定量調査への対抗的アプローチとして登場し、80年代以降盛んに行なわれてきた。だが一方で、その方法論に対して厳しい批判もなされてきた。そのため現在では、グローバル社会におけるメディアオーディエンスの複雑性を捉えるために、より長期的な参与観察を行なうとともに、多様な方法論を用いたフィールドワークが試みられている（たとえば、Gillespie, M., TeleVision, Ethnicity and Cultural Change, Sage, 1995など）。〔高橋〕

4．**公共圏** Public Sphere ドイツの哲学者・思想家のユルゲン・ハーバーマスは著書『公共性の構造転換』（細谷貞雄・山田正行訳、未來社、第2版1990＝1994、初版は1962）において、ヨーロッパ世界における「公共性（Öffentlichkeit）」概念の変遷過程を歴史的資料に基づき詳らかに描き出した。

ハーバーマスによれば、ブルジョア階級が権力を握るようになった近代市民社会では、人々が自由・平等な立場において理性的に議論を交わすことが、社会的な物事を決めるうえでの重要なルールとして制度的に確立された。具体的には、政治談義を交わす場であるコーヒーハウスやパブが、近代的な公共圏としての役割を果たしたのである。こうした市民社会における近代的な公共圏の成立期において、当時の活字メディアである政治新聞が批判的な言論を媒介する装置として機能した。政治新聞は、コーヒーハウスでの議論や論争を、活字を介して、より広範な人々に伝えることを可能にしたのである。

そのようにして近代市民社会では、封建制度下におけるような地位や身分によってではなく、普遍的な理性に照らして個々人の発言の「正しさ」が問われるような言論空間が、メディアに媒介された批判的言説と密接な関係を持ちつつブルジョアを担い手とした議会制政治の場として確立したのである。そこでは、「誰が言ったのか」ではなく「何が言われたのか」が第一義的に重要な事柄として人々に受け止められるようになった。

こうしたブルジョアを担い手とした近代的な公共圏のなかに、ハーバーマスは普遍的理性の契機を見てとる。つまりそこには、万人に対して自由と平等を保障する理性的な社会の可能性が見てとれるのである。

しかしながらハーバーマスによれば、その後の資本主義社会の発展のなかで、近代市民社会成立期に見られたブルジョア的公共圏の可能性は失われてしまった。一方で大衆のセンセーショナリズムに迎合するイエロージャーナリズムの高まりによって、他方で批判的な討論の活性化ではなく合意調達を目的とする広報活動の徹底によって、当初のブルジョア公共圏を特徴づけていた理性的で批判的な言論活動はその力を喪失したのである。この変化をハーバーマスは「公共性の構造転換」と名付けた。

『公共性の構造転換』でのハーバーマスの分析は、「読書する公衆」がメディアによって提供される娯楽をただ単に「消費する大衆」へと変貌していく過程を、いささか悲観的に描き出すことで終わっている。現在の私たちは、「構造転換」によって特徴づけられるテレビ時代に続く「インターネット時代」を迎えつつある。現在、より多くの人々が比較的自由に情報発信することを可能にするインターネット技術を駆使して、オーディエンスによる積極的な活動が様々な形で繰り広げられている。近年のメディア研究に課された課題は、インターネットなど新たなメディアに潜む技術的革新性との関連で、理論的かつ実証的に「新たな公共圏」の可能性について研究を積み

重ねていくことである。〔阿部〕

5．コンテクスト／社会的コンテクスト
Context/Social context　特定の行為や出来事を意味あるものとして位置づける社会・政治・歴史に関わる背景的な文脈を、社会的コンテクストという。社会的コンテクストの違いによって、行為や出来事は異なる形で成立する。メディアが社会に取り入れられ、人々の日常生活のなかに定着していくうえで、社会的コンテクストは中心的な位置を占めている。

　現実社会における「メディア」の機能や役割のあり方は、単なる技術的な可能性によって決まるのではない。作り手・送り手・受け手のそれぞれにおける社会的コンテクストのあり方によって、テクノロジーとしては「同じ」メディアが異なる仕方で用いられることは決して珍しくない。

　たとえば、1980年代の後半に家庭用のビデオカメラが普及したが、日本では主として家族の思い出を記録するための「娯楽メディア」として用いられた。だが、民主化革命の最中にあった東欧諸国では、逮捕されたり監禁されたりする危険性と隣り合わせの民主化運動の指導者の演説やメッセージを録画したビデオテープが民衆の間に広まった。そうしたメッセージ・ビデオは政治的な弾圧が厳しかった当時の東欧社会において、民主化を推し進める原動力の一つになった。ビデオカメラは、政治の道具として活躍したのである。こうしたメディアの用いられ方の差異を生み出したのは、ビデオカメラというテクノロジーが導入された社会的コンテクストの違いにほかならない。

　近年のメディア研究では、メディアが取り入れられていく際の社会的コンテクストに照準することで、メディアが持つ技術的な可能性が現実社会においてどのような政治・文化的な機能を果たすのかを明らかにすることが試みられている。社会的コンテクストとの関連でメディアについて考えていくことによって、社会におけるメディアの政治・文化的な多様性と種差性が明らかになる。そのことによって私たちは、今現在の社会では実現していないけれどもメディアの可能態として潜在するオルタナティブなあり方を認識することができるようになる。つまり、技術的な可能性に還元し得ないメディアの多様な可能性について考えていくうえで、社会的コンテクストを記述・分析することは必要不可欠な課題なのである（Tim O'Sullivan et al., *Key Concepts in Communication and Cultural Studies*, Routledge, 1994参照）。〔阿部〕

6．ソープオペラ
soap opera　ソープオペラは、1920年代アメリカのラジオに登場し、その後テレビでも人気を博した連続ドラマのことをいう。ソープオペラという名前は、昼間の連続ドラマが、主婦をターゲットとし、洗濯やクリーニングのための商品を売ろうとしていたことに由来する。すなわちこのタイプのドラマは石けん商品を売るためのコマーシャルを提供するメロドラマという特徴から、「ソープオペラ」という言葉が誕生した（Reference.com/Encyclopediaより）。

　オーディエンス研究の分野では、1940年代、アメリカのコミュニケーション研究の潮流において、ラジオのソープオペラに関して質的調査による様々な「利用と満足」研究が行なわれた。たとえば、ヘルツォーグ（Herzog 1944）は昼間の連続ドラマから引き出される充足について、ニューヨークとピッツバーグの約150人の連続ドラマの聴取者に対する詳細なインタビューを行ない、制作者の意図しなかった聴取者の多様な充足を明らかにした。また、カウフマ

ン（Kauffman 1944）も「ある特定の連続ドラマのアピール（The appeal of specific Daytime Serials）」のなかで、四つの連続ドラマについて聴取者のメディア利用とメッセージ解釈における能動性について明らかにしている。

一方、80年代以降、ヨーロッパでは、テクストと読者との関係に注目した文芸批評のなかに現れた受容理論の影響を部分的に受けて新たなオーディエンス研究が創発した。ヨーロッパのオーディエンス・レセプション・スタディーズと呼ばれるこの潮流において、テレビのソープオペラの研究が盛んに行なわれた。たとえば、アメリカのソープオペラ『ダラス』の国際的普及に対して、アング（Ang 1985）はオランダの女性雑誌に広告を出し、『ダラス』の好き嫌いの理由について手紙を書いてくれるようにファンに呼びかけた。そして手紙を二次的な言説として分析することによってフィクション番組における女性の解釈の多義性を示し、大衆文化のイデオロギーとメディア帝国主義の言説に対抗する証拠を提示した。また、リーブズとカッツ（Liebes and Katz 1990）は、イスラエルにおいて多様なサブカルチャーやエスニックグループの200組の夫婦を調査し、『ダラス』とオーディエンスの解釈との関係について明らかにしている。〔高橋〕

7．マテーリアル／メディアマテーリアル

material/media material　私たちが様々なメディアと関わりを持つとき、そこには象徴的な側面と物質的な側面の双方が見てとれる。ここで言う象徴的な側面とは、メディアが伝える記号を介した意味の次元である。たとえば、新聞や雑誌など活字メディアの場合ならば、ニュースや報道記事として伝えられる出来事の「意味（社会においてどのようなことが起こり、それは私たちにとってどのような意義を持っているのか）」を読者は「読む」ことになる。こうしたメディアが伝えるメッセージ内容は、メディア研究において内容分析や受け手研究の主たる対象と位置づけられてきた。

だが、メディアとの関わりは、意味内容に限られるものではない。私たちにとっての日常的な活字メディアは、新聞紙や雑誌といった具体的な媒体にほかならない。そうした媒体＝メディアは、物質性を伴ったモノとして私たちの日常生活の場面に取り入れられていく。新聞や雑誌の場合ならば、それら活字メディアは持ち運びが容易で繰り返し読むことができる情報源として、私たちの生活の一部になっている。こうした物質的な次元がメディアと私たちとの関わりを研究するうえで重要な位置を占めることを、近年の研究動向は明らかにしてきた。

本書で使われる material/media material という概念は、象徴的な意味の次元と物質的なモノの次元の双方を的確に捉えることを目指しているように思われる。著者のロスとナイチンゲールは一方で、これまでのカルチュラル・スタディーズの受け手研究などの成果を踏まえて、メディアとの関わりにおけるオーディエンスの意味解釈の次元を重視する。だが他方で、そうしたテクスト解釈のみに偏りがちな研究動向への批判に基づき、メディアと人々との関わりが常に「身体」という物質的なレベルにおいて影響をもたらすことに、繰り返し注意を促している。彼女らによれば、メディアとの関わりは、記号性と物質性の双方の視点から論じられる必要がある。そうした理論的課題を果たしていくための概念が、ここでのマテーリアルなのである。

その意味で、マテーリアルに照準するロスとナイチンゲールの議論は、記号次元におけるメッセージや意味内容、物質的な道

具としての技術のどれか一つに偏ることのない独自の視点から、メディアとオーディエンスとの関係を明らかにしていこうとする試みである。

メディアマテーリアルとの関わりとしてメディア受容を考えていくことは、テレビなどに代表されるマス志向のメディアから、インターネットや携帯電話などパーソナル志向のメディアへと、社会におけるメディアの趨勢が変わりつつある今日の状況を分析していくうえで、大変に有益である。

たとえば、現在私たちが使っている携帯電話は、単なる「電話機」ではなくメールを送受信したりインターネットにアクセスできる便利な「情報端末」として機能している。こうした携帯電話との私たちの関わり方は、まさにメディアマテーリアルという視座から考えていくことができる。一方で、携帯電話を介してやり取りされる情報によって、人々は「意味」の次元に関わっている。親密な相手とのメール交換は、互いの気持ちや感情を「文字」として送りあうことに他ならない。他方で、親指一本で器用に文字を打ち込んでいく若者たちの姿は、携帯電話というメディアがなかば身体化されている様子を物語っている。手書きともワープロ書きとも異なる携帯電話を用いて「メールする」行為は、身体を含んだ物質的な次元において、私たちのメディアとの関わり方を確実に変えつつある。このように日々の私たちのメディアとの関わりを念頭において考えてみると、本書で提示されるメディアマテーリアルという視点の有効性が改めて認識できる。〔阿部〕

8．**メディア・エンゲージメント** media engagement　メディアと人間との多様な関わり方を指す。これまでオーディエンス研究の分野において、メディアと人々との関わり方は、「接触（exposure）」や「視聴（viewing）」、「利用（use）」などある特定の関わり方、あるいはある特定のメディアに限定されて論じられてきた。「関与（engagement）」という言葉はたとえば、テレビのスウィッチを入れるという単純な行為から政治的な関与（political engagement）に至るまで、またテレビというマスメディアからインターネット、ケータイに至るまで、さらには効果研究や能動的オーディエンス研究の抱える限界から能動的あるいは受動的な関わり合いに至るまで、多種多様なメディアの関与のレベルを内包しうる。今日の多メディア環境におけるメディアと人間との複雑な関係を理解するために、昨今のオーディエンス研究ではこのような多様な関わりを含意可能にする「関与engagement」という言葉が用いられている。〔髙橋〕

各章の学習を深める参考文献

2章　歴史的視座からみたオーディエンス

Anderson, B. (1983, 1991) *Imagined Communities : Reflections on the Origin and Spread of Nationalism,* Revised edn. London and New York : Verso.〔B. アンダーソン『増補　想像の共同体——ナショナリズムの起源と流行』白石さや・白石隆訳、NTT出版、1997〕

Merton, R. K.（〔1949〕1979）Patterns of influence : a study of interpersonal influence and of communications behaviour in a local community, in P.F. Lazarsfeld and F.N. Stanton (eds) *Communications Research : 1948-1949.* New York : Harper & Brothers.

Merton, Robert K. (1968) *Social Theory and Social Structure,* enlarged edn. New York : The Free Press ; and London : Collier Macmillan.〔R. K. マートン『社会理論と社会構造』森東吾ほか訳、みすず書房、1961〕

Morrison, D. E. (1999) *Defining Violence : The Search for Understanding.* Luton : University of Luton Press.

Nightingale, V. (1996) *Studying Audiences : The Shock of the Real.* London and New York : Routledge.

3章　商品としてのオーディエンスとその積極的活動

Meehan, E. (1993) Heads of household and ladies of the house : gender, genre and broadcast ratings, 1929-1990, in W. S. Solomon and R. W. McChesney (eds) *Ruthless Criticism : New Perspectives in U.S. Communication History.* Minneapolis and London : University of Minnesota Press.

Neuman, W. R. (1991) *The Future of the Mass Audience.* Cambridge, UK : Cambridge University Press.〔W. R. ニューマン『マス・オーディエンスの未来像——情報革命と大衆心理の相剋』三上俊治・川端美樹・斉藤慎一訳、学文社、2002〕

Webster, J. G., Phalen, P. F. and Lichty, L. W. (2000) *Ratings Analysis : The Theory and Practice of Audience Research,* 2nd edn. Mahwah, New Jersey and London : Lawrence Erlbaum and Associates.

4章　原因と結果

Barker M. and Petley J. (eds) *Ill Effects : The Media/Violence Debate,* 2nd edn. London and New York : Routledge.

Carter, C. L. and Weaver, C. K. (2003) *Media and Violence.* Buckingham : Open University Press [in this series].

Fowles, J. (1999) *The Case for Television Violence.* Thousand Oaks, London, New Delhi : Sage.

Perse, E. (2001) *Media Effects and Society*. Mahwah, N. J. : Lawrence Erlbaum Associates.
Press, A. L. and Cole, E. R. (1999) *Speaking of Abortion : Television and Authority in the Lives of Women*. Chicago : University of Chicago Press.

5章 市民としてのオーディエンス

Fletcher, F. J. (1996) Polling and political communication, in D. Paletz (ed.) *Political Communication in Action*. Cresskill, NJ : Hampton.
Lavrakas, P. J. and Traugott, M. W. (eds) (2000) *Election Polls, the News Media, and Democracy*. New York and London : Chatham House Publishers.
Lippman, W. (1922) *Public Opinion*. New York : Harcourt Brace. 〔W. リップマン『世論』掛川トミ子訳、岩波書店、1987〕
Nightingale, V. and Ross, K. (2003) *Critical Readings : Media and Audiences*. Maidenhead : Open University Press.
Ross, K. (2002) *Women, Politics, Media : Uneasy Relations in Comparative Perspective*. Cresskill, N. J. : Hampton Press.

6章 ファンとしてのオーディエンス

Baym, N. K. (2000) *Tune In, Log On : Soaps, Fandom and Online Community*. Thousand Oaks, London and New Delhi : Sage.
Hill, A. (1997) *Shocking Entertainment : Viewer Response to Violent Movies*. Luton, England : John Libbey Media.
Hills, M. (2002) *Fan Cultures*. New York and London : Routledge.
Jenkins, H. (1992) *Textual Poachers : Television Fans and Participatory Culture*. New York and London : Routledge.
Stokes, M. and Maltby, R. (eds) (2001) *Hollywood Spectatorship : Changing Perceptions of Cinema Audiences*. London : British Film Institute.
Thornham, S. (ed.) (1999) *Feminist Film Theory : A Reader*. Edinburgh : Edinburgh University Press.

7章 新しいメディア、新しいオーディエンス、新しい調査研究?

Castells, M. (1998) *End of Millennium*. Oxford and Maiden, MA : Blackwells.
Evans, P. and Wurster, T. E. (2000) *Blown To Bits : How the New Economics of Information Transforms Strategy*. Boston, MA. : Harvard Business School Press.
Harcourt. W. (ed.) (1999) *Women@Internet*. London and New York : Zed Books.
Levy, P. (1997) *Collective Intelligence : Mankind's Emerging World in Cyberspace* (Trans. R. Bononno). Cambridge, MA. : Perseus Books.
Markham, A. (1999) *Life Online : Researching Real Experience in Virtual Space*. Lanham, Walnut Creek and Oxford : Alta Mira Press.

文献一覧

Abercrombie, N. and Longhurst, B. (1998) *Audiences*. London, Thousand Oaks, New Delhi : Sage.

Ahmed, K. (2003) Age limits for children on violent video games, *Observer*, 29 December.

Alasuutari, P. (1992) 'I'm ashamed to admit it but I have watched Dallas': the moral hierarchy of television programmes, *Media, Culture & Society*, 14(3) : 561–82.

Allan, S. (1999) *News Culture*. Buckingham : Open University Press.

Allen, R. (1985) *Speaking of Soap Operas*. Chapel Hill : University of North Carolina.

Althusser, L. (英訳 1971) *Lenin and Philosophy*. London : New Left Books. 〔L. アルチュセール『レーニンと哲学』西川長夫訳、人文書院、1970〕

American Society of Newspaper Editors (1998) *ASNE Journalism Credibility Project*. http://www.asne.org/works/jcp/jcpmain.htm.

Anderson, B. (1983, 1991) *Imagined Communities : Reflections on the Origin and Spread of Nationalism*, Revised edn. London and New York : Verso. 〔B. アンダーソン『増補 想像の共同体——ナショナリズムの起源と流行』白石さや・白石隆訳、NTT出版、1997〕

Ang, I. (1985) *Watching 'Dallas' : Soap Opera and the Melodramatic Imagination*. London : Methuen.

Ang, I. (1991) *Desperately Seeking the Audience*. London and New York : Routledge.

Ansolabehere, S., Behr, R. and Iyengar, S. (1991) Mass media and elections : an overview, *American Politics Quarterly*, 19 : 109–39.

Ansolabehere, S., Iyengar, S. and Simon, A. (1997) Shifting Perspectives on the Effects of Campaign Communication, in S. Iyengar and R. Reeves (eds) *Do the Media Govern? Politicians, Voters and Reporters in America*. Thousand Oaks, London, Delhi : Sage.

Antorini, Y. M. (2003) The essence of being a child in M. Lindstrom and P. Seybold (eds) *Brandchild : Remarkable Insights into the Minds of Today's Global Kids and Their Relationships with Brands*. London and Sterling, VA : Kogan Page.

Appadurai, A. (1997) *Modernity at Large : Cultural Dimensions of Globalization*. Minneapolis and London : University of Minnesota Press. 〔A. アパデュライ『さまよえる近代——グローバル化の文化研究』門田健一訳、平凡社、2004〕

Arnaldo, C. A. (ed.) (2001) *Child Abuse on the Internet : Ending the Silence*. New York : Berghahn Books.

Arnheim, R. (1944) The world of the daytime serial, in P. F. Lazarsfeld and F. M. Stanton (eds) *Radio Research : 1942–1943*. New York : Duell, Sloan and Pearce.

Arnison, M. (2000) Open publishing is the same as free software. Revision 1. 14. Date : 2002/09/28 12:56:27, *maffew@cat.org.au*.

Atkin, C. (1983) Effects of realistic TV violence vs. fictional violence on aggression, *Journalism Quarterly*, 69 : 615–21.

Bacon-Smith, C. (1992) *Enterprising Women : Television Fandom and the Creation of Popular Myth*. Philadelphia : University of Pennsylvania Press.

Ballard, M. E. and Lineberger, R. (1999) Video game violence and confederate gender : effects on reward and punishment given by college males, *Sex Roles*, 41 : 541–58.

Banks, J. (2002) Gamers as co-creators : enlisting the virtual audience–a report from the net face, in M. Balnaves, T. O' Regan and J. Sternberg (eds) *Mobilising the Audience*. St Lucia, Brisbane : University of Queensland Press.

Barban, A. M., Cristol, S. M. and Kopec, F. J. (1987) *Essentials of Media Planning : A Marketing Viewpoint*, 2nd edn. Lincolnwood, IL. : NTC Business Books.

Barker, C. (1999) *Television, Globalization and Cultural Identities*. Buckingham : Open University Press.

Barker, M. (1989) *Comics : Ideology, Power and The Critics*. Manchester : Manchester University Press.

Barker, M. (1997) The Newson Report : a case study in 'common sense', in M. Barker and J. Petley (eds) *Ill Effects : The Media/Violence Debate*, 2nd edn. London and New York : Routledge.

Barker, M. (1998) Critique : audiences 'Я' us, in R. Dickinson, R. Harindranath and O. Linne (eds) *Approaches to Audiences : A Reader*. London and New York : Arnold.

Barker, M. and Brooks, K. (1998) *Knowing Audiences : Judge Dredd, its Friends, Fans and Foes*. Luton : University of Luton Press.

Barnes, S. (2001) *Online Connections : Internet Interpersonal Relationships*. Cresskill, New Jersey : Hampton Press.

Barnhurst, K. G. and Mutz, D. (1997) American journalism and the decline in event-centred reporting, *Journal of Communication*, 47 (4) : 27–53.

Bauserman, R. (1998) Egalitarian, sexist and aggressive sexual materials : attitude effects and viewer responses, *The Journal of Sex Research*, 35 (3) : 244–53.

Baym, N. K. (1993) Interpreting soap operas and creating community : inside a computer-mediated fan culture, *Journal of Folklore Research*, 30 (2/3) : 143–76.

Baym, N. K. (1998) Talking about soaps : communicative practices in a computer-mediated fan culture, in C. Harris and A. Alexander (eds) *Theorizing Fandom : Fans, Subculture and Identity*. Cresskill, NJ : Hampton Press.

Baym, N. K. (2000) *Tune In, Log On : Soaps, Fandom and Online Community*. Thousand Oaks, London and New Delhi : Sage.

Becker, L. B. and Dunwoody, S. (1982) Media use, public affairs knowledge and voting in a local election, *Journalism Quarterly*, 67 : 708–22.

Benedict, H. (1992) *Virgin or Vamp : How the Press Covers Sex Crimes*. New York : Oxford University Press.

Bennett, S. E., Flickinger, R. S., Baker, J. R., Rhine, S. L. and Bennett, L. M. (1996) Citizens'

knowledge of foreign affairs, *Press / Politics*, 1(2) : 10-29.
Bennett, T., Emmison, M. and Frow, J. (1999) *Accounting for Tastes : Australian Everyday Cultures*. Cambridge : Cambridge University Press.
Bennett, W. L. (1997) Cracking the News Code : Some Rules That Journalists Live By, in S. Iyengar and R. Reeves (eds) *Do the Media Govern? Politicians, Voters and Reporters in America*. Thousand Oaks, London, Delhi : Sage.
Berger, J. (1976) *Ways of Seeing*. Harmondsworth : Penguin.
Berger, J. and Mohr, J. (1982) *Another Way of Telling*. London and New York : Writers and Readers Publishing Co - operative Society.
Bernhardt, J. M., Sorenson, J. R. and Brown, J. D. (2001) When the perpetrator gets killed : effects of observing the death of a handgun user in a televised public service announcement, *Health Education and Behavior*, 28(1) : 81-94.
Beville, H. M. Jr. (1988) *Audience Ratings : Radio, Television, and Cable*. Hillsdale, New Jersey, Hove and London : Lawrence Erlbaum and Associates.
Blomquist, D. and Zukin, C. (1997) *Does Public Journalism Work? The 'Campaign Central' Experience*. Washington DC : Pew Center for Civic Journalism ; Hackensack, NJ, Record, May.
Blumer, H. (1933) *Movies and Conduct*. New York : Macmillan.
Blumer, H. (1948) Public opinion and public opinion polling, *American Sociological Review*, 13(5) : 542-49.〔H. ブルーマー「世論と世論調査」、H. ブルーマー『シンボリック相互作用論』後藤将之訳、勁草書房、1991所収〕
Blumler, J. and Katz, E. (eds) (1974) *The Uses of Mass Communicaitons : Current Perspectives on Grati ficatinons Research*. London and Beverly Hills : Sage.
Blumler, J. G. and Gurevitch, M. (1995) *The Crisis of Public Communication*. London and New York : Routledge.
Bobo, J. (1988) The Color Purple : black women as cultural readers, in E. D. Pribram (ed.) *Female Spectators : Looking at Film and Television*. London : Verso.
Bogaert, A. F., Woodward, U. and Hafer, C. L. (1999) Intellectual ability and reactions to pornography, *The Journal of Sex Research*, 36(3) : 283-91.
Bourdieu, P. (1984) *Distinction : A Social Critique of the Judgement of Taste*. Cambridge : Harvard University Press.〔P. ブルデュー『ディスタンクシオン——社会的判断力批判』石井洋二郎訳、藤原書店、1990〕
British Crime Survey (2002) London : HMSO.
Brody, S. (1977) *Screen violence and film censorship – a review of research*. London : Home Office Research Unit.
Broughton, D. (1995) *Public Opinion Polling and Politics in Britain*. London : Prentice-Hall.
Brown, M. E. (1994) *Soap Opera and Women's Talk : The Pleasure of Resistance*. Thousand Oaks, London, New Delhi : Sage.
Brunsdon, C. (1981) *Crossroads :* notes on a soap opera, *Screen*, 22 : 32-7.

Brunsdon, C. (1989) Text and Audience, in E. Seiter, H. Bochers, G. Kreutzner and E. Warth (eds) *Remote Control,* London : Routledge.

Brunsdon, C. (ed.) (1986) *Films for Women.* London : British Film Institute.

Brunsdon, C. and Morley, D. (1978) *Everyday Television : 'Nationwide'.* London : BFI.

Buchanan, B. (1991) *Electing a President : The Markle Commission's Report on Campaign' 88.* Austin : University of Texas Press.

Buckingham, D. (1987) *Public Secrets : EastEnders and its Audience.* London : British Film Institute.

Buckingham, D. (1993) *Children Talking Television : The Making of Television Literacy.* London : The Falmer Press.

Buckingham, D. (1996) *Moving Images : Understanding Children's Emotional Responses to Television.* Manchester UK : Manchester University Press.

Bureau of Justice Statistics (1998) *Serious violent crime levels continued to decline in 1997.* http : //www. ojp. usodj. gov/bjs/glace/frmdth. txt (accessed 20 September 2002).

Burns, T. (1997) The impact of the national press on voters in 1997. Paper presented to the *Political Studies Association* specialist conference on Elections, Public Opinion and Parties, Essex, September.

Butler, D. and Stokes, D. E. (1974) *Political Change in Britain : The Evolution of Political Choice.* London : Macmillan.

Butsch, R. (2000) *The Making of American Audiences : From Stage to Television, 1750–1990.* Cambridge, New York, Melbourne, Madrid : Cambridge University Press.

Cantor, J. (1994) Confronting children's fright responses to mass media, in D. Zillmann, J. Bryant and A. C. Huston (eds) *Media, Children and the Family : Social Scientific, Psychodynamic and Clinical Perspectives.* Hillsdale, NJ : Lawrence Erlbaum.

Cappella, J. N. and Jamieson, K. H. (1997) *Spiral of Cynicism : The Press and the Public Good.* New York : Oxford University Press. 〔J. N. カペラ、K. H. ジェイミソン『政治報道とシニシズム——戦略型フレーミングの影響過程』平林紀子・山田一成監訳、ミネルヴァ書房、2005〕

Carey, J. (1988) *Communication as Culture.* Boston, MA : Unwin Hyman.

Carey, J. and Kreiling, A. (1974) Popular culture and uses and gratifications : notes towards an accommodation, in J. Blumler and E. Katz (eds) *The Uses of Mass Communications : Current Perspectives on Gratifications Research.* London and Beverly Hills : Sage.

Carroll, N. (1996) *Theorizing the Moving Image.* Cambridge : Cambridge University Press.

Castells, M. (1996) *The Rise of the Network Society.* Oxford and Maiden, MA : Blackwells.

Castells, M. (1998) *End of Millennium.* Oxford and Maiden, MA : Blackwells.

Cathode, R. (2000) In praise of dirty washing : Channel 4 after "Big Brother", *Sight and Sound,* 10(1) : 9.

Cherny, L. (1999) *Conversation and Community : Chat in a Virtual World*. SCLI Publications.

Cline, C. (1992) Essays from Bitch : the women's rock newsletter with bite, in L. Lewis (ed.) *The Adoring Audience : Fan Culture and Popular Media*. London : Routledge.

Cohen, S. (1972) *Folk Devils and Moral Panics*. London : McGibbon and Kee.

Cole, J. (1996) *The UCLA Television Violence Monitoring Report*. Los Angeles : UCLA, Center for Communication Policy.

Coleman, S. and Ross, K. (2002) *The Public, Politics and the Spaces Between : Election Call and Democratic Accountability*. London : Hansard Society.

Compesi, R. J. (1980) Gratifications of daytime TV serial viewers, *Journalism Quarterly*, 57 : 155-85.

Comstock, G., Chaffee, S., Katzman, N., McCombs, M. and Roberts, D. (1978) *Television and Human Behavior*. New York : Columbia University Press.

Cook, J. (1978) Behaviouralism in political science, in R. Beehler and A. R. Drengson (eds) *The Philosophy of Society*. London : Methuen.

Cook, T. E. (1998) *Governing with the News : The News Media as a Political Institution*. Chicago, London : University of Chicago Press.

Cooper, J. and Mackie, D. (1986) Video games and aggression in children, *Journal of Applied Social Psychology*, 16 : 726-44.

Coote, A. and Lenagham, J. (1997) *Citizens' Juries : Theory into Practice*. London : Institute of Public Policy Research.

Crary, J. (1994) Modernising Vision, in L. Williams (ed.) *Viewing Positions : Ways of Seeing Film*. New Brunswick, New Jersey : Rutgers University Press.

Crewe, I. (2001) The opinion poll : still biased to Blair, *Parliamentary Affairs*, 54(4) : 650-65.

Crothers, C. (1987) *Robert K. Merton*. London and New York : Tavistock Publications and Ellis Horwood Limited.

Cumberbatch, G. and Howitt, D. (1989) *A Measure of Uncertainty : the Effects of the Mass Media*. London : John Libbey.

Curran, J., Gurevitch, M. and Woollacott, J. (eds) (1971) *Mass Communication and Society*. London : Edward Arnold.

Davidson, S. (1973) Feeding on dreams in a bubble gum culture, *Atlantic Monthly*, 232 (October) : 62-72.

Davies, K. A. (1997) Voluntary exposure to pornography and men's attitudes toward feminism and rape, *The Journal of Sex Research*, 34(2) : 131-7.

Davison, W. P. (1983) The third-person effect in communication, *Public Opinion Quarterly*, 47 : 1-15.

de Certeau, M. (1984) *The Practice of Everyday Life* (trans. S. Randall). Berkeley : University of California Press. 〔M. ド・セルトー『日常的実践のポイエティーク』山

田登世子訳、国文社、1987〕

Decker, J. L. (1997) *Made in America : Self-Styled Success from Horatio Alger to Oprah Winfrey*. Minneapolis : University of Minnesota Press.

Dell, C. (1998) 'Lookit that Hunk of Man!' : subversive pleasures, female fandom and professional wrestling, in C. Harris and A. Alexander (eds) *Theorizing Fandom : Fans, Subculture and Identity*. Cresskill, NJ : Hampton Press.

Delli-Carpini, M. X. and Keeter, S. (1991) Stability and change in the US public's knowledge of politics, *Public Opinion Quarterly*, 55 : 583-612.

Delli-Carpini, M. X. and Keeter, S. (1996) *What Americans Know About Politics and Why It Matters*. New Haven, Conn : Yale University Press.

Denver, D. (1989) *Elections and Voting Behaviour in Britain*. London : Philip Allan.

Dill, K. E. and Dill, J. C. (1998). Video game violence : a review of the empirical literature, *Aggression & Violent Behavior*, 3 : 407-28.

Dominick, J. R. (1984). Videogames, television violence and aggression in teenagers, *Journal of Communication*, 34 : 136-47.

Donnerstein, E., Slaby, R. G. and Eron, L. D. (1994) The mass media and youth aggression, in L. D. Eron, J. H. Gentry and P. Schlegel (eds) *Reasons to Hope : A Psychosocial Perspective on Violence and Youth*. Washington DC : American Psychological Association.

Dran, E. and Hildreth, A. (1995) What the public thinks about how we know what it is thinking, *International Journal of Public Opinion Research*, 7 : 128-44.

Duck, J. M. and Mullin, B. A. (1995) The perceived impact of the mass media : reconsidering the third-person effect, *European Journal of Social Psychology*, 25 : 77-93.

Dunleavy, P., Margetts, H., Smith, T. and Weir, S. (2001) Constitutional reform, New Labour in power and public trust in government, *Parliamentary Affairs*, 54(3) : 405-24.

Durkheim, E. (1930) *Rules of Sociological Method*. Paris : F. Alcan 〔E. デュルケム『社会学的方法の規準』宮島喬訳、岩波文庫、1978〕

Eckert, C. (1978) The Carole Lombard in Macy's Window, *Quarterly Review of Film Studies*, 3(1) : 1-21.

Ehrenreich, B., Hess, E. and Jacobs, G. (1992) Beatlemania : girls just want to have fun, in L. Lewis (ed.) *The Adoring Audience : Fan Culture and Popular Media*. London : Routledge.

Elliot, P. (1972) *The Making of a Television Series : A Case Study in the Production of Culture*. London : Constable.

Entman, R. M. (1989) How the media affect what people think : an information processing approach, *Journal of Politics*, 51 : 347-70.

Evans, P. and Wurster, T. E. (2000) *Blown To Bits : How the New Economics of Information Transforms Strategy*. Boston, MA. : Harvard Business School Press.

Feshbach, S. (1955) The drive-reducing function of fantasy behavior, *Journal of Abnormal and Social Psychology,* 50 : 3-11.

Fetveit, A. (1999) Reality TV in the digital era : a paradox in visual culture?, *Media, Culture and Society,* 21(6) : 787-806.

Feuer, J. (1984) Melodrama, serial form and television today, *Screen,* 25(1) : 4-16.

Finkelstein, D. (1998) Why the Conservatives lost, in I. Crewe, Gosschalk and J. Bartle (eds) *Political Communications : Why Labour Won the General Election of* 1997. London : Frank Cass.

Firmstone, J. (2002) *Discerning Eyes : Viewers on Violence.* Luton : University of Luton Press.

Fish, S. (1980) *Is There a Text in this Class? The Authority of Interpretive Communities.* Cambridge, MA and London : Harvard University Press.〔S. フィッシュ『このクラスにテクストはありますか』小林昌夫訳、みすず書房、1992〕

Fisher, J. (2001) Campaign finance : elections under new rules. *Parliamentary Affairs,* 54(4) : 689-700.

Fisher, W. A. and Grenier, G. (1994) Violent pornography, antiwoman thoughts, and antiwoman acts : in search of reliable effects, *The Journal of Sex Research,* 31(1) : 23-38.

Fishkin, J., Luskin, R. and Jowell, R. (2000) Deliberative polling and public consultation, *Parliamentary Affairs,* 53(4) : 657-66.

Fiske, J. (1992) The cultural economy of fandom, in L. Lewis (ed.) *The Adoring Audience : Fan Culture and Popular Media.* London : Routledge.

Fiske, J. and Hartley, J. (1978) *Reading Television.* London : Methuen.〔J. フィスク、J. ハートレー『テレビを「読む」』池村六郎訳、未來社、2000〕

Flanagin, A. J. and Metzger, M. J. (2001) Internet use in the contemporary media environment, *Human Communication Research,* 27(1) : 153-81.

Fletcher, F. J. (1996) Polling and Political Communication, in D. Paletz (ed.) *Political Communication in Action.* Cresskill, NJ : Hampton.

Fowles, J. (1999) *The Case for Television Violence.* Thousand Oaks, London, New Delhi : Sage.

Franklin, B. (1997) *Newszak and News Media.* London : Arnold.

Fraser, N. (1990) Rethinking the public sphere : a contribution to the critique of actually existing democracy, *Social Text,* 25/26 : 56-80.〔N. フレイザー「公共圏の再考──既存の民主主義の批判のために」C. キャルホーン編『ハーバマスと公共圏』山本啓・新田滋訳、未來社、1999〕

Freedman, J. L. (1984) Effects of television on aggressiveness, *Psychological Bulletin,* 96 : 227-46.

Freedman, J. L. (2002) *Media Violence as Scapegoat : Scientific Evidence of its Effect on Aggression.* Toronto : University of Toronto Press.

Freedman, L. Z. (1981) Desperate to fill an emotional void, some fans become dangerous to their idols, *People Weekly,* 15, 20 April.

Gamman, L. and Marshment, M. (eds) (1988) *The Female Gaze : Women as Viewers of Popular Culture*. London : The Women's Press.

Gauntlett, D. (1995) *Moving Experiences : Understanding Television's Influences and Effects*. London : John Libbey.

Gauntlett, D. (1998) Ten things wrong with the 'effects' model, in R. Dickinson, R. Harindranath and O. Linne (eds) *Approaches to Audiences : A Reader*. London and New York : Arnold.

Gauntlett, D. (ed.) (2000) *Web. Studies : Rewiring Media Studies for the Digital Age*. London : Arnold.

Geraghty, C. (1981) The continuous serial : a definition, in R. Dyer et al. (eds) *Coronation Street*. London : British Film Institute.

Gerbner, G. (1967) Mass media and human communication theory, in F. E. X. Dance (ed.), *Human Communication Theory*. New York : Holt, Rinehart and Winston.

Gerbner, G. (1972) Violence in television drama : trends in symbolic functions, in G. A. Comstock and E. A. Rubinstein (eds) *Television Social Behavior : Vol 1, Media Content and Control*. Washington DC : Government Printing Office.

Gerbner, G. (1993) Testimony to the US House of Representatives Subcommittee on Crime and Criminal Justice. Hearing on Violence on Television, 15 December, 1992.

Gerbner, G. (1995) Marketing global mayhem, *Javnost / The Public*, 2(2) : 71-6.

Gerbner, G. and Gross, L. (1976) Living with television : the violence profile, *Journal of Communication*, 26(2) : 173-99.

Gerbner, G., Morgan, M. and Signorielli, N. (1995) Violence on television : the cultural indicators project, *Journal of Broadcasting and Electronic Media*, 39(2) : 278-83.

Gillespie, M. (2000) Transnational communications and diaspora communities, in S. Cottle (ed.) *Ethnic Minorities and the Media*. Buckingham and Philadelphia : Open University Press.

Gillian, C. (1998) War of the world : Richard Chaves, Paul Ironhorse and the female fan community, in C. Harris and A. Alexander (eds) *Theorizing Fandom : Fans, Subculture and Identity*. Cresskill, NJ : Hampton Press.

Goldenberg, E. N. and Traugott, M. W. (1987) Mass media effects in recognizing and rating candidates in U. S. Senate elections, in J. Vermeer (ed.) *Campaigns in the News : Mass Media and Congressional Elections*. New York : Greenwood Press.

Goldman, E. (1948) Poll on the polls. *Public Opinion Quarterly*, 8 : 461-7.

Gorna, B. (2003) *In Their Own Words*. London : Social Policy Institute.

Gould, P. (1998) Why Labour won, in I. Crewe, Gosschalk and J. Bartle (eds) *Political Communications : Why Labour Won the General Election of 1997*. London : Frank Cass.

Goyder, J. (1986) Surveys on surveys : limitations and potentialities, *Public Opinion Quarterly*, 50 : 27-41.

Gray, A. (1987) Behind closed doors : video-recorders in the home, in H. Baer and G.

Dyer (eds) *Boxed In : Women and Television*. London : Pandora.
Gray, H. (1995) *Watching Race : Television and the Struggle for 'Blackness'*. Minneapolis : University of Minnesota Press.
Graybill, D., Kirsch, J. and Esselman, E. (1985) Effects of playing violence versus non-violent video games on the aggressive ideation of aggressive and nonaggressive children, *Child Study Journal,* 15 : 199–205.
Green, E. and Adam, A. (eds) (2001) *Virtual Gender : Technology,* Consumption and Identity. London, New York : Routledge.
Green, S., Jenkins, C. and Jenkins, H. (1998) Normal female interest in men bonking : selections from The Terra Nostra Underground and Strange Bedfellows, in C. Harris and A. Alexander (eds) *Theorizing Fandom : Fans, Subculture and Identity*. Cresskill, NJ : Hampton Press.
Greenberg, B. S. (1974) Gratifications of television viewing and their correlates for British children, in J. G. Blumler and E. Katz (eds) *The Uses of Mass Communications : Current Perspectives on Gratifications Research*. Beverley Hills and London : Sage Publications.
Greil, A. L. and Robbins, T. (1994) *Between Sacred and Secular : Research and Theory on Quasi-Religion, Religion and the Social Order*. Greenwich, Conn. : JAI Press.
Griffiths, M. (1999). Violent video games and aggression : a review of the literature, *Aggression & Violent Behavior,* 3 : 203–12.
Griggs, R. (1991) Peaks freaks seek to keep weak show, *Mediaweek,* 29 April.
Gronroos, C. (1994) Quo vadis marketing? Towards a relationship marketing paradigm, *Journal of Marketing Management,* 10 : 347–60.
Grossberg, L. (1992) Is there a fan in the house? : The affective sensibility of fandom, in L. Lewis (ed.) *The Adoring Audience : Fan Culture and Popular Media*. London : Routledge.
Gunter, B. (1985) *Dimensions of Television Violence*. New York : St Martin's Press.
Gunter, B. (1987) *Television and the Fear of Crime*. London : John Libbey.
Gunter, B. (1994) The question of media violence, in J. Bryant and D. Zillmann (eds) *Media Effects : Advances in Theory and Research*. Hillsdale, NJ : Lawence Erlbaum Associations.
Gunter, B. (2002) *Media Sex : What are the Issues?* London : Lawrence Erlbaum.
Gunter, B. (2003) *Violence on Television : Distribution, Form, Context and Themes*. London : Lawrence Erlbaum.
Habermas, J. (1989) *The Structural Transformation of the Public Sphere : An Inquiry into a Category of Bourgeois Society* (trans. T. Burger with F. Lawrence), Cambridge, Mass : The MIT Press. 〔J. ハーバーマス『公共性の構造転換——市民社会の一カテゴリーについての探究』(2版) 細谷貞雄・山田正行訳、未來社、1994〕
Hagell, A. and Newburn, T. (1994) *Young Offenders and the Media : Viewing Habits and Preferences*. London : Policy Studies Institute.

Hall, S. (1980) Coding/Encoding, in S. Hall, D. Hobson, A. Lowe and P. Willis (eds) *Culture, Media, Language*. London : Hutchinson.

Hall, S. (1988) New ethnicities, in K. Mercer (ed.) *Black Film : British Cinema*. ICA document No.7. London : British Film Institute.

Hall, S. (1992) What is this 'black' in black popular culture?, in M. Wallace with G. Dent (eds) *Black Popular Culture*. Seattle : Bay Press.

Hallin, D. (1994) *We Keep America on Top of the World*. London and New York : Routledge.

Halloran, J. D., Elliott, P. and Murdock, G. (1970) *Demonstrations and Communication : A Case Study*. Harmondsworth : Penguin Books.

Harcourt. W. (1999) *Women@Internet*. London and New York : Zed Books.

Harrington, C. L. and Bielby, D. D. (1995) *Soap Fans : Pursuing Pleasure and Making Meaning in Everyday Life*. Philadelphia : Temple University Press.

Harris, C. (1998a) Introduction, in C. Harris and A. Alexander (eds) *Theorizing Fandom : Fans, Subculture and Identity*. Cresskill, NJ : Hampton Press.

Harrison, M. (1992) Politics on the air, in D. Butler and A. King (eds) *The British General Election of 1992*. London : Macmillan.

Hart, R. (1987) *The Sound of Leadership : Presidential Communication in the Modern Age*. Chicago : University of Chicago Press.

Hartley, J. (1987) Invisible fictions : television audiences, pedocracy and pleasure. *Textual Practice*, 1/2 : 121-38.

Hartman, P. and Husband, C. (1974) *Racism and the Mass Media*. London : Davis Poynter.

Haskell, M. (1987) *From Reverence to Rape : The Treatment of Women in the Movies*. Chicago : University of Chicago Press.

Head, S. W. (1954) Content analysis of television drama programs, *Quarterly of Film, Radio and Television*, 9 : 175-94.

Hebdige, D. (1979) *Subculture : The Meaning of Style*. London and New York : Methuen. 〔D. ヘブディジ『サブカルチャー――スタイルの意味するもの』山口淑子訳、未來社、1986〕

Heggs, D. (1999) Cyberpsychology and Cyborgs in A. Gordo-Lopez, and I. Parker, *Cyberpsychology*. Houndsmills and London : Macmillan Press.

Heller, C. (1978) *Broadcasting and Accountability*. Monograph #7. London : British Film Institute.

Herbst, S. (1993) *Numbered Voices : How Opinion Polling Has Shaped American Politics*. Chicago : University of Chicago Press.

Herbst, S. and Beniger, J. R. (1995) The changing infrastructure of public opinion, in J. Ettema and D. C. Whitney (eds) *Audiencemaking : How the Media Create the Audience*. Thousand Oaks, London and New Delhi : Sage.

Herzog, H. (1944) What do we really know about daytime serial listeners?, in P. F. Lazarsfeld and EM. Stanton (eds) *Radio Research : 1942-1943*. New York : Duell, Sloan and Pearce.

Hickman, H. (1991) Public polls and election participants, in P. J. Lavrakas and J. K. Holley (eds) *Polling and Presidential Election Coverage*. Newbury Park, Calif. : Sage.

Hill, A. (2001) 'Looks like it hurts' : women's responses to shocking entertainment, in M. Barker and J. Petley (eds) *Ill Effects : The Media/Violence Debate*, 2nd edn. London and New York : Routledge.

Hills, M. (2002) *Fan Cultures*. New York and London : Routledge.

Hinerman, S. (1992) 'I'll be here with you' : fans, fantasy and the figure of Elvis, in L. Lewis (ed.) *The Adoring Audience : Fan Culture and Popular Media*. London : Routledge.

Hitchon, J. C. and Chang, C. (1995) Effects of gender schematic processing on the reception of political commercial for men and women candidates, *Communication Research*, 22 (4) : 430–58.

Hobson, D. (1982) *Crossroads : The Drama of a Soap Opera*. London : Methuen.

Hobson, D. (1990) Women audiences and the workplace, in M. E. Brown (ed.) *Television and Women's Culture*. Newbury Park, CA : Sage.

Hochschild, J. L. (1993) Disjunction and ambivalence in citizens' political outlooks, in G. E. Marcus and R. L. Hanson (eds) *Reconsidering the Democratic Public*. University Park : Pennsylvania State University Press.

Hoffner, C., Plotkin, R. S., Buchanan, M., et al. (2001) The third-person effect in perceptions of the influence of television violence, *Journal of Communication*, 51(2) : 283–99.

Holmes, R. and Holmes, A. (1998) Sausages or policeman? The role of the Liberal Democrats in the 1997 general election campaign, in I. Crewe, Gosschalk and J. Bartle (eds) *Political Communications : Why Labour Won the General Election of 1997*. London : Frank Cass.

Honeywill, R. and Byth V. (2001) *I-Cons : The Essential Guide to Winning and Keeping High-value Customers*. Sydney : Random House Australia Limited.

Huffington, A. (1998) Margin of arrogance is huge for pollsters, *Chicago Sun-Times*, 14 October.

Husband, C. (2000) Media and the Public Sphere in Multi-Ethnic Societies, in S. Cottle (ed.) *Ethnic Minorities and the Media*. Buckingham and Philadelphia : Open University Press.

Illouz, E. (1999) That shadowy realm of the interior : Oprah Winfrey and Hamlet's glass, *International Journal of Cultural Studies*, 2(1) : 109–31.

Irwin, A. R. and Gross, A. M. (1995) Cognitive tempo, violent video games and aggressive behavior in young boys, *Journal of Family Violence*, 10 : 337–50.

Iyengar, S. (1987) Television news and citizens : explanations of national affairs. *American Political Science Review*, 81 : 815–31.

Jacobson, G. C. (1992) *The Politics of Congressional Elections*. San Diego : Harper Collins.

Jakubowicz, A. (2001) Australian dreamings : cultural diversity and audience desire in a multinational and polyethnic State, in K. Ross (ed.) (with Peter Playdon) *Black*

Marks : Minority Ethnic Audiences and Media. Aldershot, UK and Burlington, USA : Ashgate.

Jay, D. O. (2001) Three proposals for Open Publishing : towards a transparent. Collaborative editorial framework, *Copyleft* 2001, Dru Jay. *dojy@mta. ca.*

Jenkins, H. (1992a) *Textual Poachers : Television Fans and Participatory Culture.* New York and London : Routledge.

Jenkins, H. (1992b) 'Strangers no more, we sing' : filking and the social construction of the science fiction fan community, in L. Lewis (ed.) *The Adoring Audience : Fan Culture and Popular Media.* London : Routledge.

Jenkins, H. (1995) At other times, like females : gender and Star Trek fan fiction, in J. Tulloch and H. Jenkins (eds) *Science Fiction Audiences : Watching Doctor Who and Star Trek.* London and New York : Routledge.

Jenkins, H. (2002) Interactive Audiences, in D. Harries (ed.) *The New Media Book.* London : British Film Institute.

Jenson, J. (1992) Fandom as pathology : the consequences of characterization, in L. Lewis (ed.) *The Adoring Audience : Fan Culture and Popular Media.* London : Routledge.

Jindra, M. (1999) 'Star Trek to me is a way of life' : fan expressions of Star Trek philosophy, in J. E. Porter and D. L. McLaren (eds) *Star Trek and Sacred Ground : Explorations of Star Trek, Religion and American Culture.* New York : State University of New York Press.

Jo, E. and Berkowitz, L. (1994) A priming effect analysis of media influences : an update, in J. Bryant and D. Zillmann (eds) *Media Effects : Advances in Theory and Research.* Hillsdale, NJ : Erlbaum.

Jones, N. (1995) *Soundbites and Spin Doctors : How Politicians Manipulate the Media - and Vice Versa.* London : Indigo.

Juliussen, E. and Petska-Julioussen, K. (2001) *Computer Industry Almanac.* Glenbrook, NV : CIA Inc.

Just, M. R., Crigler, A. N., Alger, D. E., et al. (1996) *Crosstalk : Citizens, Candidates and the Media in a Presidential Campaign.* Chicago : University of Chicago.

Just, M., Crigler, A. and Buhr, T. (1999) Voice, substance and cynicism in presidential campaign media. *Political Communication,* 16(1) : 25-44.

Kahn, K. F. and Goldenberg, E. N. (1991) Women candidates in the news : an examination of gender differences in U. S. Senate campaign coverage, *Public Opinion Quarterly,* 55 : 180-99.

Kaplan, A. (1983) *Woman and Film.* New York : Methuen. 〔A. カプラン『フェミニスト映画——性幻想と映像表現』水田宗子訳、田畑書店、1985〕

Katz, E. and Lazarsfeld, P. (1965／1955) *Personal Influence : The Part Played by People in the Flow of Mass Communications.* New York : The Free Press. 〔E. カッツ、P. F. ラザースフェルド『パーソナル・インフルエンス——オピニオン・リーダーと人びとの意思決定』竹内郁郎訳、培風館、1965〕

Katz, J. E. and Rice, R. E. (2002) *Social Consequences of Internet Use : Access, Involvement and Interaction.* Cambs, MA. : MIT Press.

Kaufmann, K. M. and Petrocik, J. R. (1999) The changing politics of American men : understanding the sources of the gender gap, *American Journal of Political Science,* 43(3) : 864–87.

Keane, J. (1991) *The Media and Democracy.* Oxford : Polity Press.

Kellerman, J. (2000) Phases in the rise of the information society, *Info,* 2(6) : 537–41.

Kennamar, J. D. (1987) How media use during campaigns affects the intent to vote, *Journalism Quarterly,* 64 : 291–300.

Kern, M. and Just, M. (1997) A gender gap among viewers? in P. Norris (ed) *Women, Media and Politics.* Oxford : Oxford University Press.

Kiousis, S. (2000) Boomerang agenda-setting : Presidential media coverage and public confidence in the press. Paper presented at the annual conference of the *International Communication Association,* Acapulco, June.

Klotz, R. (1998) Virtual criticism : negative advertising on the internet in the 1996 senate race, *Political Communication,* 15(3) : 347–65.

Koukounas, E. and McCabe, M. P. (2001) Emotional responses to filmed violence and the eye blink startle response : a preliminary investigation, *Journal of Interpersonal Violence,* 16(5) : 476–88.

Krämer, P. (1998) Women first : Titanic (1997), action-adventure films and Hollywood's female audience, *Historical Journal of Film, Radio and Television,* 18(4) : 599–618.

Krcmar, M. and Greene, K. (1999) Predicting exposure to and uses of television violence, *Journal of Communication,* 49(3) : 24–45.

Krcmar, M. and Cooke, M. C. (2001) Children's moral reasoning and their perceptions of television violence, *Journal of Communication,* 51(2) : 300–16.

Kuhn, A. (1984) Women's genres, *Screen,* 25(1) : 18–29.

Kunkel, D., Maynard Farinola, W. J., Farrar, K., et al. (2002) Deciphering the V-chip : an examination of the television industry's program rating judgements, *Journal of Communication,* 52(1) : 112–38.

Lalli, T. (1992) Same sexism, different generation, in W. Irwin and G. B. Love (eds) *The Best of the Best of Trek II.* New York : Roc.

Lang, G. and Lang, K. (1981) Mass communication and public opinion : strategies for research, in M. Rosenberg and R. H. Turner (eds) *Social Psychology, Sociological Perspectives.* New York : Basic Books.

Lang, G. E. and Lang, K. (1983) *The Battle for Public Opinion : the President, the Press and the Polls During Watergate.* New York : Columbia University Press.

Lasora, D. L. (1997) Media agenda setting and press performance : a social system approach for building theory, in M. McCombs, D. L. Shaw and D. Weaver (eds) *Communication and Democracy : Exploring the Intellectual Frontiers in Agenda-setting Theory.* Mahwah, New Jersey : Lawrence Erlbaum.

Lasswell, H. D. (1927) *Propaganda Technique in the World War.* New York : Knopf.〔H. ラスウエル『宣傳技術と歐洲大戰』小松孝彰訳、高山書院、1940〕

Lau, R. R., Sigelman, L., Heldman, C. and Babbitt, P. (1997) The effects of negative political advertisments : a meta-analytic assessment. Paper presented to the annual conference of the *American Political Science Association,* Washington, August.

Lavrakas, P. J. and Traugott, M. W. (eds) (2000) *Election Polls, the News Media, and Democracy.* New York and London : Chatham House Publishers.

Lazarsfeld, P. F., Berelson, B. and Gaudet, H. (1948) The people's choice (2nd ed.). New York : Columbia University Press.〔P. F. ラザースフェルド、B. ベレルソン、H. ゴーデット『ピープルズ・チョイス――アメリカ人と大統領選挙』有吉広介監訳、時野谷浩ほか訳、芦書房、1987.〕

Lazarsfeld, P. F. and Kendall, P. L. (1948) *Radio Listening in America.* New York : Prentice-Hall.

Lemert, J. B., Elliott, W. R., Rosenberg, W. L. and Bernstein, J. M. (1996) *The Politics of Disenchantment : Bush, Clinton, Perot and the Press.* Cresskill, NJ : Hampton Press.

Leppert, R. (1995) *The Sight of Sound : Music, Representation and the History of the Body.* Berkeley, Los Angeles, London : University of California Press.

Levi-Strauss, C. (1978) *Myth and Meaning.* London : Routledge and Kegan Paul.〔C. レヴィ＝ストロース『神話と意味』大橋保夫訳、みすず書房、1996〕

Levine, L. W. (1988) *Highbrow / Lowbrow : The Emergence of Cultural Hierarchy in America.* Boston : Harvard University Press.

Levy, P. (1997) *Collective Intelligence : Mankind's Emerging World in Cyberspace* (trans. R. Bononno). Cambridge, MA. : Perseus Books.

Lewis, J. (2001) *Constructing Public Opinion.* Columbia : Columbia University Press.

Lewis, L. (ed.) (1992) *The Adoring Audience : Fan Culture and Popular Media.* London : Routledge.

Lichter, R. S, Lichter, L. S. and Rothman, S. (1994) *Prime Time : How TV Portrays American Culture.* Washington, DC : Regency.

Lichter, R. S. and Noyes, R. E. (1996) *Good Intentions Make Bad News : Why Americans Hate Campaign Journalism.* Lanham, MD : Rowman and Littlefield.

Liebes, T. and Peri, Y. (1998) Electronic journalism in segmented societies : lessons from the 1996 Israeli elections, *Political Communication,* 15 (1) : 27-43.

Lindlof, T. R. (ed.) (1987) *Natural Audiences : Qualitative Research Of Media Uses And Effects,* Norwood N. J. : Ablex Publishing.

Lindstrom, M. and Seybold, P. (2003) *Brandchild.* London and Sterling, VA : Kogan Page.

Lippman, W. (1922) *Public Opinion.* New York : Harcourt Brace.〔W. リップマン『世論』掛川トミ子訳、岩波書店、1987〕

Livingstone, S. and Lunt, P. (1994) *Talk on Television : Audience Participation and Public Debate.* London and New York : Routledge.

Lovell, T. (1981) Ideology and 'Coronation Street', in R. Dyer, C. Geraghty, M. Jordan, et al. (eds) *Coronation Street.* London : British Film Institute.

Lovenduski, J. (2001) Women and politics, *Parliamentary Affairs,* 54 (4) : 743-58.

Luhmann, N. (2000) *The Reality of the Mass Media.* (trans. K. Cross). Cambridge, UK : Polity Press. 〔N. ルーマン『マスメディアのリアリティ』林香里訳、木鐸社、2005.※邦訳はドイツ語オリジナル版(1996)の翻訳〕

Lull, J. (1990) *Inside Family Viewing.* London : Routledge.

Luskin, R. C. (1987) Measuring Political Sophistication, *American Journal of Political Science,* 31 : 856-99.

Lynd, R. S. and Lynd, H. M. (1929) *Middletown : A Study in American Culture.* New York : Harcourt, Brace and Co. 〔R. S. リンド、H. M. リンド『ミドゥルタウン』中村八朗訳、青木書店、1990〕

MacDonald, A. (1998) Uncertain Utopia : science fiction media fandom and computer mediated communication, in C. Harris and A. Alexander (eds) *Theorizing Fandom : Fans, Subculture and Identity.* Cresskill, NJ : Hampton Press.

Malinowski, B. (1954) Myth in Primitive Life, in *Magic, Science and Religion and Other Essays.* New York : Anchor Books. 〔B. マリノフスキー『呪術・科学・宗教・神話』宮武公夫・高橋巌根訳、人文書院、1997〕

Manguel, A. (1997) *A History of Reading.* Hammersmith, London : Flamingo.

Marcus, G. E. (1988) Democratic theories and the study of public opinion, *Polity,* 21 : 25-44.

Markham, A. (1999) *Life Online : Researching Real Experience in Virtual Space.* Lanham, Walnut Creek and Oxford : Alta Mira Press.

Marsalek, K. (1992) Star Trek : humanism of the future, *Free Inquiry,* 12 (4) : 53-6.

Mason, A. and Meyers, M. (2001) Living with Martha Stewart media : chosen domesticity in the experience of fans, *Journal of Communication,* 51 (4) : 801-23.

Mattelart, A. (2000) *Networking the World 1794-2000* (trans. L. Carey-Libbrecht and J. A. Cohen). Minneapolis and London : University of Minnesota Press.

McBain, M. A. (2002) *Internet Pornography : Awareness and Prevention.* Lincoln, NE : Writers Club Press.

McGuire, W. J. (1986) The myth of massive media impact : savagings and salvagings, in G. Comstock (ed.) *Public Communication and Behavior,* Vol. 1. Orlando : Academic Press.

McIlwraith, R., Smith Jacobvitz, E., Kuby, R. and Alexander, A. (1991) Television Addiction, *American Behavioral Scientist,* 35 : 104-21.

McLeod, D. M., Detenber, B. H. and Eveland, Jr., W. P. (2001) Behind the third-person effect : differentiating perceptual processes for self and other, *Journal of Communication,* 51 (4) : 678-95.

McQuail, D. (1994) *Mass Communication Theory : An Introduction,* 3rd edn. London, Thousand Oaks, New Delhi : Sage. 〔D. マクウェール『マス・コミュニケーションの理論』竹内郁郎ほか訳、新曜社、1985. ※邦訳は1983年の初版本だが、本書での引

用は第三版からなされている〕
McQuail, D. (1997) *Audience Analysis*. Thousand Oaks, London, New Delhi : Sage.
Meadows, M. (2002) Tell me what you want and I'll give you what you need : Perspectives on Indigenous media audience research, in M. Balnaves, T. O'Regan and J. Sternberg (eds) *Mobilising the Audience*. St Lucia, Brisbane : University of Queensland Press.
Meehan, E. (1984) Ratings and the institutional approach : a third answer to the commodity question, *Critical Studies in Mass Communication*, 1 : 216-25.
Meehan, E. (1991) Why we don't count : the commodity audience, in P. Mellencamp (ed.) *Logics of Television : Essays in Cultural Criticism*. Bloomington and Indianapolis : Indiana University Press ; and London : BFI Publishing.
Meehan, E. (1993) Heads of household and ladies of the house : gender, genre and broadcast ratings, 1929-1990, in W. S. Solomon and R. W. McChesney (eds) *Ruthless Criticism : New Perspectives in U. S. Communication History*. Minneapolis and London : University of Minnesota Press.
Merkle, D. M. and Edelman, M. (2000) A review of the 1996 voter news service exit polls from a total survey error perspective, in P. J. Lavrakas and M. W. Traugott (eds) *Election Polls, the News Media, and Democracy*. New York and London : Chatham House Publishers.
Merritt, W. D. (1995) *Public Life and the Press : Why Telling the News is Not Enough*. Hillsdale, NJ : Lawrence Erlbaum Associates.
Merton, R. K. (1967) *On Theoretical Sociology : Five Essays, Old and New*. New York : The Free Press ; and London : Collier-Macmillan.
Merton, Robert K. (1968) *Social Theory and Social Structure*. New York : The Free Press ; and London : Collier Macmillan. 〔R. K. マートン『社会理論と社会構造』森東吾ほか訳、みすず書房、1961〕
Meyer, P. (1989) Precision journalism and the 1988 elections, *International Journal of Public Opinion Research*, 1(3) : 195-205.
Meyers, M. (1994) News of battering, *Journal of Communication*, 44(2) : 47-63.
Miller, D. (2000) *Citizenship and National Identity*. Cambridge, UK : Polity Press.
Miller, E. D. (1994) *The Charlotte Project : Helping Citizens Take Back Democracy*. St Petersburg : Poynter Institute for Media Studies.
Miller, W. L. (1991) *Media and Voters : The Audience, Content and Influence of Press and Television*. Oxford : Clarendon Press.
Miller, M., Singletary, M. W. and Chen, S.-L. (1988) The Roper question and television vs. newspapers as sources of news, *Journalism Quarterly*, 65 : 12-19.
Mitra, A. and Cohen, E. (1999) Analyzing the web : directions and challenges, in S. Jones (ed.) *Doing Internet Research : Critical Issues and Methods for Examining the Net*. Thousand Oaks, CA : Sage.
Modleski, T. (1984) *Loving With a Vengeance : Mass-Produced Fantasies for Women*. London : Methuen.

Moores, S. (1993) *Interpreting Audiences : The Ethnography of Media Consumption.* London : Sage.

Moran, M. (2002) Womenspeak : online domestic violence consultation project, *Towards Equality,* 12-13 March.

Morin, R. (1996) Tuned out, turned off, *The Washington Post National Weekly Edition,* 5-11 February : 6-8.

Morley, D. (1980) *The 'Nationwide' Audience : Structure and Decoding.* London : British Film Institute.

Morley, D. (1986) *Family Television : Cultural Power and Domestic Leisure.* London : Comedia.

Morrison, D. E. (1998) *The Search for a Method : Focus Groups and the Development of Mass Communication Research.* University of Luton : University of Luton Press.

Morrison, D. E. (1999) *Defining Violence : The Search for Understanding.* Luton : University of Luton Press.

Mouffe, C. (1992) Feminism and radical politics, in J. Butler and J. W. Scott (eds) *Feminists Theorize the Political.* New York and London, Routledge.

Moyser, G. and Wagstaffe, M. (1987) Studying elites : theoretical and methodological issues, in G. Moyser and M. Wagstaffe (eds) *Research Methods for Elite Studies.* London : Allen and Unwin.

Mughan, T. (1996) Television can matter : bias in the 1992 general election, in D. M. Farrell et al. (eds) *British Elections and Parties Yearbook 1996.* London : Frank Cass.

Mulvey, L. (1975) Visual pleasure and narrative cinema, *Screen,* 16(3) : 6-18.

Myers, M. (1997) *News Coverage of Violence Against Women : Engendering Blame.* Thousand Oaks, London, New Delhi : Sage.

Naficy, H. (1993) *The Making of Exile Cultures : Iranian Television in Los Angeles.* Minneapolis and London : University of Minnesota Press.

National Telecommunications and Information Administration (NTIA) (1999) *Falling Through the Net : Defining the Digital Divide,* www. ntia. doc. gov/ntiahome/ digitaldivide/ (accessed 11 November 2002).

Negrine, R. (1996) *The Communication of Politics.* London : Sage.

Neijens, P. (1987) *The Choice Questionnaire.* New York : The Free University Press.

Neuman, W. R. (1991) *The Future of the Mass Audience.* Cambridge, UK : Cambridge University Press.〔W. R. ニューマン『マス・オーディエンスの未来像――情報革命と大衆心理の相剋』三上俊治・川端美樹・斉藤慎一訳、学文社、2002〕

Neuman, W. R., Just, M. R. and Crigler, A. N. (1992) *Common Knowledge : News and the Construction of Political Meaning.* Chicago : University of Chicago Press.

Nightingale, V. (1993) Industry measurement of audiences, in S. Cunningham and G. Turner (eds) *The Media in Australia : Industries, Texts, Audiences.* St Leonards, NSW : Allen and Unwin.

Nightingale, V. (1996) *Studying Audiences : The Shock of the Real.* London and New

York : Routledge.
Nightingale, V. (1999) Are Media Cyborgs? in A. Gordo-Lopez and I. Parker (eds) *Cyberpsychology*. Houndsmills and London : Macmillan Press.
Nightingale, V. (2003) The 'Cultural Revolution' in Audience Research, in A. Valdivia (ed.) *The Blackwell Media Studies Companion*. Maiden and Oxford : Blackwell.
Nightingale, V. and Ross, K. (2003) *Critical Readings : Media and Audiences*. Maidenhead : Open University Press/McGraw Hill.
Nightingale, V., Griff, C. and Dickenson, D. (2000) *Children's Views on Media Harm*, monograph #10. Sydney : Australian Broadcasting Authority and University of Western Sydney.
Norris, P. (2001a) Apathetic landslide : the 2001 British General Election, *Parliamentary Affairs*, 54(4) : 565-89.
Norris, P. (2001b) *Digitial Divide, Civic Engagement, Information Poverty and the Internet Worldwide*. Cambridge, UK : Cambridge University Press.
Norris, P. (ed.) (1997) *Women, Media and Politics*. Oxford : Oxford University Press.
Norris, P., Curtice, J., Sanders, D., Scammell, M. and Semetko, H. A. (1999) *On Message : Communicating the Campaign*. London, Thousand Oaks and New Delhi : Sage.
O'Regan, T. (2002) Arts Audiences : Becoming Audience-minded, in M. Balnaves, T. O'Regan and J. Sternberg (eds) *Mobilising the Audience*. St Lucia, Brisbane : University of Queensland Press.
Owen, D. (1997) Talk radio and evaluations of President Clinton, *Political Communication*, 14 : 333-53.
Paik, H. and Comstock, G. (1994) The effects of television violence in antisocial behavior, *Communication Research*, 21 : 516-46.
Patterson, T. E. (1994) *Out of Order*. New York : Knopf.
Pearson, G. (1983) *Hooligan : A History of Respectable Fears*. Basingstoke and London : Macmillan.
Peled, T. and Katz, E. (1974) Media functions in Wartime : the Israeli home front in October 1973, in J. Blumler and E. Katz (eds) *The Uses of Mass Communications : Current Perspectives on Gratifications Research*. London and Beverly Hills, Sage.
Penley, C. (1991) Brownian motion : women, tactics and technology, in C. Penley and A. Ross (eds) *Technoculture*. Minneapolis : University of Minnesota Press.
Perloff, R. M. (1998) *Political Communication : Politics Press and Public in America*. New Jersey : Lawrence Erlbaum Associates.
Perse, E. (2001) *Media Effects and Society*. Mahwah, N. J. : Lawrence Erlbaum Associates.
Pfau, M., Parrott, R. and Lindquist, B. (1992) An expectancy theory explanation of the effectiveness of political attack television spots : a case study, *Journal of Applied Communication Research*, 20 : 263-73.
Pinkleton, B. E. and Austin, E. W. (2000) Exploring relationships among media use frequency, media importance, political disaffection and political efficacy. Paper presented at the

annual conference of the *International Communication Association*, Acapulco, June.
Pinkleton, B. E., Austin, E. W. and Fortman, K. J. (1998) Relationships of media use and political disaffection to political efficacy and voting behaviour, *Journal of Broadcasting & Electronic Media*, 42 (1) : 34-49.
Plantinga, C. and Smith, G. M. (eds.) (1999) *Passionate Views : Film, Cognition, and Emotion*. Baltimore and London : The Johns Hopkins University Press.
Platell, A. (2001) *The Secret Diary of Amanda Platell* (dir : Amanda Platell, Carlton TV, UK).
Popkin, S. L. (1991) *The Reasoning Voter : Communication and Persuasion in Presidential Campaigns*. Chicago : University of Chicago Press.
Porter, J. E. (1999) To boldly go : *Star Trek* convention attendance as pilgrimage, in J. E. Porter and D. L. McLaren (eds) *Star Trek and Sacred Ground : Explorations of Star Trek*, Religion and American Culture. New York : State University of New York Press.
Prentice, E-A. (2003) *War, Lies and Videotape*. Centre for Communication, Culture and Media Studies, monograph #3. Coventry : Coventry University.
Pribham, E. D. (1988) *Female Spectators : Looking at Film and Television*. London and New York : Verso.
Price, V. (1992) *Public Opinion*. Newbury Park, CA : Sage.
Price, V. (2000) Deliberative polling in the 1996 elections, in P. Lavrakas and M. W. Traugott (eds) *Election Polls, the News Media, and Democracy*. New York and London : Chatham House Publishers.
Pullen, K. (2000) I-Love-Xena. com : creating online fan communities, in D. Gauntlett (ed.) *Web. Studies : Rewiring Media Studies for the Digital Age*. London : Arnold.
Puwar, N. (1997) Reflections on Interviewing Women MPs, *Sociological Research Online*, 2 (1). http://www.socresonline.org.uk/socresonline/2/1/4. html (accessed 14 November 2001).
Rheingold, H. (1993) *Virtual Communities*. Reading, MA : Addison-Wesley. 〔H. ラインゴールド『バーチャルコミュニティ——コンピューター・ネットワークが創る新しい社会』会津泉訳、三田出版会、1995〕
Robinson, J. P. and Davis, D. K. (1990) Television news and the informed public : an information processing approach, *Journal of Communication*, 40 (3) : 106-19.
Roper, B. (1986) Evaluating polls with poll data, *Public Opinion Quarterly*, 50 : 10-16.
Roscoe, J. (2001) Big Brother Australia : performing the 'real' twenty-four-seven, *International Journal of Cultural Studies*, 4 (4) : 473-88.
Roscoe, T. (1999) The construction of the world wide web audience, *Media, Culture and Society*, 21 (5) : 673-84.
Rosen, J. (1996) *Getting the Connections Right : Public Journalism and the Troubles of the Press*. New York : Twentieth Century Fund.
Ross, K. (1996) *Black and White Media : Black Images in Popular Film and Television*.

Cambridge, UK : Polity Press
Ross, K. (2001) All ears : radio ; reception and discourses of disability, *Media, Culture and Society,* 23(4) : 423–36.
Ross, K. (2002) *Women, Politics, Media : Uneasy Relations in Comparative Perspective.* Cresskill, N. J. : Hampton Press.
Rubin, A. W. (1985) The uses of daytime television serials by college students : an examination of viewing motives, *Journal of Broadcasting and Electronic Media,* 29 : 241–58.
Salmon, C. T. and Glasser, T. L. (1998) The politics of polling and the limits of consent, in C. T. Salmon and T. L. Glasser (eds) *Public Opinion and the Communication of Consent.* New York : Guilford Press.
Sancho–Aldridge, J. (1997) *Election '97.* London : Independent Television Commission.
Sanda, J. and Hall, Jr., M. (1994) *Alpha Quadrant Membership Manual.* Madison, Wisc. : Sanda and Hall.
Sanders, D. and Norris, P. (1997) Does negative news matter? The effect of television news on party images in the 1997 British general election. Paper presented to the *Political Studies Association* specialist conference on Elections, Public Opinion and Parties, Essex, September.
Saunders, K. W. (1996) *Violence as Obscenity : Limiting the Media's First Amendment Protection.* Durham : University of North Carolina Press.
Scammell, M. (1990) Political Advertising and the Broadcasting Bill, *Political Quarterly,* 61(2) : 200–13.
Scammell, M. (1998) The wisdom of the war room : US campaigning and Americanization, *Media, Culture and Society,* 20(2) : 251–75.
Scammell, M. and Semetko, H. A. (1995) Political Advertising on Television, in L. L. Kaid and C. Holtz–Bacha (eds) *Political Advertising in Western Democracies.* Thousand Oaks, London, New Delhi : Sage.
Scheff, T. J. and Scheele, S. C. (1980) Humor and catharsis : the effect of comedy on audiences, in P. H. Tannenbaum (ed.) *The Entertainment Functions of Television.* Hillsdale, N. J. : Lawrence Erlbaum Associations.
Schickel, R. (1985) *Intimate Strangers : The Culture of Celebrity.* Garden City, New York : Doubleday.
Schindehette, S. (1990) Vanna White and Teri Garr ask the courts to protect them from fans who have gone too far, *People Weekly,* 14, 16 July.
Schlesinger, P. (1991) *Media, State and Nation : Political Violence and Collective Identities.* London, New York and Delhi : Sage.
Schlesinger, P., Dobash, R. E., Dobash, R. P. and Weaver, C. Kay (1992) *Women Viewing Violence.* London : British Film Institute.
Schutz, A. (1998) Audience perceptions of politicians' self–presentational behaviors concerning their own abilities, *Journal of Social Psychology,* 138(2) : 173–88.
Scodari, C. (1998) No politics here : age and gender in soap opera cyberfandom, *Women's*

Studies in Communication, 21(2) : 168–87.

Scott, D. (1995) The effect of video games on feelings of aggression, *Journal of Psychology,* 129 : 121–32.

Sherry, J. (2001) The effects of violent video games on aggression : a meta-analysis, *Human Communication Research,* 27(3) : 409–31.

Sigismondi, A. (2001) The format of success : why "Big Brother" succeeded in Europe but failed in the US, *Television Quarterly,* 32(1) : 30–4.

Silver, D. (2000) Looking backwards, looking forwards : cyberculture studies 1990–2000, in D. Gauntlett (ed.) *Web. Studies : Rewiring Media Studies for the Digital Age.* London : Arnold.

Sissors, J. Z. and Bumba, L. (1996) *Advertising Media Planning,* 5th edn. Lincolnwood : NTC Business Books.

Slaton, C. D. (1992) *Televote : Expanding Citizen Participation in the Quantum Age.* Westport, CT : Praeger.

Skinner, B. F. (1973) *Beyond Freedom and Dignity.* Harmondsworth : Penguin.〔B. F. スキナー『自由への挑戦——行動工学入門』波多野進・加藤秀俊訳、番町書房、1972〕

Smith, S. L. and Boyson, A. R. (2002) Violence in music videos : examining the prevalence and context of physical aggression, *Journal of Communication,* 52(1) : 61–83.

Smith, S. L., Nathanson, A. I. and Wilson, B. J. (2002) Prime-time television : assessing violence during the most popular viewing hours, *Journal of Communication,* 52(1) : 84–111.

Smulyan, S. (1994) *Selling Radio : The Commercialization of American Broadcasting 1920–1934.* Washington and London : Smithsonian Institution Press.

Smythe, D. (1954) Reality as presented by television, *Public Opinion Quarterly,* 18 : 13–21.

Smythe, D. (1981) *Dependency Road : Communications, Capitalism, Consciousness and Canada.* Norwood, N. J. : Ablex Publishing.

Soja, E. W. (2000) *Postmetropolis : Critical Studies of Cities and Regions.* Oxford and Maiden, MA. : Blackwells.

Soothill, K. and Walby, S. (1991) *Sex Crime in the News.* London : Routledge.

Sreberny, A. (2000) Media and diasporic consciousness : and exploration among Iranians in London, in S. Cottle (ed.) *Ethnic Minorities and the Media.* Buckingham and Philadelphia : Open University Press.

Stacey, J. (1994) *Star Gazing.* London and New York : Routledge.

Staiger, J. (2000) *Perverse Spectators : The Practices of Film Reception.* New York and London : New York University Press.

Stark, E., Flitcraft, A., Zuckerman, D., et al. (1981) *Wife Abuse in the Medical Setting : An Introduction for Health Professionals,* monograph #7. Washington DC : Office of Domestic Violence, Government Printing Office.

Stokes, M. (1999) Female Audiences of the 1920s and early 1930s, in M. Stokes and R.

Maltby (eds) *Identifying Hollywood's Audiences : Cultural Identity and the Movies*. London : BFI.

Stout, K. D. (1991) Women who kill : offenders or defenders?, *Affilia*, 6 (4) : 8-22.

Strate, J. M., Ford III, C. C. and Jankowski, T. B. (1994) Women's use of print media to follow politics, *Social Science Quarterly*, 75 (1) : 166-86.

Takeuchi, M., Clausen, T. and Scott, R. (1995) Televised violence : a Japanese, Spanish and American comparison, *Psychological Reports*, 77 : 995-1000.

Taylor, H. (1989) Scarlett's Women : *Gone with the Wind and its Female Fans*. London : Virago. 〔H. テイラー『わが青春のスカーレット――『風と共に去りぬ』と女たち』池田比佐子・前田啓子訳、朝日新聞社、1992〕

Taylor, M. and Quayle, E. (2003) *Child Pornography : An Internet Crime*. London and New York : Brunner-Routledge.

Thomas, L. (2002) *Fans, Feminisms and 'Quality' Media*. London and New York : Routledge.

Thompson, A. (1991) Studios stick to their guns over sex appeal of pics, *Variety*, 7 January.

Tompkins, J. P. (1980) *Reader-Response Criticism : From Formalism to Post-Structuralism*. Baltimore and London : Johns Hopkins University Press.

Traugott, M. and Kang, M-E. (2000) Public attention to polls in an election year, in P. J. Lavrakas and M. W. Traugott (eds) *Election Polls, the News Media, and Democracy*. New York and London : Chatham House Publishers.

Tulloch, J. and Alvarado, M. (1983) *Dr Who : The Unfolding Text*. London : Macmillan.

Tulloch, J. and Jenkins, H. (1995) *Science Fiction Audiences : Watching Doctor Who and Star Trek*. London and New York : Routledge.

Turkle, S. (1995) *Life on the Screen : Identity in the Age of the Internet*. New York : Simon and Schuster. 〔S. タークル『接続された心――インターネット時代のアイデンティティ』日暮雅通訳、早川書房、1998〕

Turner, V. (1977) Variations on a theme of liminality, in S. F. Moore and B. G. Beyerhof (eds) *Secular Ritual*. Amsterdam : Van Gorcum.

Turow, J. (1997) *Breaking Up America : Advertisers and the New Media World*. Chicago and London : University of Chicago Press.

UCLA Center for Communication Policy (1998) *1997 TV Violence Report*. Los Angeles : UCLA CCP.

Van Zoonen, L. (2001) Desire and resistance : Big Brother and the recognition of everyday life, *Media, Culture and Society*, 23 (5) : 669-78.

Vine, I. (1997) The dangerous psycho-logic of media 'effects', in M. Barker and J. Petley (eds) *Ill Effects : The Media / Violence Debate*. London and New York : Routledge.

Warner, W. L. and Henry, S. E. (1948) The radio day time serial : a symbolic analysis, *Genetic Psychology Monographs*, 37 : 71.

Warschauer, M. (2003) *Technology and Social Inclusion : Rethinking the Digital Divide*. Cambs, MA : MIT Press.

Weaver, D. G. and Wilhoit, C. G. (1997) The American Journalist in the 1990s, in S. Iyengar and R. Reeves (eds) *Do the Media Govern? Politicians, Voters and Reporters in America.* Thousand Oaks, London, Delhi : Sage.

Webster, J. and Lichty, W. (1991) *Ratings Analysis : Theory and Practice.* Hillsdale, Hove and London : Lawrence Erlbaum and Associates.

Webster, J. G., Phalen, P. F. and Lichty, L. W. (2000) *Ratings Analysis : The Theory and Practice of Audience Research,* 2nd edn. Mahwah, New Jersey and London : Lawrence Erlbaum and Associates.

Wertheimer, F. (1997) TV ad wars : how to cut advertising costs in political campaigns, *Press/Politics,* 2 (summer) : 93–101.

West, D. (1993) *Air Wars : Television Advertising in Election Campaigns 1952–1992.* Washington DC. Congressional Quarterly.

Wheeler, M. (1997) *Politics and the Mass Media.* Oxford : Blackwell.

Williams, P. M. (1980) Interviewing politicians : The life of Hugh Gaitskell, *Political Quarterly,* 51(3) : 303–16.

Williams, R. (1974) *Television : Technology and Cultural Form.* London : Fontana/Collins.

Wilson, B. J., Colvin, C. M. and Smith, S. L. (2002) Engaging in violence on American television : a comparison of child, teen and adult perpetrators, *Journal of Communication,* 52(1) : 36–60.

Wilson, B. J., Kunkel, D., Linz, D., et al. (1997) Television violence and its context : University of California, Santa Barbara study. *National Television Violence Study,* Vol.1. Newbury Park, CA : Sage.

Wilson, B. J., Kunkel, D., Potter, W. J., et al. (1998) Violence in television programming overall : University of California, Santa Barbara study. *National Television Violence Study,* Vol.2. Newbury Park, CA : Sage.

Wilson, T. (1993) *Watching Television : Hermeneutics, Reception and Popular Culture.* Cambridge : Polity Press.

Wilson, T. (2001) On playfully becoming the 'other' : watching Oprah Winfrey on Malaysian television, *International Journal of Cultural Studies,* 4(1) : 89–110.

Winter, J. (1993) Gender and the political interview in an Australian context, *Journal of Pragmatics,* 20 : 117–30.

Wood, W., Wong, F. Y. and Chachere, J. G. (1991) Effects of media violence on viewers' aggression in unconstrained social interaction, *Psychological Bulletin,* 109 : 371–83.

Yankelovich, D. (1991) *Coming to Public Judgment : Making Democracy Work in a Complex World.* Syracuse, NY : Syracuse University Press.

Zhao, X. and Chaffee, S. H. (1995) Campaign advertisements versus television news as sources of political issue information, *Public Opinion Quarterly,* 59 : 41–65.

Zillmann, D. (1988) Mood management : using entertainment to full advantage, in L. Donohew, H. E. Sypher and E. T. Higgins (eds) *Communication, Social Cognition and Affect.* Hillsdale, NJ : Erlbaum.

人名索引

■ ア 行

アーニソン Arnison, M. 190, 191
アーノルド Arnaldo, C.A. 173
アバークロンビー Abercrombie, N. 94
アパデュライ Appadurai, A. 82, 83
アング Ang, I. 151, 160, 161, 188
アンダーソン Anderson, B. 25 − 27
アーンハイム Arnheim, R. 158
ヴァイン Vine, I. 112, 114
ウイーバー Weaver, D.G. 128, 129
ウィリアムズ Williams, R. 1, 44 − 46, 50
ウイルホイット Wilhoit, C.G. 128, 129
ウェーバー Weber, M. 40
ウェブスター Webster, J. 53 − 56, 58 − 60, 66, 68, 72, 74, 75
ウースター Wurster, T.E. 77, 78
ウッド Wood, W. 84, 115, 165, 166
エヴァンス Evans, P. 77, 78
エリオット Elliott, P. 42, 47
オースティン Austin, E.W. 134
オ・レーガン O'Regan, T. 80

■ カ 行

カステル Castells, M. 52, 76, 83, 84
カッツ Katz, E. 33 − 38
ガーブナー Gerbner, G. 91, 96, 101
ガントレット Gauntlett, D. 114, 194
ギラン Gillian, C. 174
ギレスピー Gillespie, M. 84
クークナス Koukounas, E. 109
クック Cook, J. 74
クック Cook, T.E. 123
クック Cooke, M.C. 100, 115
クライン Cline, C. 153
クリストル Cristol, S.M. 79
グリッグス Griggs, R. 155

グリーン Greene, K. 107, 110
グリーンバーグ Greenberg, B.S. 38, 39
クルー Crewe I. 138
クルマー Krcmar, M. 100, 110, 115
グレイ Gray, A. 69
クレイリー Crary, J. 20 − 22
グレニール Grenier, G. 109
クレマー Krämer, P. 167
クローサー Crothers, C. 30
グロスバーグ Grossberg, L. 156
ケアリー Carey, J. 95
ケラーマン Kellerman, J. 44
コーエン Cohen, E. 196
コペック Kopec, F.J. 79
コムストック Comstock, G. 110
ゴールデンバーグ Goldenberg, E.N. 129
コールマン Coleman, S. 146, 147

■ サ 行

サンダース Sanders, D. 130, 131
ジェイ Jay, D.O. 193
シェフ Scheff, T.J. 110
ジェンキンス Jenkins, H. 169 − 172, 174, 185, 186, 188
ジェンソン Jenson, J. 152, 154
シーボルド Seybold, P. 53
シュレジンガー Schlesinger, P. 113
ジョーンズ Jones, N. 132
シール Scheele, S.C. 110
シルバー Silver, D. 194, 195
ジンドラ Jindra, M. 168
スキナー Skinner, B.F. 73
スコダリ Scodari, C. 178, 201
スタイガー Staiger, J. 204
ステイシー Stacey, J. 165
ストークス Stokes, M. 130, 165

273

スマイス　Smythe, D.　63, 95
スマリヤン　Smulyan, S.　28
スラトン　Slaton, C.D.　142
セルトー　de Certeau, M.　174

■ タ 行
タークル　Turkle, S.　194
ダック　Duck, J.M.　101
ターナー　Turner, V.　176
ダンレビー　Dunleavy, P.　122
ツロー　Tulloch, J.　169, 170
ツロウ　Turow, J.　66
デイビス　Davies, K.A.　109
デイビッドソン　Davidson, S.　151
テイラー　Taylor, H.　164
デュルケム　Durkheim, E.　31, 36, 40
デル　Dell, C.　157
トゥラウゴット　Traugott, M.W.　129, 136, 140
ドーナス　Donath, J.　197
ドナースタイン　Donnerstein, E.　99, 100
トーマス　Thomas, L.　118, 161
トムソン　Thompson, A.　166

■ ナ 行
ナイチンゲール　Nightingale, V.　17, 104
ナフィシー　Naficy, H.　81, 82
ニューバーン　Newburn, T.　111
ニューマン　Neuman, W.R.　63, 69 – 72
ノーイェス　Noyes, R.E.　121
ノリス　Norris, P.　130, 131

■ ハ 行
ハイナーマン　Hinerman, S.　157
バウザーマン　Bauserman, R.　109
バーカー　Barker, C.　119
バーカー　Barker, M.　87, 115, 155
ハーゲル　Hagell, A.　111
パース　Perse, E.　93, 94, 116
パーソンズ　Parsons, T.　40
パタソン　Patterson T.E.　132

バッキンガム　Buckingham, D.　158, 159
バトラー　Butler, D.　130
ハートレイ　Hartley, J.　63, 74
ハニーウィル　Honeywill, R.　76, 77
ハーバーマス　Habermas, J.　145
バーバン　Barban, A.M.　79
ハーブスト　Herbst, S.　139, 143
ハリス　Harris, C.　157, 170
ハリントン　Harrington, C.L.　160
パーロフ　Perloff, R.M.　118, 135
ハローラン　Halloran, J.D.　42, 47
バンクス　Banks, J.　186 – 188
バーンズ　Burns, T.　131
バーンハースト　Barnhurst, K.G.　128
ビス　Byth, V.　76, 77
ヒル　Hill, A.　109
ヒルズ　Hills, M.　180
ビルビー　Bielby, D.D.　160
ピンクルトン　Pinkleton, B.E.　127, 134
ファウルズ　Fowles, J.　107 – 111
ファームストーン　Firmstone, J.　112, 114
フィシャー　Fisher, J.　109
フィスク　Fiske, J.　154, 155, 168, 170
フェッシュバッハ　Feshbach, S.　106
ブーシュ　Butsch, R.　24, 27
ブラウン　Brown, M.E.　161, 162, 174
ブラッテル　Platell, A.　140
フラナガン　Flanagin, A.J.　201
フランクリン　Franklin, B.　120
ブランズドン　Brunsdon, C.　156
プランティンガ　Plantinga, C.　23
フリードマン　Freedman, J.L.　103
ブルックス　Brooks, K.　155
ブルデュー　Bourdieu, P.　170
ブルムラー　Blumler, J.　37
フレイザー　Fraser, N.　147
フレッチャー　Fletcher, F.J.　139
プレン　Pullen, K.　178, 179
プレンティス　Prentice, E-A.　89
ブロディー　Brody, S.　115
ブロートン　Broughton, D.　139

ベイム　Baym, N.K.　177, 184
ベヴィル　Beville, H.M.　55
ベーコン＝スミス　Bacon-Smith, C.　172, 174
ベッカー　Becker, T.　142
ヘッド　Head, S.W.　95, 107
ベニガー　Beniger, J.R.　143
ペリイ　Peri, Y.　127
ヘルツォーク　Herzog, H.　31, 158
ペレド　Peled, T.　38
ヘンリー　Henry, S.E.　158
ペンリー　Penley, C.　168
ボガート　Bogaert, A.F.　109
ポーター　Porter, J.E.　3, 175, 176
ポップキン　Popkin, S.L.　118
ホッフナー　Hoffner, C.　100
ホブソン　Hobson D.　92, 157 – 160, 171
ボボ　Bobo, J.　165
ホール　Hall, S.　47, 48, 99

■　マ　行

マイヤーズ　Myers, M.　98
マクウェル　McQuail, D.　90, 92, 93, 183
マクドナルド　MacDonald A.　51, 177
マーサレック　Marsalek K.　169
マッケイブ　McCabe, M.P.　109
マテラート　Mattelart, A.　29
マードック　Murdock, G.　42, 47, 120
マートン　Merton, R.K.　29 – 33, 35 – 37, 40, 41, 48
マリノフスキー　Malinowski, B.　7
マリン　Mullin, B.A.　101
マルヴィー　Mulvey, L.　164
マルカム　Markham, A.　186, 197 – 200

マンハイム　Mannheim, K.　40
ミトラ　Mitra, A.　196
ミーハン　Meehan, E.　53, 63, 66, 75, 85
ムッツ　Mutz, D.　128
メッツガー　Metzger, M.J.　201
メドウーズ　Meadows, M.　203
モーレイ　Morley, D.　48, 69, 92

■　ヤ・ラ・ワ　行

ヤンケロヴィッチ　Yankelovich, D.　121
ユーレンレイヒ　Ehrenreich, B.　153
ラヴラカス　Lavrakas, P.J.　136, 140
ラザーズフェルド　Lazarsfeld, P.　31, 33 – 36, 41
ラスウェル　Lasswell, H.D.　29, 89
ラング　Lang, G.E.　146
ラング　Lang, K.　146
ラント　Lunt, P.　145
リチー　Lichty, W.　58, 60
リップマン　Lippmann, W.　29, 119
リヒター　Lichter, R.S.　121
リビングストーン　Livingstone, S.　145
リーブス　Liebes, T.　127
リンドストロム　Lindstrom, M.　53
ルーマン　Luhmann, N.　188, 189
レヴィ　Levy, P.　79, 185, 186, 190, 193
レパート　Leppert, R.　23, 24
レマート　Lemert, J.B.　126
ロス　Ross, K.　146, 147, 150
ロスコー　Roscoe, T.　204
ロンガースト　Longhurst, B.　94
ワーナー　Warner, W.L.　158

275

事項索引

■ 欧 文

AGB（英国テレビ放送網視聴率調査機関） 57
B-2-B（business to business） 77
B-2-C（business to customer） 77
DIY（Do It Yourself） 185, 186
e-コマース 76-78
GRP（延べ視聴率） 58, 59
SPAM（スパム） 79
Vチップ 101, 103, 104

■ あ 行

アイデンティティ 13, 17, 43, 49, 52-54, 74, 82, 84, 94, 149, 156, 157, 171, 176, 184, 186, 187, 195, 199-201, 204
アクセス 2, 4-6, 35, 36, 64, 81, 101, 102, 118, 123, 143, 146, 190, 193, 195, 196, 199, 201, 203
アジェンダセッティング →議題設定
アノミー 31
イデオロギー 23, 40, 44, 89-91, 98, 120, 131, 185
インターネット 1, 4, 6, 11-14, 31, 45, 57, 71, 76, 77, 79, 85, 113, 135, 150, 177-179, 182-184, 186, 188-190, 193-204
インタビュー 48, 127, 142, 146, 165, 178, 194, 199, 200
インターフェイス 19, 23, 44
インタラクティブ・メディア 50, 51
「インディメディア」 190, 192
インフォテインメント（＝information + entertainment） 136, 145
受け手 12, 22, 30, 41, 111, 205 →送り手
映画理論 22, 23
影響者 35
エイジェンシー 67-69, 75, 82, 147, 157, 160, 165, 174 →行為体
エスニック・コミュニティ 49, 51
エスノグラフィー 2, 41, 49, 52, 69, 198, 199
エフトポス端末 76
エンコーディング 11, 46-49, 88, 92, 99, 162 →ディコーディング
送り手 11, 32, 111, 116 →受け手
オーディエンス
　オンライン・── 195
　──開発 79-81, 86
　──ターゲッティング 66
　──調査 48, 55-57, 61, 69, 75, 125, 191
　──の細分化 66, 67, 80, 115, 202
　──の能動性 18, 37
　──（の）編成 52, 204
　相互作用的な── 184
　創造的な── 180
　ニッチ・── 72, 150
　ファン── 156, 168, 170, 180, 184
　マス── 10, 25, 28, 35, 39, 41, 44, 46, 49, 63, 64, 69-72, 76, 77, 184, 190, 193
　メディア── 1, 2, 4, 6, 10, 17, 18, 29-31, 52, 54, 57, 184, 202
オピニオンリーダー 34, 35, 187
『オープラ・ウィンフリー・ショー』 182

■ か 行

階級 23, 25, 26, 31, 40, 41, 43, 49, 66, 71, 75, 82, 112, 150, 154, 155, 158, 159, 161, 176
解釈 5, 9, 20, 22, 23, 33, 41, 45, 47, 48, 88, 92, 94, 99, 103, 104, 108, 123, 125, 127, 128, 131, 132, 136, 139, 143, 145, 157, 161, 162, 164, 165, 167, 168, 170, 171, 173, 174, 179, 180, 199, 204
下位文化 5, 9, 10 →サブカルチャー
乖離構造 76, 82, 84

事項索引

カウンターヘゲモニー　82, 203
カタルシス（効果）　13, 38, 106, 107, 110, 111
壁にとまったハエ　2, 3
カメラ・オブスキュア　20-22
感情誘発イメージ　22
間テクスト性　196
関与　2-10, 12, 14, 16, 17, 19, 30, 31, 35, 37, 38, 40, 43, 44, 54, 62, 68-70, 74, 81-83, 89, 110, 117, 122, 131, 141, 142, 144-146, 161, 170, 177, 181, 186, 188, 193, 195, 201, 203, 204
議題設定（アジェンダセッティング）　42, 95, 117, 122, 123, 129
キャンペーン　13, 30, 34, 54, 90, 101, 104, 117, 121, 122, 124-127, 129-133, 135, 138-141, 144, 146-148, 202
共同作業　171, 185-188, 193, 202
グロス分析　58
競馬　121, 132, 134, 141
ゲゼルシャフト　31
ケータイ　1, 3, 51
言説的なプロセス　47
権力　6-9, 11, 26, 27, 47-49, 52, 70, 81, 84, 89, 95, 116, 117, 122, 145, 147, 161, 173
行為体　14, 67-69, 75, 82, 92, 93, 157, 174, 199　→エイジェンシー
公開出版　190-193
効果研究　12, 39, 87, 90, 102, 111, 115, 133
高級文化　13, 154, 155　→低級文化
公共圏　65, 145, 203
公共放送　60, 61
広告　11, 13, 16, 17, 20, 28-31, 36, 45, 47, 54-60, 63, 65-69, 71, 72, 74-81, 85, 95, 116, 117, 121, 124-127, 129-131, 133, 144, 166, 195
公衆　26, 190
　　印刷物を読む——　25
　　読書する——　25-28
構築　64, 70, 75, 77, 82, 83, 89, 92-95, 120, 124, 127, 143, 160, 163, 199, 204
行動主義　73, 81

国民国家の誕生　25
個人情報　79
コミュニティ　5-8, 13, 31, 38, 41, 43, 46, 49-52, 65, 73, 82, 84-86, 116, 150, 151, 156, 157, 159, 170, 171, 173, 174, 177, 179, 180, 197
コンテクスト　14, 15, 31, 34, 35, 38, 40, 44, 47, 52, 63, 64, 73, 74, 76-78, 80, 81, 85, 86, 88, 90, 94, 103-105, 112, 115, 121, 127, 128, 133, 143, 152, 162, 168, 170, 173, 176, 180, 182, 186, 188, 189, 192, 195, 200, 204, 205

■　さ　行

サイバー
　　——カルチャー　27, 185, 186, 194, 195, 202
　　——スペース　177, 186, 187, 199, 200
『サバイバー』　3, 156
サブカルチャー　40, 41, 49, 64, 156, 185
左翼的批評　39
産業化　16-18, 25, 27, 29, 33, 40, 44, 50, 51, 53, 203
サンプリング　56, 61, 62
シェア　56
シェアウェア　186
視聴率　2-4, 10-12, 53-59, 61-63, 65-75, 77, 85, 86
シティズンシップ　118
『ジーナ』　150, 167, 178, 179, 182, 184
シニシズム　117, 118, 134
市民陪審員制度　141, 142
ジャーナリズム実践　41, 193
ジャンル　2, 14, 90, 105, 111, 112, 145, 149, 155, 159, 160, 163-165, 167, 168, 170, 173, 182-184, 194
集合意識　150
出版資本主義　25-28
受動的（な受け手／存在／オーディエンス）　22, 39, 41, 93, 94, 149, 156, 161, 162, 171, 180, 182, 183, 189, 202　→能動的
商業放送　57, 60, 61, 65, 66
状況依存性　204

277

焦点面接法　32
消費
　　——志向階層　63, 66, 67, 71
　　——者　11, 44, 46, 51, 53, 66, 67, 76, 77, 79, 81, 85-88, 93, 99, 102, 114, 123, 128, 133, 148-150, 156, 158, 166, 171, 179, 180, 182, 183, 187, 188, 194, 199, 200, 204
身体-感覚性　44
信頼度　78, 135, 136
親和的な関係　31
水平（的）統合　185
『スター・トレック』　13, 150, 152, 155, 167-170, 172-176, 178, 184
スペクタクル　94
スレッド　193, 196
政治経済学　40, 48, 63, 91
セキュリティ　77, 78
積極的な関わり　161　→関与
接触　10, 11, 34-36, 38, 55-61, 64, 66-76, 85, 86, 91, 99, 103, 108, 109, 111, 115, 131, 134, 192
説得　28, 31, 32, 34, 90, 91, 94, 112, 113, 115, 124, 131, 133, 144, 180, 181
『セブンアップ』　2
宣伝　3, 4, 12, 13, 29, 65-67, 72, 88-90, 102, 121, 133, 178, 188
先有傾向　34, 36, 93, 105
占有率　58, 59
相互作用（性）　7, 14, 17, 19, 34, 40, 51, 77, 78, 88, 92, 104, 147, 149-194, 196, 201, 203, 204
　　社会的——　157, 158
　　——的なオーディエンス　184
　　——的なメディア　150, 203
想像の共同体　25, 26
双方向性　15
疎外　31, 50, 81, 157
ソープオペラ　124, 149, 150, 156-164, 171, 175, 177

■　た　行

帯域幅　77, 78

第三者効果　100, 104
大衆　5, 10, 11, 19, 25, 27, 31, 34, 35, 39, 42, 52, 73, 79, 89, 90, 97, 136, 155, 156, 159, 185
多義性　88, 168
他者　25, 30, 31, 33, 64, 67, 81, 82, 96, 101, 108, 116, 151, 155, 162, 176, 186, 204
脱構築　125, 149, 161, 164, 171
タブロイド　113, 121, 128, 131, 136
　　——的転換　120
単眼的　21, 22　→複眼的
知性の共同体　185
仲介変数　34-36, 41, 70
忠実度　57, 60
注目　7, 11, 14, 24, 27, 29, 34, 38, 41, 45, 52, 53, 68-71, 77, 85, 94, 99, 121, 134, 138, 155, 156, 158, 164, 167, 180, 188, 194
聴取率調査　28
ディアスポラ　5, 43, 84
低級文化　13, 154　→高級文化
抵抗的な喜び　163
ディコーディング　11, 46-49, 88, 92, 99, 162　→エンコーディング
テクスト　9, 19-21, 23, 41, 44-48, 50, 56, 64, 69, 88, 89, 92, 93, 108, 149, 150, 155-157, 159-165, 167-174, 179, 180, 185, 196-200, 202-204
出口調査　139
デジタル・ディバイド　201, 203
『デモンストレーションとコミュニケーション』　42
テレビCM　65, 78
テレボーティング　142
討議付き世論調査　142, 143
統計学的思考　73, 74
逃避　158
匿名性　79, 186
トランスナショナル　84

■　な　行

内容と反応分析　11, 31　→内容分析，反応分析
内容分析　32, 34, 36, 41　→反応分析

ニカラグア援助　118
二段の流れ　35
ニュースザック　120
ニュース生産過程　41
ニュース制作の過程　42
ニールセンリサーチ　57
『ネーションワイド』　48
ネット・ワーク（ネットでの活動，ネットワーキング）　186, 188, 193, 202
ネットワーク　29, 35, 36, 51, 52, 67, 76, 79, 84, 85, 161, 190
能動的（な受け手／存在／オーディエンス）　7, 18, 22, 33, 39, 81, 93, 94, 135, 144－147, 162, 182, 184, 202, 203　→受動的
延べ視聴率（GRP）　58, 59

■ は 行
培養分析　91, 96
『パーソナル・インフルエンス』　33, 34
パブリックアクセス　117, 144, 146, 148
番組
　　告白系――　183
　　視聴者参加型クイズ――　182
　　トークバラエティ――　182
バンドワゴン命題　137
反応分析　11, 32　→内容分析
ヒエラルキー　163, 181
『ビッグ・ブラザー』　3, 4, 156, 183
ビデオゲーム　87, 88, 101, 103
ピープルメーター　11, 62
評価システム　193
ファン　3, 5, 9, 13, 14, 27, 31, 49, 64, 81, 84, 85, 110, 111, 149－164, 166－182, 184－187, 202　→ファンオーディエンス
ファンジン（同人誌）　166, 167, 172－175, 178, 194
フィードバック　4, 30, 31, 55, 65, 67, 69, 178, 199
フィルキング　175
フィルターサイト　187, 188, 193
フェミニスト　13, 98, 165

複眼的　22　→単眼的
複合企業（コングロマリット）　120, 143, 202
ブーメラン効果　32, 33, 137, 138
プライミング　93, 94, 105
フリークエンシー（視聴回数）　56, 58, 60, 61, 77
フロー　29, 44－46, 57, 76, 83, 85, 185, 192
プロデューサー　3, 14, 81, 106
プロパガンダ　28－32, 182, 188
文化様式　20, 156, 157
　　――のヒエラルキー　154
文化理論　37, 40, 41, 182
ヘゲモニー　47, 51, 89, 180, 202
ポストモダニズム　150
ポピュラーカルチャー　19, 40, 46, 81, 82, 151, 159, 194

■ ま 行
マーケティング　53, 55, 71, 77, 79－81, 86, 187
マーケティング原則　126
マス・カスタマイゼーション　77, 79
マス・ブロードキャスティング　63－65, 67
マッピング（「会話地図」，「ルーム」）　196, 197
マーベン　187
メディアイベント　4, 5, 7－12, 36, 42, 55, 70, 79, 81, 82, 86
メディア・エンゲージメント　2
メディア化　6, 9, 14, 16－19, 24, 27, 43, 44, 50, 53, 54, 76, 79
メディア産業　8, 17, 41, 48, 53－57, 63, 70, 84, 135, 143, 185
メディアスケープ　82, 83, 85, 94
メディアによる隷属化　18
メディア風景　7
メディアマテーリアル　9, 33, 49, 64, 67, 68, 70, 82, 85, 88, 103, 119
メディア様式　19, 166
メディア領域　65

■ や・ら・わ 行
様式　5, 9, 16, 19, 20, 26, 44, 47, 50, 90, 105, 113,

152, 154, 157, 160 – 162, 166, 169, 170, 172, 175, 180, 181, 200
予言の自己成就　137
世論調査　73 – 75, 87, 100, 117, 133, 136 – 143, 145, 148, 182
リアリティTV　2, 3, 182, 183
リーチ（累積到達率）　56, 58, 60, 61, 77 – 79, 81
流通　17, 47, 50, 77, 78, 89, 185

流動性　199, 204
利用と満足　11, 36 – 40, 47, 88, 158
累加　58
累積効果　91
累積分析　58, 60
労働党（英国労働党／新しい労働党）　122, 126, 129, 131, 138, 140, 142
ロビー活動　65

訳者紹介

児島和人（こじま かずと）【1章・4章・5章】
1933年生まれ。東京大学大学院社会学研究科博士課程単位取得満期退学。元東京大学教授，専修大学教授，ＮＨＫ主任研究員。
主な著訳書に『マス・コミュニケーション受容理論の展開』（東京大学出版会，1993年），『個人と社会のインターフェイス——メディア空間の生成と変容』（編著，新曜社，1999年），『新版　メディア・コミュニケーション論』（共編著，北樹出版，2005年），『マスメディアと社会』（J．カランほか編，共監訳，勁草書房，1995年）ほか。

高橋利枝（たかはし としえ）【3章・6章】
1964年生まれ。英国ロンドン・スクール・オブ・エコノミクス・アンド・ポリティカルサイエンス（ロンドン大学）大学院博士課程修了。Ph.D.取得（メディア・コミュニケーション学）。現在，立教大学社会学部メディア社会学科准教授。
主な著書・論文に「オーディエンス・エンゲージメント」『立教大学応用社会学研究』（49号，2007年），「オーディエンス・エスノグラフィー」『新版　メディア・コミュニケーション論』（竹内郁郎・児島和人・橋元良明編，北樹出版，2005年），「オーディエンスの能動性」『社会情報学ハンドブック』（吉見俊哉・花田達朗編，東京大学出版会，2004年）ほか。

阿部　潔（あべ きよし）【2章・7章】
1964年生まれ。東京大学大学院社会学研究科博士課程単位取得退学。博士（社会学）。現在，関西学院大学社会学部教授。
主な著書に『公共圏とコミュニケーション』（ミネルヴァ書房，1998年），『彷徨えるナショナリズム』（世界思想社，2001年），『メディア文化を読み解く技法』（編著，世界思想社，2004年），『空間管理社会』（編著，新曜社，2006年）ほか。

著者紹介

カレン・ロス（Karen Ross）
英国コベントリー大学マスコミュニケーション研究教授，メディア・アート・パフォーマンス・センター所長。
現在の教育内容は，調査法とオーディエンス研究。その他にも複数のプロジェクトに関わり，コミュニケーションと文化における平等の問題や，ジェンダー・ポリティクスなどの研究を行なっている。

バージニア・ナイチンゲール（Virginia Nightingale）
オーストラリアのウェスタンシドニー大学コミュニケーション・デザイン・メディア学部准教授，国際メディアコミュニケーション学会（IAMCR）の国際評議員。
現在の研究テーマは，カメラ付きケータイの利用，ケータイからアクセスするインターネットサイトによる双方向「コミュニティ」の創出について。

※著者の詳細なプロフィールは「訳者解説」にも記載

メディアオーディエンスとは何か

初版第 1 刷発行　2007年11月26日 ©

著　者　K・ロス／V・ナイチンゲール
訳　者　児島和人・高橋利枝・阿部　潔
発行者　塩浦　暲
発行所　株式会社　新曜社
　　　　〒101-0051　東京都千代田区神田神保町2-10
　　　　電話(03)3264-4973・FAX(03)3239-2958
　　　　e-mail：info@shin-yo-sha.co.jp
　　　　URL：http://www.shin-yo-sha.co.jp/

印刷　三協印刷　　　　　　Printed in Japan
製本　難波製本
ISBN978-4-7885-1066-1　C1036

———— 好評関連書 ————

スタンリー・J・バラン／デニス・K・デイビス 著
宮崎寿子 監訳／李　津娥・李　光鎬・鈴木万希枝・大坪寛子 訳
マス・コミュニケーション理論　＜上・下＞
メディア・文化・社会
（上巻）A5判336頁　本体3600円
（下巻）A5判288頁　本体3300円

メディアの力，メディアの役割とは何か？　メディアと社会，そして人間の関係をクリティカルに捉え，メディア・リテラシーを育むための必携テキスト。

吉見俊哉　著
メディア時代の文化社会学
四六判336頁
本体2800円

私たちの生活意識や感覚を無意識に変えてゆくメディアの多元的様相を具体的に描出。

大澤真幸　著
電子メディア論
身体のメディア的変容
四六判354頁
本体2900円

マクルーハンに抗して，電子メディアの逆説を身体－権力の変容として跡づける。

児島和人　編
個人と社会のインターフェイス
メディア空間の生成と変容
A5判240頁
本体4200円

情報ツールが多様化するなか，個人と社会の境界を揺るがすメディア空間の変動を展望。

阿部　潔・成実弘至　編
空間管理社会
監視と自由のパラドックス
四六判272頁
本体2400円

空間を管理する新たな権力の全貌を捉え，現代社会における自由の可能性を問う。

和田伸一郎　著
存在論的メディア論
ハイデガーとヴィリリオ
四六判352頁
本体3200円

最新のメディア体験を読み解きながら，現象学がめざしているものを明らかにする。

———— 新曜社 ————

（表示価格に税は含みません）